Der alte Klaas Menken traut seinen Augen nicht. Am einsamen Strand reitet eine junge Frau auf einem Schimmel. Menken glaubt, seine verstorbene Schwester zu sehen, aber wie kann das sein? Kurz darauf ist er tot. Ein Unfall? Und dann wird die Leiche einer jungen Frau im Watt gefunden. Sie trägt ein Brautkleid. Ein gruseliger Fall wartet auf die Sylter Kommissare.

Der fünfte Fall für die Sylter Ermittler Winterberg, Blanck und Kreuzer.

Die gebürtige Berlinerin *Eva Ehley* wurde spätestens mit ihrer Eheschließung vom Sylt-Fieber infiziert. Seither hat sie viele Sommer auf der Insel verbracht und das wilde Treiben der Reichen und Schönen beobachtet. Eva Ehley hat lange dazu geschwiegen, doch dann gewann ihre kriminelle Phantasie die Oberhand. Seitdem lässt sie regelmäßig auf Sylt morden. 2012 und 2013 wurde sie für den Agatha-Christie-Krimipreis nominiert.

Außerdem im FISCHER Taschenbuch erschienen: »Engel sterben«, »Frauen lügen«, »Männer schweigen«, »Mörder weinen«

Weitere Informationen, auch zu E-Book-Ausgaben, finden Sie bei www.fischerverlage.de
  Besuchen Sie Eva Ehley auch auf Facebook.

eva
Ehley

Mädchen
töten

Ein Sylt-Krimi

FISCHER
Taschenbuch

Originalausgabe
Erschienen bei FISCHER Taschenbuch,
Frankfurt am Main, Mai 2015

© S. Fischer Verlag GmbH, Frankfurt am Main 2015
Satz: Pinkuin Satz und Datentechnik, Berlin
Druck und Bindung: CPI books GmbH, Leck
Printed in Germany
ISBN 978-3-596-19883-2

Mädchen
töten

Prolog

Donnerstag, 20. September, 20.51 Uhr, Metropolitan Museum, New York

Vor der phantastischen Kulisse des Dendur-Tempels in der Glashalle des New Yorker Metropolitan Museums herrscht angespannte Aufregung. Modejournalistinnen, Blogger, Prominente und Fashion-Victims aus aller Welt erwarten die neue Laufstegkollektion der gefeierten Designerin Lola Salomé.

Doch das Raunen und Rufen, die spitzen Begrüßungsschreie und die geflüsterten Gemeinheiten dringen nicht in den Backstagebereich hinter der Tempelanlage, wo Friseure, Schneider und Stylisten unter Hochdruck den Auftritt der internationalen Spitzenmodels vorbereiten. Hier, in der süßen Kleisterluft der Shows und Sessions, zwischen überschminkten Gesichtern und tablettensüchtigen Fotografen, zwischen herrischen Modeschöpfern und launischen Laufstegdiven, zwischen Puderwolken und Selbstmordphantasien ist Tess zu Hause. Wenn sich ihr ein Mascarabürstchen von fern nähert, klappen ihre Augenlider reflexhaft nach oben, wenn eine Kamera in ihr Gesichtsfeld tritt, erscheint dieses strahlende Lächeln auf ihren Zügen, für das sie berühmt ist und das alle immer wieder buchen. Wenn Tess einen Laufsteg betritt und sich inmitten all dieser schmalen, ernsten und hochmütigen Mädchen ihrem göttlichen Feenlachen ergibt, geht die Sonne für das hingerissene Publikum auf. Tess kassiert die höchsten Gagen, Tess ist der Mega-Star unter den Models. Kein Schuh ist ihr zu hoch, kein Kopfputz zu schwer, kein Fummel zu durchsichtig oder zu tief ausgeschnitten. Tess kann nicht einen einzigen Schritt laufen, ohne diese Raubtieranmutung in ihrem Gang zu produzieren, ohne die Schultern kreisen zu lassen und versetzt dazu die Hüften.

Tess trinkt jeden Tag mindestens drei Liter Wasser und sonst nichts, sie ernährt sich brav von Salat, von Papayas, von Ananas und Mangos und einem Filetsteak am Abend, nur an hohen Feiertagen bestellt sie nach dem Steak einen Grapefruitsaft zum Dessert. Im Transatlantikjet sitzt Tess stets mit einer Maske im Gesicht und einem idiotisch beruhigenden Tempelglocken-Dauerläuten im iPod in der Business Class und ist mit Vitamin-D-Pillen vollgepumpt bis zum Erbrechen, um noch dem allerkleinsten Jetlag vorzubeugen.

Aber heute hat Tess Kopfschmerzen. Die Doppeldosis Aspirin wirkt nicht, und die Tempelglocken, die aus Lola Salomés Stereoanlage dröhnen, machen alles nur noch schlimmer. Das Einzige, was Tess trösten kann, ist der Gedanke an die kommenden Wochen. Nach dieser Show wird sie sich eine Auszeit gönnen. Sie wird sich auf einer winzig kleinen Insel in der deutschen Nordsee verstecken. Niemand wird ihre Adresse kennen, kein Agent, kein Designer, kein Journalist, kein Fotograf sie aufspüren können. Was sie dort zu erledigen hat, geht auch niemanden etwas an.

Tess seufzt leise, während Maurice die Wickler aus ihrer blonden Mähne zieht und missbilligend gegen ihre schlappen Locken schnippt. »Was ist los mit dir, Herzchen? Liebeskummer oder Bulimie im Endstadium?« Er lacht meckernd über seinen eigenen Witz und wirft Konni einen bösen Blick zu. »Wenn du sie mir so fotografierst, kannst du dir in Zukunft dein Koks woanders besorgen, Konnikind.«

Konni pflückt schweigend ein Fusselchen vom Ärmel des grasgrünen Leder-Zweireihers, den Lola Salomé in der letzten Saison exklusiv für ihren Lieblingsfotografen entworfen hat, und richtet sein Objektiv stattdessen auf die minderjährige Moni, die matt unter einer Straußenfeder-Perücke lächelt.

Im gleichen Moment rauscht Lola Salomé mit ihrem aufgeputzten Pudel unter dem Arm quer durch den überfüllten Raum und hält dem Fotografen das Tier direkt vor die Linse.

»Konnikind, mach ein Foto von ihr und mail's mir dann, damit ich mein Mädilein immer bei mir haben kann ...«

Konni lächelt süßlich und nimmt die Pudeldame mit der gleichen Sorgfalt ins Visier, die er auch den Mädchen auf Lolas Laufsteg angedeihen lassen wird. Während er in schneller Folge auf den Auslöser drückt, fragt er unkonzentriert: »War das Mädi nicht vor zwei Wochen noch schwarz? Hast du ihr schon wieder das Fell färben lassen, Lola?«

Die Designerin schluckt und blinzelt unter schweren Wimpern. »Dieses Mädi hier ist frisch vom Züchter. Hast du von der grässlichen Tragödie wirklich nichts gehört, Konni?«

»Welche Tragödie?« Konni geht nah an Mädis Schnauze heran, um das haarlose Rosa zwischen Maul und Nüstern gut ins Bild zu bekommen.

»Mein altes Mädi ist im Fahrstuhl gestorben ...« Lola Salomé vergräbt ihre faltige Wange tief im Fell ihres Ersatz-Mädis.

Konni nimmt den gekappten Schwanz der Pudeldame ins Visier und murmelt verständnislos: »Im Fahrstuhl? In welchem Fahrstuhl?«

»In diesem Scheiß-Paternoster am Hinterausgang«, keift die Designerin plötzlich und wendet mit wütendem Blick den Kopf einer graublauen Stahltür zu, deren eine Hälfte von einem Paravent aus Japanpapier verdeckt wird. Tess hält sich mit den Händen die Ohren zu, weil sie eine neue Fassung dieser grausigen Geschichte jetzt keinesfalls ertragen kann, und versengt sich prompt den Rücken der linken Hand an Maurices Brenneisen.

»Herzchen, du wirst dich doch nicht selbst verstümmeln«, ruft Maurice entzückt und will sich die nächste Partie von Tess' unzureichend gewellten Locken vornehmen. Aber Tess reißt sich los und läuft zu einem der Waschbecken, um kaltes Wasser über die Brandwunde laufen zu lassen. Unter dem eisigen Wasserstrahl wölbt sich die Haut und beginnt im Inneren der Verbrennung violettrot anzulaufen, während der Handrücken drumherum in kaltem Blau erfriert. Als Tess glaubt, die Verbindung von Schmerz und Kälte nicht eine Sekunde länger ertragen zu können, stößt Ninni sie zur Seite und hält einen Netzstrumpf unters Wasser, damit er später am Bein diese klebrige Optik behält.

»Lass das doch, Süße, das bringt jetzt auch nichts mehr«, murmelt sie in die Richtung, in der sie Tess' Ohr hinter den blonden Korkenzieherlocken vermutet. Tess antwortet nicht. »Ich könnte dir die Blase auslutschen«, bietet Ninni an und lächelt lüstern.

»Da wird Lola aber begeistert sein!« Tess wendet sich vom Wasserhahn und von Lola Salomés augenblicklicher Favoritin ab und schleicht zurück zu Maurice und seinem mörderischen Brenneisen. Während er die letzte Strähne um den glühendheißen Stab wickelt, klatscht die Designerin im Rhythmus der Tempelglocken in die Hände und ruft:

»Seid ihr fertig, Kinder? Konni wartet auf sein Gruppenfoto.«

»Alle Mädels an die Wand«, befiehlt Konni im selben Augenblick und macht nicht einmal den Versuch, seine Verachtung zu verbergen.

»Mein Mädilein soll auch mit aufs Foto!«

Lola Salomé legt Tess ihren Pudel in die Arme. Eine seiner wohlmanikürten Krallen fährt direkt in ihre frische Brandwunde. Tess unterdrückt den Aufschrei, produziert ihr strahlendes Lächeln und neigt widerwillig die Wange über das krause süßlich parfümierte Fell der Pudeldame. Lola Salomé schenkt ihrem Lieblingsmodel einen zärtlichen Blick, während Konni wie ein Irrer knipst.

»Super, ihr Süßen, rattenscharf. Stellt euch im Halbkreis um das Hundilein auf. Prima! Tess auf den Boden bitte, ja, ja, du hast mich richtig verstanden, Schätzchen, leg dich platt auf den Boden, Gesicht zu mir, ja genau, so ist's gut! Und jetzt das Mädilein auf Tess' Kehle. Jaaah, super!«

Unter dem Blitzlicht des Fotografen pinkelt der Pudel panisch in Tess' Locken. Der Hundeurin riecht scharf und süß zugleich wie frisch geschälte Möhren. Lola Salomé reißt die Pudeldame an sich und scheucht die Mädchen zurück auf ihre Plätze. Es bleiben noch sieben Minuten bis zum Beginn des Defilees. Maurice hebt Tess' nasse Haarsträhne vorwurfsvoll mit seinen gelben Raucherfingern an und mault:

»Tesselein, was ist das denn für eine Schweinerei?«

»Jetzt dreh's halt noch einmal auf, Maurice. Linda wartet mit dem Anzug.«

Tess schluckt ein drittes und gleich darauf ein viertes Aspirin, während Linda ihr in Hose und Jackett hilft und anschließend ihren kleinen festen Busen fachmännisch im Dekolleté hin- und herschiebt. Maurice brennt einen neuen Korkenzieher in Tess' Schläfenhaar. Der Geruch des angesengten Hundeurins steigt ekelerregend scharf in Tess' Nase.

Sekunden später tanzen hämmernde Rockrhythmen mit Renaissancemusik einen wilden Straßentango, und farbige Scheinwerfer legen ihre Lichtbahnen zwischen den antiken Säulen aus. Sie werfen sie Tess zu Füßen wie mittelalterliche Kavaliere ihren Edeldamen die Mäntel. Tess schiebt ihren Körper, der all seine Knochigkeit in diesem Licht verliert, in weichen Böen über den Mantelteppich, sie löst ihn auf in Grazie, Musik und Lächeln. Am Ende des Laufstegs prasselt Applaus wie ein Sommerregen auf Tess nieder. Der Beifall wird fordernd, und die Blitzlichter der Fotografen schnellen durch den Regen wie Vorboten eines mächtigen Gewitters.

Am Schluss des Defilees, als donnernder Applaus die Bravo-Rufe übertönt, ist es Tess, die von Lola Salomé untergehakt wird. Neben Ninni natürlich, der Favoritin.

Es ist Tess, der die übelkeitserregende Geruchsmischung aus süßlichem Pudelparfüm und verschmutztem Hundepopo während dieser ganzen Zeit quälend in die Nase steigt.

Es ist Tess, der das widerborstige Tierchen in die Arme gelegt wird, damit sie es vom Laufsteg trägt, während sein Frauchen den Journalisten einige letzte Fotos mit triumphierend in die Höhe gereckten Armen gestattet.

Es ist Tess, die durch die stickige und verqualmte und verlassene Garderobe eilt. Alle Friseure, Stylisten und Schneiderinnen lauern in den Vorhangfalten und werfen gierige Blicke nach draußen auf das Publikum, das stehend in der stroboskopischen Helligkeit der Blitzlichter applaudiert.

Es ist Tess, die das beleidigte Kläffen des stinkenden Tieres auf ihrem Arm ignoriert und schnell den Paravent aus Japanpapier beiseiteschiebt.

Es ist Tess, die die Stahltür öffnet und ungeduldig vor dem Paternoster wartet, während der Pudel ein letztes Mal in seinem erbärmlichen Pudelleben die Krallen in ihre makellose Haut gräbt.

Es ist Tess, es ist sie allein, die im Vollbesitz ihrer Kräfte, ihres Willens und ihrer Intelligenz den Pudel, der plötzlich wie ein Ferkel quiekt, in die Ritze zwischen dem Dielenboden der Garderobe und dem sich niedersenkenden Zwischenboden des Fahrstuhls quetscht.

Es ist Tess, die als Einzige den leise jaulenden Schreckruf des Pudels vernimmt, den sich in qualvoller Not steigernden Schmerzensschrei, als die Spalte zwischen Paternosterboden und Dielenkante sich schließt und mit knirschendem Geräusch dem Tier die Knochen bricht.

Es ist Tess, die das letzte Schnappen der sterbenden Kreatur hört, bevor diese ihre endlose Fahrt hinunter in die Tiefen des Kellergewölbes, hinauf in die Höhen des doppelstöckigen Dachbodens und wieder hinunter und wieder hinauf antreten wird.

Und es ist Tess, die atemlos und mit bestürztem Gesichtsausdruck, Tränen in den Augen und ein mühsam unterdrücktes Zucken im Mundwinkel, zurück auf die Bühne stürzt und in höchster Aufregung über ein Kabel stolpert.

Es ist Tess, die der Designerin kraftlos in die Arme sinkt und damit ein neues, ein letztes Blitzlichtgewitter für diesen Abend auslöst. Es ist Tess, die mit gesenktem Kopf, stammelnd und tränenüberströmt bekennen muss:

»Das neue Mädi hat sich einfach losgerissen und ist direkt in den verdammten Paternoster gesprungen ...«

**Dienstag, 3. Oktober, 13.57 Uhr,
Haus am Dorfteich, Wenningstedt**

Tess steht vor dem Spiegel und lässt den Blick über ihren Körper gleiten. Was sie sieht, gefällt ihr nicht, hat ihr noch nie gefallen. Schon als Kind hat sie sich nicht gemocht. Nach der Pubertät ist das nicht besser geworden. Und jetzt?

Missbilligend stößt Tess alle Atemluft auf einmal aus. Es bleibt dabei: Sie ist zu groß, sie ist zu dünn. Eine Bohnenstange mit riesigen Augen wie ein verhungerndes Kind. Und dann diese Brauen. Dunkel und breit. Bedrohliche Balken, die quer in einem Mädchengesicht liegen und jede Anmut verhöhnen. Überhaupt Anmut. Wie kann man mit solchen Ellenbogen anmutig sein? Hühnerknochenartig spitz stechen sie unangebrachte Löcher in die Luft, stehen vom Körper ab, lassen sich nicht anlegen, nicht verbergen, nicht verstecken. Dazu Beine wie Stelzen, eine flache Brust und kaum Hintern. Das Einzige, was an ihr vorsteht, ist das Schlüsselbein. Und die Nase. Sehr gerade, nicht zu groß, nicht zu klein, also die Nase ist eigentlich wirklich hübsch, allerdings kann sie dem breiten Mund kaum etwas entgegensetzen, da müsste schon etwas Imposanteres her, ein Modell Kleopatra oder Catherine Deneuve beispielsweise, markant oder pferdenüsternartig, das wäre egal, Hauptsache auffälliger.

Tess zuckt die Schultern und wendet sich ab, es ist und bleibt ihr ein Rätsel, was alle anderen so unglaublich schön an ihr finden. Sie fragt schon längst nicht mehr danach, kann die verständnislosen Blicke nicht ertragen.

Hektisch kramt Tess in einer der Küchenschubladen. Sie

ist erst vor drei Tagen eingezogen und kennt sich in der fremden Ordnung noch nicht aus. Aber hier irgendwo zwischen Klebeband und Alufolie muss das kleine Briefchen, das sie eher nachlässig versteckt hat, doch sein. Harmlos, weiß, flach – und so unglaublich glückbringend. Frohmachend. Manchmal sogar schönmachend. Auch wenn sie meist darauf verzichtet, in den Spiegel zu sehen. Hinterher jedenfalls. Ungeduldig tasten sich ihre Finger durch das Sammelsurium in der Schublade. Wo, wo? Endlich findet sie es ganz hinten verklemmt unter der Plastikschale mit den Geschirrspültabs.

Tess spürt jetzt schon, wie die Erleichterung nach ihr greift. Schnell holt sie einen Porzellanteller aus dem Regal und die American-Express-Karte aus der Geldbörse. Strahlend weiß ist die Linie, vollkommen rein und sehr verheißungsvoll. Im Schrank über der Spüle stehen kunterbunte Strohhalme in einem hohen Glas. Ob der Besitzer der Wohnung auch kokst? Oder braucht er die Strohhalme für seine Cocktails? Tess schneidet sich einen grünen Halm zurecht, sie kann es kaum erwarten, sich nach vorn zu beugen und die Linie wegzuziehen. Sauber. Sie leckt noch einmal über den Teller, dann geht sie hinüber zum Sofa und lässt sich drauffallen.

Manchmal versucht sie, sich diesen Typen vorzustellen, Fred Hübner. Natürlich hat sie im Internet Fotos von ihm gesehen. Trotzdem wüsste sie gern, wie er sich bewegt. Wenn man aus ihrem Business kommt, dann sind Bewegungen wichtig, sie sagen fast alles über die Menschen aus. Es gibt ebenso viele Arten, seinen Körper durch die Welt zu schieben, wie es Typen von Menschen gibt.

Manche sind in jeder Geste eckig und abgehackt, so als

hätten sie den Kontakt zum eigenen Körper verloren oder nie gefunden. Von ihnen umarmt zu werden ist, als stoße man mit einem Klumpen seelenloser Materie zusammen. Diese Menschen tragen ihre Gefühlsbehinderung nach außen. Ihr Körper schreit die inneren Mängel heraus, wahrscheinlich ohne dass sie es selbst merken. Nur die Umwelt registriert verstört, dass etwas fehlt.

Anders ist es mit denen, die ungeschickt oder hölzern wirken. Das sind die Menschen, die ständig Dinge umwerfen oder irgendwo gegenrennen. Sie können einen fast zu Tode drücken, wenn sie zu einer Umarmung ansetzen, dabei wollen sie einfach nur ihre Gefühle ausdrücken. Diese Leute sind oft sehr unverstellt, sie sind treu und die besten Freunde, die man sich denken kann.

Dann gibt es die Geschmeidigen, fast schon Schlangengleichen, die sich anpassen, mit sanften Stimmen reden. Ihnen misstraut Tess am meisten. Ihre Umarmungen wirken zunächst großzügig und einnehmend, aber sie sind wie Fesseln, die sacht angelegt, aber unversehens festgezurrt werden. Diese Leute werfen Netze aus, in denen sich die weniger Geschmeidigen verfangen. Sie haben kleine garstige Widerhaken an der Seele, mit denen sie Menschen fischen, um sich ihrer zu bedienen.

Und schließlich sind da noch die Aufrechten, Grazilen, gnadenlos Graziösen. Das sind solche wie Tess selbst, deren Körper widerstandslos durchs Leben gleiten, denen von überall Zustimmung entgegengebracht wird, die bewundert werden. Aber wofür? Das ist Tess bis heute nicht klargeworden. Es muss eine Art von Idealvorstellung sein, die sie in anderen hervorrufen. Schön, glatt, makellos. Welche Täuschung! Aber die Umwelt besteht beharrlich auf dieser

Täuschung, sie reagiert gekränkt, wenn man sie korrigieren möchte. Sie will sich das Idealbild nicht zerstören lassen. Wo käme man schließlich hin, wenn Götter plötzlich zu Menschen werden wollten?

Tess seufzt. Sie hasst diese Überlegungen. Sie bringen nichts und führen nur zu übersteigertem Selbstmitleid. Wie ist sie bloß wieder auf dieses leidige Thema gekommen? Ach ja, Fred Hübner. Ihr Vermieter. Sie kennt seine Stimme von den paar Telefonaten, die nötig waren, um alles für die Wohnungsübergabe zu besprechen. Selbst jetzt noch ruft er sie in schöner Regelmäßigkeit alle zwei Tage an. Angeblich, um nach irgendwelcher Post zu fragen, die für ihn gekommen sein könnte, aber nie da ist. Er scheint dann noch nicht einmal enttäuscht zu sein. Tess wird das Gefühl nicht los, dass ihr Vermieter sie einfach nur überwachen will, dass er ihr nicht traut. Gerade gestern haben sie wieder miteinander telefoniert, und es hat Tess fast wahnsinnig gemacht, dass sie sich seine Bewegungen nicht hat vorstellen können.

Was er wohl glaubt, was sie in seiner Wohnung anstellen wird? Orgien feiern? Die Bude abfackeln?

Tess muss kichern und kann fast nicht mehr aufhören. Wenn dieser Hübner wüsste, dass sie nichts weniger im Sinn hat, als aufzufallen, dann würde es ihm vielleicht bessergehen. Er ist in Marrakesch. Schreibt an einem Buch, hat er am Telefon gesagt. Wollte eigentlich über den Winter nach Bali, aber der Flug war ihm zu teuer. Dabei zahlt sie ziemlich viel für die kleine Wohnung. Tausendzweihundert pro Woche. Aber das ist es ihr wert. Die Lage ist optimal, und sie musste sich nicht anmelden. Niemand weiß, wo sie ist. Niemand sieht, was sie tut.

Probeweise setzt sich Tess aufs Sofa wie ein Mann. Die

Arme weit auf den Lehnen ausgebreitet, die Beine breit aufgestellt. Fred. Der Name gefällt ihr. Kurz, knapp, knackig. Sie stellt sich vor, auf diesen Namen zu hören, ein Kerl zu sein und Frauen attraktiv zu finden. Na ja, dafür muss sie sich gar nicht groß verstellen, nur den männlichen Blick auf die Frauen, den hätte sie manchmal ganz gern. Unter anderem, um zu verstehen, warum sie selbst in ihrem Job so erfolgreich ist.

Aber darum geht es jetzt nicht. Eher schon um die Tagesgestaltung. Schließlich will sie Spaß haben, richtigen Spaß und nicht nur so einen komischen Ersatzspaß, mit dem sich die meisten Menschen zufriedengeben. Alkohol trinken, tanzen gehen, fernsehen. Sport machen. Lächerlich. Tess kichert und kann kaum noch aufhören. Sie hasst Sport. Laufen, schwimmen, radfahren. Auch Ski fährt sie nicht gern, beim Surfen ist sie tollpatschig, und beim Segeln wird ihr schlecht. Selbst das Reiten mochte sie lange nicht, voltigieren fand sie langweilig, und beim Galopp hatte sie Angst. Doch als sie mit sechzehn ein eigenes Pferd bekam, wurde alles anders. Es war ein junger, ungewöhnlicher Hengst mit ganz hellem Fell. Tess nannte ihn Hektor, fand ihn von Anfang an wunderschön und genoss das Prestige auf dem Reiterhof, das sie plötzlich umgab. Und dann geschah schon beim ersten Ausritt das eigentliche Wunder. Tess spürte Hektor ganz anders unter sich als alle Pferde davor. Er war wie eine willige Fortsetzung ihres eigenen Körpers. Das starke Tier gab ihr Macht und Schnelligkeit. Es ließ sie sogar schöner werden. Gerader, aufrechter, größer. Hektor. Ihr Held.

Tess hat ihn nach Sylt mitgenommen, und sie weiß genau, dass er dort draußen auf der Weide auf sie wartet. Es ist zu Fuß nur eine Viertelstunde bis zur Ponyfarm, wo Hektor als

Gastpferd untergestellt ist. Und der Stall ist nie abgeschlossen, selbst nachts kommt Tess an alles heran, was sie für einen Ausritt braucht. Sattel, Zaumzeug. Hektor.

Aber das hat Zeit. Wieder muss Tess kichern. Sie erschrickt über ihre eigene Stimme. Laut und schrill. Doch was macht das schon, wenn niemand sie hört? In dieser Wohnung, in der sie nichts an sich selbst erinnert, ist sie fremd. Und dabei fühlt sie sich seltsam geborgen, vielleicht weil das Gefühl der Fremdheit ihr mehr Wärme gibt als alles andere. Sie muss sich nicht verstellen, sie kann ganz sie selbst sein. Fremd. Endlich.

Mittwoch, 4. Oktober, 9.17 Uhr, Kriminalkommissariat Westerland

»Wie kann es bloß am Vormittag schon so düster sein?«
Kriminalhauptkommissar Bastian Kreuzer stemmt sich aus seinem Schreibtischstuhl hoch, geht zur Tür und schaltet die Deckenbeleuchtung ein. Nach kurzem Flackern erhellen grelle Leuchtstoffröhren das Büro.

»Findest du wirklich, dass dieses Licht irgendetwas besser macht?«, fragt ihn die Kollegin Silja Blanck und blickt aus einer langweiligen Akte auf. Länger als nötig lässt sie den Blick auf Bastians muskulösem Körper verweilen. Das Fitnesstraining des letzten Jahres hat beachtliche Ergebnisse gebracht, der kleine Bauch ist längst verschwunden, und unter dem Sweatshirt zeichnen sich Schulter- und Nackenmuskeln ab. Ein wohliger Schauer durchläuft Silja, wenn sie an den vergangenen Abend denkt. Ziemlich ausgekühlt waren Bastian und sie von einem langen Spaziergang am windigen Strand zurück in Siljas kleine Wohnung gekommen. Durchgefroren, aber glücklich. Doch danach war Silja einfach nicht mehr warm geworden, hatte auch beim Abendessen noch gefröstelt, bis sich schließlich Bastian um ihre Körpertemperatur gekümmert hatte.

Der Kriminalkommissar, der ihren Blick sehr wohl registriert hat, stellt sich jetzt grinsend in Positur.

»Ich hoffe, dir gefällt, was du siehst. Hat immerhin ein hartes Stück Arbeit gekostet.«

»Doch, doch, ich bin eigentlich ganz zufrieden«, flachst Silja. »Vor allem, wenn ich an die öden Akten denke, die ich hier vor mir habe. Da ist so ein appetitlicher Anblick immer eine nette Abwechslung.«

»Freut mich, dass ich damit dienen kann. Sag mal, wo bleibt Sven eigentlich?« Mit einer fragenden Geste deutet Bastian Kreuzer auf den verwaisten Schreibtisch des Oberkommissars.

»Ach, das habe ich ganz vergessen zu erzählen. Vorhin hat mich Anja angerufen und gefragt, ob Sven vielleicht heute zu Hause bleiben kann. Sie fühlt sich nicht besonders, und ihr Gynäkologe hat gesagt, dass so eine Schwangerschaft auch am Anfang des fünften Monats durchaus noch anfällig ist.«

»Dann soll sie sich hinlegen. Aber was hat das mit Sven zu tun? Die Kleine ist doch in der Schule, oder?«

»Leider nein. Die haben in dieser Woche Kurzunterricht. Im Gymnasium scheint eine Grippeepidemie unter den Lehrern ausgebrochen zu sein. Mette ist also zu Hause. Doch das ist gar nicht das Problem, sondern ihre Reitstunde. Wenn niemand sie begleitet, fängt sie an zu schmollen und erklärt, ihre Eltern würden das Ungeborene jetzt schon mehr lieben als sie.«

»Na toll. Kein Wunder, dass Sven nicht mich angerufen hat. Ich würde mich auch nicht an meinen Vorgesetzten wenden, wenn ich wegen einer Reitstunde meinen Job schwänzen will.«

»Jetzt sei doch nicht so. Hier ist ja ohnehin nichts los. Seit dem Doppelmord im Sommer haben wir fast nur Bagatelldelikte bearbeitet. Eine Nötigung und einen versuchten Überfall, bei dem die Oma sich mit ihrer schweren Tasche so geschickt gewehrt hat, dass der Täter fast sofort k. o. gegangen ist.«

»Du vergisst die Möwenmorde«, wirft Bastian ein.

»Ach ja, stimmt. Das ist natürlich eine echte Herausforderung. Finde den Typen, der gestern und vorgestern am Strand von Wenningstedt zwei Möwen den Hals umgedreht hat.«

»Die Tiere sahen ziemlich eklig aus. Du hast sie ja nicht gesehen, aber ich kann dir eines sagen: Die Lust auf den Weihnachtsvogel im Backofen kann einem bei diesem Anblick direkt vergehen.«

»Du denkst schon an Weihnachten? Wir haben gerade mal Anfang Oktober.«

»Ich denke ständig an Weihnachten, das weißt du doch. Schließlich will ich bis dahin mit dir zusammengezogen sein.«

Silja lehnt sich weit zurück, wippt mit ihrem Stuhl und schließt die Augen. Mit beiden Händen greift die Kommissarin in ihre langen dunklen Haare, die sie heute ausnahmsweise einmal offen trägt, und nimmt sie im Nacken zusammen. Vor ihrem inneren Auge sieht sie eine frisch renovierte

Dreizimmerwohnung mit Wannenbad und Einbauküche in einer netten ruhigen Straße in Wenningstedt oder Westerland. Gern mit Balkon und noch lieber mit einer kleinen Terrasse, auf die die Abendsonne scheint.

So weit zu den Idealvorstellungen.

»Ehrlich gesagt, glaube ich nicht, dass wir das schaffen.«

»Gemeinsam schaffen wir alles!« Bastian steht auf und geht zu seiner Freundin hinüber. Er legt ihr die Hände auf die Schulterblätter und beginnt sie zu massieren. »Ich habe vorige Woche beim Hanteltraining im Fitnessclub einen Makler kennengelernt. Der ist zwar auf den ersten Blick ein bisschen schmierig und anbiedernd, aber man gewöhnt sich dran. Und er scheint was vom Geschäft zu verstehen. Ich hab morgen am frühen Abend einen Termin für uns gemacht. Dann kann er uns mal erzählen, was hier auf dem Immobilienmarkt realistisch ist.«

Silja, deren Augen immer noch geschlossen sind und die gerade wohlig unter Bastians Händen geseufzt hat, seufzt ein zweites Mal. Jetzt klingt es allerdings weniger wohlig und deutlich angespannter.

»Was auf dem Sylter Immobilienmarkt realistisch ist, kann ich dir auch ohne Makler erklären. Jede halbwegs akzeptable Wohnung wird doch inzwischen an Feriengäste vermietet. Die kommen zwar nicht im November oder Januar. Aber dafür kannst du von Mai bis September locker 3000 Euro pro Monat kassieren. Und über Weihnachten und Neujahr genauso. Und selbst der Februar mit dem Biikebrennen wird immer beliebter bei den Touristen. Warum sollte also irgendein Irrer uns eine Wohnung für die 800 Euro monatlich vermieten, die wir maximal zahlen können. Das lohnt sich einfach nicht.«

»Du weißt genauso gut wie ich, dass es immer wieder Wohnungsprogramme nur für Sylter gibt.«

»Ja, schon klar. Etwa zwanzig Wohnungen für 200 Interessenten. Oder waren es 2000? Wahrscheinlich sollten wir beide froh sein, dass wir überhaupt jeder eine Bleibe haben. Und dann auch noch in Westerland. Ich kann zur Arbeit laufen und du auch. Das ist schon der Jackpot. Andere pendeln von Niebüll aus. Du musst dir nur mal die Frühzüge angucken.«

»Weiß ich doch alles. Aber trotzdem. Ich glaube einfach daran, dass wir beide die Nadel im Heuhaufen finden.«

»Du bist eben ein unverbesserlicher Optimist.«

Silja legt den Kopf weit in den Nacken, schlägt die Augen auf und spitzt die Lippen zum Kuss. Als Bastian sich gerade über sie beugen will, klingelt das Telefon. Unwillig greift Bastian über Siljas Schreibtisch hinweg nach dem Hörer.

»Kriminalpolizei Westerland, Kreuzer am Apparat.«

Weil Bastian immer noch dicht hinter ihr steht, hört Silja das laute Schluchzen am anderen Ende der Leitung ebenso wie die spitzen Schreie im Hintergrund.

»Hauptkommissar Kreuzer hier. Was ist denn los?«, will Bastian jetzt wissen. Eine Frauenstimme antwortet schrill und von merkwürdigen Pausen unterbrochen.

»Ich bin am Strand zwischen Wenningstedt und Kampen. Direkt vor Wonnemeyer. Ich arbeite hier und gerade wollte ich auf der Terrasse nach dem Rechten sehen. Und da gucke ich runter zum Strand und da liegt … also da liegt eine Möwe direkt am Fuß der Treppe. Der Kopf fehlt, aber, aber … das ist noch nicht alles.«

Wieder unterbricht Schluchzen die Rede.

»Jetzt sagen Sie schon.«

»Also da fehlen auch Federn ... und es sieht aus, als ob jemand den halben Vogel gerupft hätte. Und außerdem ist der ganze Leib – sagt man das so bei Vögeln?«

»Was ist mit dem Leib?«, erkundigt sich Bastian streng.

Silja weiß, dass es oft hilfreich sein kann, wenn man die Aufregung von Zeugen eines Gewaltverbrechens einfach ignoriert und ihnen damit das Gefühl vermittelt, sich in einer halbwegs normalen Situation zu befinden.

»Also der Leib ist offen, und da hängen alle möglichen Sachen heraus.«

»Sachen. Was für Sachen? Gedärme? Oder Dinge, die gar nicht in einen Tierleib gehören?«

»Gedärme, glaube ich«, antwortet die Stimme aus dem Telefonhörer. Dann hört man einen dumpfen Laut, als fiele ein Handy zu Boden, und anschließend würgende Geräusche.

»Kann es sein, dass ein Raubvogel die Möwe gerissen hat?«, fragt Silja leise.

Bastian schüttelt energisch den Kopf. »Wohl kaum. Ein Raubvogel kann zwar einen Leib aufreißen und die Gedärme herausziehen, aber wie sollte er den Möwen den Hals umdrehen? Nein, da haben wir es wohl eher mit einem besonderen Tierfreund zu tun.«

»Bist du sicher, dass wir uns darum kümmern müssen?«

»Wer soll es sonst tun? Oder wollen wir warten, bis unserem Tierfreund vielleicht das Material nicht mehr reicht und er sich größeren Objekten zuwendet?«

»Menschen?«

Bastian zuckt die Schultern. »Ich will den Teufel nicht an die Wand malen, aber jeder Triebtäter fängt klein an. Und wenn dem gestern und vorgestern noch das Köpfe-Umdrehen gereicht hat und er jetzt schon den ganzen Vogel ausweidet, dann ist das für einen Zeitraum von drei Tagen eine ziemlich rasante Steigerung, die wir ernst nehmen sollten.«

Mittwoch, 4. Oktober, 10.30 Uhr, Bodils Ponyfarm, Braderup

»Papi, bist du eigentlich früher auch mal geritten?«

Mette Winterberg stellt die Frage beiläufig, sie sieht sich noch nicht einmal um, während sie mit wehenden Haaren durch den gewölbten Torbogen läuft, hinter dem sich die Stallungen und die Weiden der Ponyfarm befinden. Gerührt beobachtet Sven, wie sehr seine Tochter es genießt, hier zu sein.

»Nicht wirklich. Ich glaube, das ist eher was für Mädchen«, ruft er ihr hinterher.

»Echt? Aber warum denn?«

Mette steuert direkt auf die Koppel zu, wo sich ihr Lieblingspony schon an den Zaun drängt. Die dunklen Augen des Tieres fixieren das Mädchen, und sein Hals ist erwartungsvoll gereckt. Die anderen Pferde heben nur kurz die Köpfe aus der Tränke und schlagen dann weiter ungerührt mit ihren Schweifen nach den Fliegen.

»Guck mal, Rapunzel hat schon auf mich gewartet.«

»Auf dich und dein Leckerli«, korrigiert sie Sven, als Mette die beiden Zuckerwürfel aus der Tasche ihrer Jeans holt und sie dem Shetlandpony vors Maul hält.

Mette schmiegt ihre Wange an das glänzende Fell des Pferdehalses und streicht mit der flachen Hand über die Blesse des Ponys. Auf ihrem Gesicht liegt ein Strahlen.

»Rapunzel ist mein absoluter Liebling. Und ich finde es so toll, dass du dir freigenommen hast, um mich herzubringen.«

»Hoffentlich sieht Bastian das auch so.«

»Aber ihr seid doch Freunde.«

»Ja, aber er ist immer noch mein Chef.«

»Bestimmt hat er nichts dagegen! Er muss doch wissen, dass es wichtig ist, dass du auch mal siehst, wie gut ich reiten kann.«

Sven nickt unkonzentriert, während er beobachtet, wie eine ausgesprochen attraktive junge Frau den Stall verlässt. Ihre schlanken Glieder scheinen sich wie zu einer heimlichen Musik zu bewegen, und ihr helles, leicht gelocktes Haar weht im Wind wie eine Fahne. Am Zügel führt sie einen muskulösen Hengst, dessen Fell von fast durchsichtigem Weiß ist. Bei jeder Bewegung des schönen Tieres glänzt es in der Sonne wie polierter Marmor. Jeder Muskel und alle Sehnen zeichnen sich deutlich unter dem Fell ab. Sven muss an die Statuen in den vatikanischen Museen denken, die er vor Jahren mit Anja bestaunt hat. Plötzlich kann er verstehen, welche Faszination von dem perfekten Muskelspiel der edlen Tiere ausgeht.

Auch Mette ist der Auftritt der jungen Frau mit ihrem Schimmel nicht entgangen. Völlig gebannt hängt ihr Blick an den beiden, während sie aufgeregt wispert: »Sieh mal Papi, da kommen Tess und Hektor.«

Mette lässt den Hals ihres Ponys los und winkt aufgeregt zu dem spektakulären Paar hinüber. Zu Svens nicht geringem Erstaunen bleibt die junge Frau sofort stehen und winkt zurück. Ein strahlendes Lächeln überzieht ihr Gesicht, dann kommt sie mit ihrem Pferd direkt auf Vater und Tochter zu.

»Hallo, Mette. Schön, dich zu sehen.« Sie streift Sven mit

einem mehr als kühlen Blick unter schweren dunklen Brauen. »Dein Vater?«

Mette nickt, und Sven holt Luft, um sich vorzustellen, doch bevor er etwas sagen kann, redet die Schönheit schon weiter. Sie ist jetzt wieder ganz auf seine Tochter konzentriert.

»Bist du gerade angekommen? Sollen wir zusammen ausreiten? Ich könnte dir einen tollen Weg zeigen.« Mit einer geschmeidigen Bewegung dreht sie sich in der Hüfte und weist mit dem ausgestreckten Arm nach Osten. »Immer hier entlang bis hinunter zum Watt und dann durchs Wasser bis nach Munkmarsch.«

»Aber das ist doch gefährlich«, wendet Mette zögernd ein. Ihre Augen suchen nach der etwas pummeligen blonden Frau, die die Ponyfarm betreibt. »Annika hat vorgestern gerade gesagt, dass wir besser nicht dahin sollen, weil es so viele Untiefen im Watt gibt.«

Die Schönheit zuckt mit ihren schmalen Schultern, die Sven plötzlich sehr knochig vorkommen.

»Und wenn schon. Früher sind sie da immer geritten, ich hab sie gefragt. Und es ist wirklich toll, glaub mir.«

Mette nickt verträumt. Sven sieht deutlich, dass seine Tochter kaum den Blick von Tess abwenden kann. Bisher dachte er, dass sich ihre kindliche Schwärmerei ausschließlich auf Pferde bezieht, doch jetzt muss er feststellen, dass sie fast schon vernarrt in die junge Frau zu sein scheint.

»Wenn Annika das verboten hat, solltet ihr euch auch danach richten«, mahnt er.

Die junge Frau, deren Namen er schon wieder vergessen hat, nickt kaum wahrnehmbar. »Ist schon okay, ich will mich nicht mit deinem Daddy anlegen«, murmelt sie, ohne ihn anzusehen. Sven entgeht nicht, dass ihre Augen eine ganz andere Sprache sprechen. Fast schon verlangend sehen sie in Mettes kleines Gesicht, das immer noch zu ihr heraufstrahlt. Dann lässt sie den Zügel des Schimmels los, umfasst mit beiden Händen Mettes Kopf und beugt sich weit zu ihr herunter.

»Wir reden später noch einmal darüber, meine Süße«, flüstert sie in Mettes Ohr. Sven hat Mühe, ihre Worte zu verstehen, aber er bietet seine ganze Konzentration auf. Mette strahlt und schließt kurz die Augen wie beseelt. Sven kann das gar nicht mitansehen und blickt stattdessen auf seine Uhr.

»Wenn du nicht bald aufbrichst, dann wird das mit deinem Ausritt nichts mehr. Ich hab nicht ewig Zeit. Um zwölf will ich spätestens wieder im Kommissariat sein.«

»Dein Vater ist bei der Polizei?« Der Kopf der Schönheit schnellt herum und ihre Augen, die eben noch verträumt und seltsam abwesend gewirkt haben, blicken jetzt irritiert und sehr aufmerksam.

»Kriminalpolizei«, sagt Mette mit Stolz in der Stimme.

»Ach was. Das hast du gar nicht erzählt.« Ein forschender Blick streift Sven. Dann überzieht ganz plötzlich wieder dieses strahlende Lächeln das Gesicht der jungen Frau. Sie scheint es nach Belieben an- und wieder ausknipsen zu können.

»Ich habe mich noch gar nicht vorgestellt. Tess ist mein Name. Tess Andres. Ihre Tochter und ich haben uns in der letzten Woche ein bisschen angefreundet. Ich hoffe, es ist für Sie in Ordnung, wenn wir ab und an miteinander ausreiten.«

»Weiß meine Frau davon?«, erkundigt sich Sven misstrauisch.

»Ja, natürlich. Anja freut sich darüber, dass Mette in Begleitung ist, dann kann sie in der Zwischenzeit ein paar Besorgungen machen. Und vielleicht haben Sie ja auch noch etwas vor ...«

»Na ja, es wäre gar nicht schlecht, wenn ich schon früher zurück könnte«, antwortet Sven unschlüssig. »Aber irgendwie muss Mette ja auch wieder nach Hause kommen.«

»Ich könnte sie nach Hause bringen. Nach unserem Ausritt.« Die junge Frau lächelt einnehmend. Plötzlich wirkt sie ganz harmlos und vertrauenerweckend.

»Au ja, Papi«, schaltet sich Mette ein. »Wir reiten auch ganz bestimmt nicht nach Munkmarsch und schon gar nicht durchs Watt.«

»Das will ich dir auch geraten haben«, mahnt Sven und spürt, wie sein Widerstand schmilzt. Schließlich nickt er der jungen Frau unentschlossen zu. »Also wenn es Ihnen wirklich keine Umstände macht, dann nehme ich Ihr Angebot gern an. Sie wissen, wo wir wohnen?«

»Aber Papi, ich bin doch schon groß. Das kann ich Tess alles zeigen. Und zur Not kann ich dich anrufen. Schon vergessen?«

Mette klopft stolz auf die Seitentasche ihres Anoraks, in der sich ihr funkelnagelneues Handy befindet.

»Gut, dann viel Spaß euch beiden!«

Zögernd wendet sich Sven Winterberg von seiner Tochter und ihrer Reitgefährtin ab. Ganz wohl ist ihm bei der Sache nicht. Aber vielleicht sollte er sich besser daran gewöhnen, dass Mette kein kleines Kind mehr ist. Und wenn das Lütte erst mal da ist, werden er und Anja sich noch darüber freuen, eine so selbständige Tochter zu haben.

Mittwoch, 4. Oktober, 10.42 Uhr, Strandrestaurant Wonnemeyer, Wenningstedt

»Und Sie wollen im Ernst von mir verlangen, dass ich eine tote Möwe auf meinen Seziertisch lege?« Die Stimme des Gerichtsmediziners Dr. Olaf Bernstein transportiert selbst durchs Telefon eine eisige Kälte. »Also ehrlich, Kreuzer, Ihnen ist wohl der letzte Erfolg zu Kopf gestiegen. Nur weil Sie im Sommer die Mordserie um die Malerclique so brillant aufgeklärt haben, müssen Sie sich jetzt nicht einbilden, dass wir hier auf der Insel von lauter Triebtätern umgeben sind.«

»Die Möwe ist geköpft und ausgeweidet worden. Sie liegt direkt vor mir auf der Treppe vom Wonnemeyer zum Strand runter. Und glauben Sie mir, das ist bestimmt kein Zufall, sondern die hat jemand ganz bewusst so drapiert«, entgegnet Bastian Kreuzer eindringlich, während er aus dem Augenwinkel beobachtet, wie sich ein Pulk Neugieriger hinter der provisorischen Absperrung sammelt. Auch oben auf der breiten Terrasse des Strandrestaurants drängen sich Gäste und Angestellte an der Brüstung. Allen steht die Neugier ins Gesicht geschrieben.

Nur Dr. Olaf Bernstein schweigt.

»Jetzt zieren Sie sich doch nicht so. Wir sind schließlich ganz bei Ihnen in der Nähe. Es sind höchstens zehn Minuten zur Nordseeklinik«, beschwört ihn Bastian Kreuzer. »Es wäre wirklich kein Aufwand. Und das Ganze kann doch kein Zufall sein.«

»Vergessen Sie's. Diese Angelegenheit fällt absolut nicht

in meinen Zuständigkeitsbereich. Zufall oder nicht. Bringen Sie mir eine ordentliche Leiche und ich walte meines Amtes. Für die tote Möwe ist höchstens der Veterinär zuständig. Wenn überhaupt. Schönen Tag noch.«

Mit einem letzten abfälligen Schnaufen unterbricht Dr. Bernstein die Verbindung.

Bastian Kreuzer atmet einmal tief durch, um sich zu beruhigen. Der Anblick des Vogels ist alles andere als appetitlich, und allein schon bei der Vorstellung, sich dem Kadaver wieder zuwenden zu müssen, wird Bastian schlecht. Zum Glück fegt ein kräftiger Herbstwind über den Strand, der wenigstens die üblen Gerüche vertreibt.

Langsam geht Bastian zu Silja hinüber, die zusammen mit zwei uniformierten Kollegen näher am Meer steht und wie abwesend übers Wasser blickt. Die spritzende Gischt sättigt die Luft mit dem würzigen Duft nach Schlick, Salz und Jod. Ganze Scharen von höchst lebendigen Möwen kreisen über den Wellen auf der Suche nach fetter Beute. Nur einige von ihnen haben sich abgesondert und beäugen neugierig, wenn auch aus sicherer Entfernung das tote Tier auf der Treppe.

»Möwen sind Allesfresser«, erklärt Silja leise. »Die nehmen auch Aas, wenn's sein muss. Und wie man sieht, machen sie sogar vor ihren toten Artgenossen nicht halt.«

»An denen könnte sich Bernstein mal ein Beispiel nehmen«, brummt Bastian.

»Wieso? Mit toten Artgenossen hat er es durchaus«, widerspricht Silja.

»Zugegeben. Aber unsere Möwe ist ihm völlig schnuppe. Er hat mich eiskalt abblitzen lassen.«

»Und jetzt?«

Die Kommissarin guckt ratlos, fordert aber gleichzeitig die umstehenden Neugierigen mit einer energischen Geste zum Weitergehen auf. Als sich der Strandabschnitt langsam leert, beginnt sie, auf der Stelle zu treten und zieht den Reißverschluss ihrer Daunenjacke zu.

»Wird ganz schön frisch, wenn man sich nicht bewegt. Also, was machen wir jetzt?«

»Wir nehmen sie mit.«

»Wen? Die Möwe?«

»Klar, wen sonst.«

»Und dann? Wo sollen wir die denn lagern? Wenn die ins Warme kommt, fängt sie erst recht an zu stinken. Willst du die ganze Polizeiwache verpesten?«

»Wir könnten sie vielleicht einfrieren, bis uns was eingefallen ist«, schlägt Bastian vor.

»Einfrieren. Zu Hause im 4-Sterne-Fach vom Kühlschrank, oder wie? Du spinnst wohl.«

»Silja, es ist ja nur für ein paar Tage. Ich bin fest davon überzeugt, dass das hier kein Zufall ist. Und auch kein Dummer-Jungen-Streich.«

»Warum eigentlich nicht? Ich könnte mir das ganz gut vorstellen. Ein paar Pubertierende, die einen geheimen Club gegründet haben und jetzt ihre neuen Mitglieder mit möglichst ekligen Aufnahmeritualen schocken wollen.«

»Meinst du wirklich?«

Zweifelnd wirft Bastian einen Blick über die Schulter zu dem toten Tier. Aus der Entfernung wirken die abgespreizten Flügel, der offene Hals und der klaffende Leib wie bizarre Objekte, erbarmungslos ausgeleuchtet von dem klaren Herbstlicht. Die losen Federn, die den Kadaver umgeben haben müssen, sind längst weggeweht, und durch die wenigen, die noch an Körper und Flügeln haften, fährt der Westwind so heftig, dass es wirkt, als zucke der kopflose Vogelleib immer noch im Todeskampf. Der Anblick ist mehr als eklig und die Versuchung groß, sich auf Siljas Deutung einzulassen. Sie könnten den Kadaver einfach eintüten und fachgerecht entsorgen lassen, so wie die Polizei es mit jeder toten Taube macht, die auf öffentlichem Gelände gefunden wird.

»Jetzt komm schon.«

Ein aufmunternder Rippenstoß Siljas befördert Bastians Entscheidung. Er winkt die beiden uniformierten Kollegen zu sich und weist auf die tote Möwe.

»Ab in den Kadaverbeutel und weg damit. Was man mit dem armen Vogel gemacht hat, ist zwar Tierquälerei und grober Unfug, aber noch lange kein Fall für die Kriminalpolizei.«

»Und wenn sich das noch steigert?«, wagt einer der beiden Kollegen einzuwenden.

»Wird schon nicht«, antwortet Bastian, wobei ihm der Zweifel im Gesicht geschrieben steht.

Mittwoch, 4. Oktober, 11.17 Uhr, Wattweg, Munkmarsch

Klaas Menken kneift die Augen zusammen, um besser sehen zu können. Hinter dem niedrigen Sprossenfenster seines Wohnzimmers reißt der Wind den Bäumen die ersten Blätter von den Zweigen. Er wirbelt sie in wildem Tanz durch die Luft, ein Ballett in Gelb und Rot vor dem diffusen Graublau von Himmel und Watt. Draußen ist es seit Tagen kalt und stürmisch, aber Klaas Menken stört das nicht. Im Gegenteil. Jetzt sind endlich weniger Urlauber unterwegs.

Das Grundstück von Menkens altem Friesenhaus grenzt direkt an den Wattweg, der von Braderup nach Keitum führt und im Sommer zu den beliebtesten Wanderrouten Sylts gehört. Zum Glück sind die Kiefern und Apfelbäume an der Grundstücksgrenze alt und hoch, sie schirmen die Gespräche der Spaziergänger ebenso ab wie ihre neugierigen Blicke. Auch von den Reitern, die den schmalen Pfad neben dem Spazierweg benutzen, bekommt Menken wenig mit. Jedenfalls im Sommer, wenn die Bäume Laub tragen und das Fenster weit offen steht. Pferdewiehern, Möwenkreischen, das klatschende Wasser sind die Sommermelodie des alten Mannes. Leider auch das Schreien und Toben der Kinder, die die Feriengäste aus der unteren Wohnung viel zu häufig in dem großen verwilderten Garten herumtollen lassen. Über Jahrzehnte hat Klaas Menken diesen Garten hingebungsvoll angelegt, hat täglich Stunden in dem würzigen Heideduft, der sich mit scharfem Pferdekot und dem süßen Parfüm der wilden Rosen mischte, verbracht. Doch seit er so gebrechlich geworden ist, dass er die kleine Wohnung unterm Dach kaum noch verlassen kann, verkommt der Garten mehr und mehr, weil seine sture Tochter sich einfach nicht um die Pflege kümmern will.

Bei dem Gedanken an Andrea und ihren nichtsnutzigen Mann schnaubt Klaas Menken abfällig durch die Nase. Er hat diesen Torben von Anfang an nicht gemocht. Sein Schwiegersohn ist ein Großmaul und Tunichtgut und ein Säufer noch dazu. Aber Andrea war ja wie verhext von Torbens kräftigem Körper und der tiefen Stimme. Als sie ihn kennenlernte, war er Bademeister am Kampener Strand.

Einer, der fesche Blondinen aus den Fluten rettete, wenn sie sich bei stürmischer See zu weit hinausgewagt hatten. Einer, auf dessen schrillen Pfeifton sogar die Reichen hörten, wenn sie die rote Flagge am Strand missachtet hatten, um sich selbst wer weiß was zu beweisen. Oder um wer weiß wem zu imponieren.

So einer war Torben Töpfer. War, wohlgemerkt. Inzwischen ist es mit Klaas Menkens Schwiegersohn ziemlich bergab gegangen. Die Muskeln sind einer stattlichen Wampe gewichen, und die tiefe Stimme verfehlt schon lange ihre Wirkung auf Frauen. Nur die Gier in seinem Blick ist geblieben. Auch wenn sie sich mittlerweile eher auf weltliche Dinge als auf fleischliche richtet.

Klaas Menken überlegt angestrengt, wann er den ungeliebten Schwiegersohn eigentlich zum letzten Mal gesehen hat. Es muss Monate her sein. Und es gab damals eine ziemliche Brüllerei, das weiß er noch. Torben wurde zuerst dreist und dann ausfallend. Warf dem Schwiegervater Geiz und Eigensucht vor. Tat so, als gehörten Grundstück und Friesenhaus am Munkmarscher Watt längst Andrea und ihm und als sei es nur ihrer beider Gnade zu verdanken, dass Klaas Menken überhaupt noch die obere Wohnung nutzen durfte. Da kannte er den alten Menken aber schlecht. Bei dem Gedanken an seine wortgewaltige Replik muss Klaas Menken immer noch schmunzeln. Unmissverständlich hat er klargestellt, wer Herr im Hause ist. Es ging ihm gar nicht ums Prinzip, seinetwegen soll Andrea ruhig einmal alles erben, schließlich ist sie sein einziges Kind, aber sie wird sich schön gedulden müssen, bis er abkratzt. Er wird ihr nichts frühzeitig überschreiben und er wird auch nicht ins Heim gehen. Auf gar keinen Fall, da kann sie warten, bis sie schwarz wird.

Irritiert fasst sich Klaas Menken ans Herz, er spürt, wie ihn allein der Gedanke an die damalige Auseinandersetzung aufregt.

Aber der Streit hat immerhin ein Gutes gehabt. Seitdem hat Torben Töpfer keinen Fuß mehr in Klaas Menkens Haus gesetzt. Selbst Andrea kommt seltener. Wenn auch ihre Vorstöße nie ganz aufgehört haben. Immer wieder fängt sie von den hohen Immobilienpreisen an, die beim Verkauf des alten Hauses vermögende Leute aus ihnen machen würden, und versucht, ihren Vater mit dem Komfort, den es angeblich in diversen Senioreneinrichtungen gibt, zu locken. *Senioren.* Wenn er das Wort nur hört, wird ihm schlecht. Früher hießen seinesgleichen *Greise*, und das Wort beschrieb ziemlich genau, was sie waren. Sabbernde, schwerhörige Alte, die sich starrsinnig weigerten, zu sterben. Na und? Trotzig lehnt sich Klaas Menken in seinem Sessel zurück. Soll Andrea sich ruhig noch ein bisschen gedulden. Und mit ihr der ebenso cholerische wie faule Schwiegersohn, der sich natürlich auch nie um den Garten gekümmert hat.

Aber was soll's. Bald wird das Herbstlaub gnädig die Beete bedecken, in denen längst üppiges Unkraut wuchert. Seit zwei Wochen sind die Temperaturen beharrlich gesunken, und seit dem Wochenende liegt die alte Wolldecke wieder über Menkens Knien, die Heizung in der Nische blubbert vor sich hin, und das Sprossenfenster bleibt geschlossen. Tags wie nachts. Trotzdem lässt Klaas Menken das Watt jenseits seines Fensters kaum aus den Augen. Nur wenn die Pflegerin da ist oder seine Tochter ihm wieder einmal nörgelnd zusetzt, tut er so, als sei ihm die Außenwelt egal.

Doch in Wirklichkeit ist nur noch das Draußen für ihn interessant.

Er weiß nicht mehr genau, wann seine Schwester zum ersten Mal aufgetaucht ist, ihr wehendes Haar im Mondschein leuchtete und der wilde Galopp des Schimmels durch die Nacht hallte. Es war im April oder Mai, und natürlich hat er sich alles nur eingebildet, denn seine Schwester ist schließlich tot, seit vielen Jahrzehnten schon. Aber was heißt das schon? Tot sind nur die, die wir auch vergessen haben. Und Klaas Menken wird seine kleine Schwester, der er so großes Unrecht zugefügt hat, wohl nie vergessen können. Und er will es auch nicht.

Umso mehr erstaunt es ihn, dass auch sie ihn nicht vergessen hat, ja dass sie sogar zurückgekehrt ist an den Ort ihrer Kindheit und Jugend, dass sie immer wieder ausgerechnet zu ihm zurückkehrt, wenn auch nur selten, heimlich und nachts.

Manchmal kommt sie seitdem sogar in sein Zimmer, steht plötzlich neben oder hinter ihm, streichelt über sein schütteres Haar und murmelt leise beruhigende Worte in sein Ohr. Er versteht nicht jedes dieser Worte, aber ihr Sinn ist eindeutig. Sie verzeiht ihm. Nur darum ist sie zurückgekommen, nur darum reitet sie nachts durchs Watt. Es ist ein Zeichen, das ihn beruhigen soll. Denn irgendwann, in nicht allzu ferner Zeit wird auch er hinübergehen und sich den letzten Fragen stellen müssen, und dann wird das Verzeihen seiner Schwester schwer wiegen und vielleicht sogar alles entscheiden, davon ist Klaas Menken fest überzeugt.

Erschöpft schließt der alte Mann die Augen. Ein wenig Schlaf wäre jetzt schön. Nachts sitzt er schließlich stundenlang wach und starrt hinaus aufs Watt. Wartet auf die Schwester und ihren Schimmel im Mondlicht. Will sie um nichts in der Welt verpassen. Lebt eigentlich nur noch für diesen Anblick. Tagsüber ist er entsprechend müde. Schon spürt Menken, wie ein Schleier sich über seine Wahrnehmung legt, sein Atem ruhiger wird und selbst der Herzschlag sanfter. Er schließt die Augen, zieht die Decke über den Knien etwas höher und lehnt den Kopf entspannt gegen die gepolsterten Ohren des alten Sessels.

Mittwoch, 4. Oktober, 11.25 Uhr, Spielhalle Golden Goal, Westerland

»Geschafft!«

Mit einer entschiedenen Bewegung wringt Andrea Töpfer den Feudel ein letztes Mal im Aufsatz des Wischeimers aus. Der Fliesenboden des schmalen, langgestreckten Raums glänzt vor Nässe, und ein scharfer Zitronengeruch kämpft gegen die Reste von Tabakrauch und Alkoholdunst. Seit einer halben Stunde steht die Außentür weit offen, längst ist die Kälte in alle Ecken gedrungen. Doch die Gerüche der letzten Nacht hat sie nur unvollkommen vertreiben können. Denn gestern, am Tag der deutschen Einheit, war die Bude voll, endlich einmal wieder, wie sie sich insgeheim eingesteht.

Torben und Andrea reden seit ihrem letzten großen Streit nicht mehr über den drohenden Ruin. Was soll das ganze Gequatsche auch bringen? Sie würden sich doch nur wieder gegenseitig fertigmachen, so wie damals, als sie einen letzten Versuch unternommen haben, ihren Vater umzustimmen. Aber der eigensinnige Alte blieb stur.

Andrea Töpfer wirft einen heimlichen Blick zu ihrem Mann hinüber, der unwillig die Spielautomaten an den Wänden entstaubt und den Tresen wischt. Eine Putzfrau haben sie längst nicht mehr. Und die Hypothek bei der Bank ist auch nur verlängert worden, weil der Sachbearbeiter ein alter Schulfreund von Torben ist. Einen Risikoaufschlag müssen sie trotzdem zahlen. Und wenn in den nächsten vier Wochen nicht ein Wunder geschieht, dann wird ihnen das am Monatsende nicht noch einmal möglich sein. Die Frau vom Fleischer hat schon mehrmals mahnend die Summe genannt, die Andrea ihr inzwischen schuldig ist, obwohl sie längst nur noch Suppenfleisch und die billigste Mortadella kauft. Beim Aldi würde auch das zwar nur die Hälfte kosten, aber dort kann man nicht anschreiben lassen. Und die Putzstelle, die Andrea seit einem Jahr zusätzlich hat, ist ihr vorige Woche zu allem Unglück gekündigt worden. Der Bürobetreiber habe sich für ein Facility-Unternehmen entschieden, so stand es in dem kurzen Anschreiben. *Facility-Unternehmen*, wenn sie das Wort nur hört, sieht Andrea schon rot. Sie weiß genau, was sich dahinter verbirgt. Ein skrupelloser Menschenhändler, der bestimmt illegal Arbeitskräfte aus dem Ostblock beschäftigt. Andrea reißt den Eimer mit dem Schmutzwasser hoch, stapft in das schmale fensterlose Bad und gießt die Brühe in hohem Bogen ins Klo. Hat man ja gestern Abend alles im Krimi gesehen. Als die magere Kommissarin dem schmierigen Typen auf der Mattscheibe ins Bein geschossen hat, konnte sich Andrea ein triumphierendes Schnauben nicht verkneifen. Den fragenden Blick Torbens hat sie dann aber lieber ignoriert. Er weiß noch nichts von der Kündigung, Andrea hat Angst, dass er wieder ausrastet. Beim letzten Mal sind zwar nur ein paar Stühle zu Bruch gegangen, aber ihre Rippenprellung schmerzt immer noch, obwohl das schon mehr als drei Monate her ist.

»Was gibt's eigentlich zum Mittag?«

Torbens Stimme jagt ihr einen Schauer über den Rücken. Aber anders als damals, als sie sich in den schmucken Bademeister verguckt hat. Wie glücklich war sie, als es ihr endlich gelungen war, diesen umschwärmten Typen für sich zu gewinnen. Andrea schaut kurz in den Spiegel über dem Waschbecken und dann schnell wieder weg. Als junge Frau war sie vielleicht keine Schönheit, aber doch recht apart. Jetzt sind die einstmals dunklen Haare von schmutziggrauen Strähnen durchzogen und lieblos nach hinten gebunden. Ihre Ohren werden immer größer, das Kinn hängt, und die Schlupflider lassen vor allem am Morgen ihre Augen winzig erscheinen. Um den Mund hat sich die Bitterkeit in tiefen Furchen verewigt, und ihre Haut wirkt fahl und schlaff.

»Kartoffeln mit Zwiebeln«, antwortet Andrea zögernd und kommt mit dem leeren Eimer in der Hand zurück in den Tresenraum, an dessen Wänden die Spielautomaten wie unfreiwillige Zeugen ihrer ewigen Streitereien stehen.

»Das essen wir schon seit vier Tagen.«

»Ist eben billig. Morgen mache ich Kohl.« Andrea senkt den Blick.

»Kohl!« Torben spuckt das Wort aus wie einen ausgelutschten Kaugummi. »Wie wär's mal mit Rouladen? Oder wenigstens Rippchen.«

»Die alte Meyer lässt mich nicht mehr anschreiben.«

Anstelle einer Antwort greift Andreas Mann tief in die Lade hinter dem Tresen, in der sie ihre Einnahmen aufbewahren. Er donnert ihr seine Faust mit den Scheinen direkt vor die Brust. Die Rippen schmerzen, aber noch mehr schmerzen Torbens Worte.

»Da, du blöde Versagerin. Kannst noch nicht mal was Ordentliches kochen. Nimm das Geld und kauf endlich mal was Anständiges, sonst ...«

»Okay, ja, sofort«, beeilt sich Andrea zu antworten, während sie spürt, wie die Angst alle ihre Nerven lähmt. Trotzdem wagt sie einen Einwand. »Vielleicht wäre es besser, wir würden das Geld zurücklegen. Für die nächste Bankrate, du weißt schon.«

»Ich kann deine Zwiebeln nicht mehr riechen. Die sind doch auch schon halbverfault und vertrocknet wie du.«

»Torben, bitte. Lass uns nicht streiten. Wir müssen bestimmt nicht mehr lange durchhalten ...«

»Meinst du, der Alte macht's nicht mehr lange?«

Die unverblümte Hoffnung in Torbens Stimme schmerzt Andrea. Trotzdem antwortet sie versöhnlich.

»Ich könnte ja noch mal hingehen. Besser ohne dich. Wenn ich ihm alles erkläre, borgt er uns vielleicht was.«

Andrea hasst sich selbst für die Lüge. Der Vater kann von seiner kargen Rente kaum selbst leben, das weiß sie genau. Er hat nichts zu verleihen. Er hat nur das Haus. Und das will er nicht verkaufen.

»Tu, was du nicht lassen kannst.«

Torben knallt die Schublade wieder zu, während Andrea sich stöhnend an die Brust fasst und vorsichtig in die Knie geht, um die Scheine vom Boden aufzuklauben. Beim Sammeln zählt sie heimlich mit. Drei Zehner und fünf Fünfer. Fünfundfünfzig. Davon kann sie locker vierzig zurücklegen. Und trotzdem Rippchen kochen. Vielleicht mit Sauerkraut. Und wenn Andrea ausnahmsweise einmal Glück hat, dann weiß Torben schon morgen nicht mehr genau, wie viel er gestern überhaupt eingenommen hat. Allerdings müsste sie ihn dafür zum Trinken animieren. Was wiederum Geld kostet und auch sonst nicht ohne Risiko ist. Andrea fasst sich noch einmal an die Brust, stopft dann das Geld in die Tasche ihrer alten Jeans und murmelt: »Ich geh dann mal einkaufen. Kann aber ein bisschen dauern.«

»Hauptsache, es gibt was Anständiges«, murrt Torben und wendet sich ab.

Mittwoch, 4. Oktober, 11.39 Uhr, Wattweg, Munkmarsch

Durchs geschlossene Fenster dringt ein Laut. Kantaper, kantaper. Ein regelmäßiges Klopfen, gefolgt von einem hellen Juchzen aus Kindermund. Aber es sind zurzeit gar keine Feriengäste unten in der großen Wohnung. Irritiert zwinkert Klaas Menken gegen das Tageslicht. Die Außenwelt ist zunächst grau und verschwommen, er war schon fast eingeschlafen, und der Blick muss erst wieder klar werden. Doch langsam stellen die Augen sich auf die Landschaft draußen scharf und trennen dabei Baum von Watt und Watt von Himmel.

Und dann sieht Klaas Menken sie. Zwei Gestalten, die aufrecht auf ihren Pferden sitzen und durchs Watt traben. Ruckartig setzt sich Menken auf. Noch nie hat er die Schwester bei Tage gesehen. Doch kein Zweifel, sie ist es. Auch wenn sie ohne das wehende weiße Gewand viel realer aussieht. Deutlich kann er ihre Haare erkennen, ihren aufrechten Sitz, die stolze Haltung und die wie zufällig herabhängende rechte Hand. Und natürlich den Schimmel. Das helle Pferd zu reiten war der ganze Stolz seiner Schwester.

Aber wer reitet in ihrer Begleitung? Klaas Menken reibt sich die Augen, als würde davon irgendetwas besser.

Nein, das kann nicht sein.

Das. Kann. Einfach. Nicht. Sein.

Martina hat das Kind mitgebracht.

Es ist ein Mädchen, natürlich ist es ein Mädchen. Es folgt der Schwester auf einem Shetlandpony, es hat Martinas aufrechte Haltung und ihre Haare. Blond, lang und leicht gelockt.

Klaas Menken meint zu spüren, wie sein Herz aussetzt. Diesmal wirklich. Erschrocken presst er beide Hände auf die linke Brust und horcht in sich hinein. Nach bangen Sekunden stellt er fest, dass er sich getäuscht hat. Das Herz schlägt noch, zum Glück. Aufgeregt tastet Menken nach seinem knotigen Stock. Er will aufspringen, schnell, schnell, auch wenn er das schon lange nicht mehr kann, er will das Fenster aufreißen, sich hinausbeugen und etwas hinunterrufen. Aber was?

Bevor er sich aufrichten kann, gleitet der Stock aus seinen zitternden Händen und fällt scheppernd zu Boden. Mist. Ohne Gehhilfe traut Menken sich selbst die paar Schritte nicht zu. In der Aufregung würde er bestimmt stolpern und stürzen. Und dann hätte seine Tochter endgültig einen Vorwand, um ihn abzuschieben. Und er würde Martina nie wiedersehen.

Also beugt Klaas Menken sich hinunter, tastet am Boden nach dem Stock, bekommt ihn knapp zu fassen, umklammert ihn zitternd, richtet sich mühsam wieder auf, stemmt sich aus dem Sessel, humpelt dicht ans Fenster, reißt am Griff, das Fenster klemmt, aber schließlich geht es auf. Der alte Mann lässt den Stock fahren, stützt sich aufs Fensterbrett und beugt sich weit hinaus.

Ja, da hinten reiten sie. Mutter und Tochter. Klaas Menken sieht zwar nur noch die aufrechten Rücken, wippend im Takt des Trabes, aber er sieht auch die wehenden blonden Haare der Schwester. Er weiß genau, dass er wertvolle Sekunden verloren hat. Würde er jetzt rufen mit seiner alten zittrigen Greisenstimme, sie würden es bestimmt nicht hören. Also heftet er den Blick auf die beiden Gestalten, verfolgt atemlos ihr Auf und Ab, sieht hilflos mit an, wie sie kleiner werden, immer winziger und schemenhafter, bis sie schließlich im Ungefähren verschwinden. Zuletzt leuchten noch einmal das helle Blond der Haare und das silbrige Weiß des Pferdefells auf. Ein Abschiedsgruß oder die Verheißung einer baldigen Wiederkehr?

Klaas Menken weiß es nicht. Und schlimmer noch, er weiß noch nicht einmal, was von beidem er sich wünschen soll.

Mittwoch, 4. Oktober, 13.10 Uhr, Pizzeria Toni, Westerland

»Dass du nach diesem Vormittag schon wieder Fleisch essen kannst, begreife ich nicht.«

Silja Blanck nimmt dem Kellner mit einem Nicken ihren großen Salatteller aus der Hand und streift Bastians Saltimbocca mit einem knappen Seitenblick.

»Hey, das ist Kalbfleisch und kein Geflügel. Man kann es mit der Einfühlung auch übertreiben.«

»Jetzt seid mal friedlich und lasst uns lieber überlegen, ob es für die Möwenmorde nicht doch noch eine plausible Erklärung geben kann«, wirft Sven ein.

Vor ihm stehen ein Teller mit dampfender Lasagne und eine Apfelsaftschorle, während Bastian eine Cola zum Saltimbocca bestellt hat. Der Hauptkommissar lässt sich mit seiner Antwort Zeit.

»Tja, neben der von Silja vorgeschlagenen Mutprobe unter Jugendlichen fallen mir da nur noch unerfreulichere Dinge ein.«

»Und die wären? – Autsch, das ist ja total heiß! Jetzt machen sie sogar schon die Lasagne in der Mikrowelle warm.«

Sven hält sich die Hand vor den weit geöffneten Mund und atmet schnell ein und aus.

»Dafür werden wir beide beim Essen wenigstens innerlich warm, während die arme Silja, die sich vorhin am Strand schon fast den Arsch abgefroren hat, anscheinend unbelehrbar ist«, stichelt Bastian mit einem Blick auf ihren Salat.

Silja verdreht die Augen und wendet sich Sven zu.

»Sei bloß froh, dass du nicht dabei warst. War echt kein schöner Anblick. Übrigens: Hat mit Mette alles geklappt?«

Sven nickt unkonzentriert, während er die Lasagne in Häppchen teilt, damit sie etwas auskühlen kann.

»Alles bestens. Bestimmt ist sie längst wieder zu Hause. Das ging unkomplizierter, als ich dachte. Ich hatte sogar Zeit, noch ein bisschen zu recherchieren, als ich eure SMS mit den Fotos von dem Kadaver bekommen habe.«

»Und?«, fragen Bastian und Silja wie aus einem Mund.

»Na ja, ich hab halt mal *Tieropfer* in die Suchmaschine eingegeben. Da landet man ziemlich schnell bei allen möglichen satanistischen Zirkeln.«

»Das sind die mit den schwarzen Klamotten, die nachts die Friedhöfe unsicher machen und rückwärts beten, stimmt's?«, will Bastian wissen, während er lustvoll sein Fleisch zerteilt.

»Gothics«, ergänzt Silja.

»Nicht ganz.« Sven schiebt den Teller mit der Lasagne weit von sich. »Der Auflauf braucht bestimmt noch fünf Minuten, bis er genießbar ist. In der Zeit kann ich euch gern den Unterschied erklären. Gothics sind in der Tat die mit den nächtlichen Friedhofsfeten. Sie sind meistens harmlos.«

»Wenn man mal von der Störung der Totenruhe absieht«, unterbricht ihn Silja.

»Ja natürlich. Aber sie quälen keine Tiere und fügen sich selbst auch wenig Schaden zu. Echte Satanisten dagegen ...«

»Da fällt mir was ein.« Bastian legt das Besteck aus der Hand und lehnt sich zurück. Während er sich erinnert, kneift er die Augen zusammen, so dass seine beachtlichen Tränensäcke sich in Querfalten legen. »Drüben in Flensburg hatten sie im Sommer zwei gefolterte Katzen. Denen hatten irgendwelche Idioten die linken Ohrläppchen durchstochen, die Nasen angekokelt und die Barthaare abgefackelt. Nachts bei Vollmond auf einer Waldlichtung. Die armen Kreaturen waren völlig verstört. Und der Wald wäre auch fast abgebrannt, weil die Typen überall Kerzen angezündet hatten.«

»Hat man sie gefasst?«, will Silja wissen.

Bastian schüttelt den Kopf. »Als die Kollegen kamen, waren die längst über alle Berge. Nur die armen Katzen lagen da noch rum. Wohl mehr tot als lebendig.«

»Jetzt vergeht mir endgültig der Appetit.« Silja stochert lustlos in ihrem Salat, dann fragt sie Sven: »Warum machen die so was? Kannst du uns das bitte mal erklären?«

»Ich will's versuchen. Im Grunde ist es ganz einfach. Satanisten wollen den christlichen Ritus beschmutzen. Also kehren sie alles um. Daher das Rückwärtsbeten. Auch das Kreuz wird zum Beispiel falsch herum aufgehängt.«

»Also böse sein statt gut«, murmelt Silja. »Und dazu gehören Tieropfer?«

»Nicht ganz. Bei den Opferritualen geht es eher um das Nutzen von Energie.«

»Wie jetzt?« Bastian verschluckt sich an seiner Cola, und Sven wartet geduldig, bis sich der Hustenanfall seines Kollegen legt.

»Die glauben daran, dass bei dem Opfervorgang aus dem Tierblut Energie freigesetzt wird, die die magische Arbeit erleichtert.«

»Magische Arbeit? Was soll das denn sein?«

»Zum Beispiel, einen Kontakt zu Satan herzustellen. Ihn zu besänftigen. Oder anzulocken.«

»Mit Tierblut?«

Sven nickt. »Blut bedeutet ja ohnehin schon Lebenskraft, und wenn man dann noch bedenkt, dass jedes sterbende Lebewesen reichlich Adrenalin und andere biochemische Energie ausschüttet, so hat man eine sehr mächtige Kombination. Denken die jedenfalls.«

»Aha.« Bastian klingt wenig überzeugt. »Da können wir ja nur hoffen, dass sterbende Menschen nicht noch mehr Energie freisetzen, oder?«

»Na, blöd sind die auch nicht. Die wissen genau, dass es strafrechtlich einen erheblichen Unterschied macht, ob sie Tiere oder Menschen töten. Deshalb verwenden sie für ihre Zeremonien eben gern irgendwelche niederen Lebewesen.«

»Wie zum Beispiel Möwen?«, fragt Silja.

»Meistens eher Hühner.«

»Nur gibt's bei uns auf der Insel eben mehr Möwen als Hühner.«

»Zumindest kommt man an die besser heran. Theoretisch

hätte es aber auch ein Kaninchen sein können. Oder ein Hund.«

»Hör bloß auf!« Silja verzieht das Gesicht zu einer Grimasse des Ekels. Aber Sekunden später hat sie sich wieder unter Kontrolle, drückt die Schultern durch und redet mit vorgerecktem Kinn weiter. »Wisst ihr was? Falls es tatsächlich Satanisten hier auf der Insel gibt, müssen wir versuchen, uns da reinzuschleichen. Vielleicht übers Internet.«

»Wie willst du das denn anstellen? Willst du die direkt anschreiben? *Hallo, ich bin die kleine Silja und würde auch gern mal ein Kätzchen quälen?*«, lacht Bastian.

Sven, der nichts so fürchtet wie die Kabbeleien zwischen Silja und Bastian, blickt besorgt zu der Kollegin hinüber. Zu seiner großen Erleichterung stimmt sie aber in Bastians Gelächter ein.

»Hast ja recht, war eine blöde Idee. Und wenn wir Schulleiter oder Lehrer befragen, kommen wir wahrscheinlich nur an irgendwelche Gothics ran, die gibt's hier nämlich auch. Habe ich selbst schon mal an einer Bushaltestelle gesehen. Die fallen sofort auf, weil sie so finster angezogen sind.«

»Und Satanisten?« Bastian blickt fragend in Svens Richtung. »Du bist doch jetzt unser Spezialist. Sind die auch dunkel gekleidet?«

»Ich glaube schon.«

»Dann ist das mit der Schule doch gar keine schlechte Idee. Wenn die Typen harmlos sind, werden wir's noch früh genug erfahren. Vielleicht gibt es trotzdem Querverbindungen, oder wir können auf diese Weise ein paar Namen kriegen.« Bastian nickt Silja zu. »Willst du das machen?«

Die Kommissarin sieht auf ihre Uhr und legt das Besteck zur Seite. »Wenn, dann aber gleich. Heute Nachmittag sind die Schulen vielleicht schon wieder leer. Aber jetzt erwische ich wahrscheinlich noch jemanden. Und der Appetit ist mir ohnehin vergangen.«

Als sie die Pizzeria verlassen hat, schiebt Sven ihren Salat zu Bastian hinüber und zieht sich selbst die Lasagne wieder heran.

»Gemüsebeilage für unseren Fleischfresser und erträgliche Temperaturen für mich selbst. Und sei bloß froh, dass du kein Steak bestellt hast. Wer weiß, vielleicht hätte Satan uns persönlich beehrt, wenn bei der Nennung seines Namens auch noch Blut geflossen wäre.«

Mittwoch, 4. Oktober, 17.30 Uhr, Strandpromenade Wenningstedt

Tess geht langsam, sie stemmt sich gegen den Wind, atmet die kalte Luft tief ein und beobachtet fasziniert, wie die Gischt als feiner Schleier über dem Wasser steht. Es sind nur wenige Spaziergänger unten am Strand unterwegs, denn die Kälte der Nacht ist schon spürbar, die Sonne steht tief am Horizont, und das Licht verliert seine Kraft. Die Landschaft aus Sand und Meer wirkt fast wie in Schwarz-Weiß gemalt, nur ein paar Touristen in gepolsterten grellfarbigen Jacken stören den Eindruck.

Hier oben auf der Landseite der Promenade herrscht allerdings umso mehr Trubel, vor allem in dem großen Glaskasten der neuen Gosch-Filiale. Stimmen, Rufe und Lachen hallen heraus. Tess sieht die Menschen hinter den beschlagenen Scheiben herumlaufen und gestikulieren, sie stellt sich vor, wie sie miteinander reden und sich gegenseitig ins Wort fallen mit ihren nichtsnutzigen und wahrscheinlich vollkommen überflüssigen Bemerkungen.

Was sie sieht, erinnert sie an die Stunden vor jedem Lauf, wenn die Mädchen sich aus lauter Langeweile immer wieder die gleichen öden Geschichten erzählen, während sich Legionen von Stylisten, Friseuren und Make-up-Artisten um ihr ach so kostbares Äußeres bemühen. Alles Show, nichts ist echt, kein wahres Gefühl hat Platz in diesem verlogenen Business.

Überhaupt sind die echten Gefühle ganz woanders zu finden. Schmerz und Lust, dieses dunkle Paar, verbirgt sich gut und will mit Hingabe aufgespürt werden. Aber die Belohnung ist jedes Risiko wert. Atemlos, blutig und sinnverwirrend obszön.

Seit Jahren weiß Tess das, und seit ihrer Initiation ist sie immer wieder auf der Suche nach der ebenso seltenen wie köstlichen Erfüllung. Bisher konnte sie die Lust mit niemandem teilen, und gerade in den letzten Wochen ist ihr die fast schon lächerliche Leere ihres dummen kleinen Lebens immer schmerzhafter bewusstgeworden.

Natürlich hatten Kolleginnen, Fotografen und auch die meisten Designer Verständnis dafür, dass Tess nach dem unerwarteten Tod der Mutter, die so alt noch gar nicht war, ernsthafter und in sich gekehrter wurde. Aber schon die Floskeln, mit denen dieses Verständnis geäußert wurde, stießen Tess ab. Es schien ihr plötzlich, als seien die Menschen in ihrer Umgebung vom wahren Leben geschieden, durch eine Mauer aus Betriebsamkeit, Snobismus und Luxus von jedem echten Gefühl getrennt. Auch sie selbst war das lange Zeit hindurch, und es war nicht etwa, wie alle annahmen, das plötzliche Sterben ihrer Mutter, das sie für diesen Zustand sensibilisiert hat, sondern der Fund eines alten Heftes, eng beschrieben in einer fast verblassten Mädchenschrift. Tess' Mutter hatte es bei den Geburts- und Sterbeurkunden der Familie verwahrt, was Tess gewundert hat.

Vielleicht hat sie es deshalb so gründlich gelesen.

Nachdenklich verlässt Tess die Promenade, um durch die schnurgeraden Straßen, vorbei an meist dunklen Apartmenthäusern und leeren Parkbuchten zurück zum Dorfteich und zu Fred Hübners Wohnung zu gehen. Sie ist froh, dass sie jetzt auch den Möwen den Rücken kehren kann, dass sie ihre heftigen Beutestürze vom Himmel ins Meer hinab nicht mehr sehen und ihr Geschrei nicht mehr hören muss. Schon als Kind hat sie sich auf eigenartige Weise zu diesen Tieren hingezogen gefühlt, hat stundenlang die ruckartigen Kopfbewegungen beobachtet, die den Vorgang des Fressens begleiten. Immer hat sich Tess vorstellen müssen, wie der Brotkanten oder der kleine Fisch durch die viel zu enge Speiseröhre gewürgt wird, um anschließend unzerkleinert im Magen des Tieres zu landen. Der Ekel setzte manchmal erst Stunden später ein, und oft nahm er Tess für Tage jeden Appetit. Die Mutter bemerkte nichts, nur dass ihre Tochter gerade am Meer besonders wenig aß. Sie schrieb es jedes Mal der Klimaumstellung zu und maß dem Phänomen wenig Bedeutung bei, jedenfalls kam es Tess immer so vor. Doch nach dem Fund, den sie im Nachlass der Mutter machte, erscheint ihr manches in einem anderen Licht. Auch dass sie nie miteinander auf Sylt waren, obwohl sie doch in Hamburg lebten und nicht wenige Freunde und Bekannte ihrer Mutter hier Häuser hatten, versteht Tess jetzt besser.

Mittlerweile ist sie an der Biegung der alten Landstraße angekommen und beschließt, die selbst jetzt noch recht befahrene Straße zu verlassen, um den beschaulichen Weg am Dorfteich entlangzulaufen. Hier hängt ein feiner Nebel über den Gräsern und in den Bäumen, ein Gespinst aus Feuchtigkeit und beginnender Dämmerung, das die Konturen verschwimmen lässt und alle Geräusche dämpft. Schon nach wenigen Schritten sind kein Verkehrslärm und nicht der geringste Vogelschrei mehr hörbar, Tess taucht ein in das tröstliche Ungefähre, sie wird zu einem Teil des Nebels, schwimmt in den rauchigen Schwaden dahin. Sie kann deutlich spüren, wie ihre Glieder sich lockern, beweglicher werden und tatendurstig. Ein lustvolles Kribbeln entsteht in den Fingerspitzen, erfasst die Hände, zieht die Arme hinauf und breitet sich im ganzen Körper aus. Sehnsucht steigt auf und drängt auf Befriedigung. Das Herz pocht plötzlich lauter, der Atem geht schneller, die Blicke eilen suchend durch den Nebel.

Hat sich dort nicht etwas bewegt? War hier nicht ein Knacken im Gestrüpp zu vernehmen? Tess' Augen tasten die verschwommenen Konturen der Dinge ab. Zäune, Sträucher, Steine. Aber kein Vogel, keine Katze, noch nicht einmal eine Maus ist zu sehen. Tess muss warten, bis die Nacht kommt. Mit all ihren Schrecken und Verlockungen. Geduld, sagt sich Tess, nur Geduld, dann wird sich alles fügen. Denn heute ist die Nacht der Nächte. Alles ist sorgsam vorbereitet für Rache und Lust.

Es sind nur noch ein paar Stunden, in denen sie so unsichtbar bleiben muss wie bisher. Tess atmet tief die kalte Luft ein, sie spürt, wie ihr Körper sich langsam entspannt, wie das Herz sich beruhigt und das Kribbeln weniger wird. Tess' Schritte verlieren das zögernd Suchende und werden energischer. Gespenstisch hallen sie plötzlich durch die Gassen. Das macht ihr Angst. Sind es wirklich nur ihre eigenen Schritte? Es klingt, als habe sich ein Verfolger auf ihre Spuren gesetzt und lasse sie nicht mehr aus den Augen. Tess geht schneller, die Furcht flutet über sie hinweg, nimmt ihr die Luft zum Atmen und presst ihre Lungen zusammen. Tess fällt in einen hastigen Laufschritt, doch auch das Rennen hilft wenig, hohnlachend folgt ihr der Hall ihrer Schritte, segelt auf Nebel und Wind und umgibt Tess wie ein viel zu weiter Mantel. Dunkel und kalt.

Dann endlich sieht sie die helle Fassade, das Licht über der Eingangstür und das Licht hinter dem Wohnzimmerfenster, das sie immer anlässt. Mit klammen Händen zerrt Tess den Schlüssel aus der Jackentasche und schiebt ihn ins Schloss. Eine kurze Umdrehung, und die trockene Luft des Treppenhauses nimmt sie auf. Zur Wohnungstür sind es nur ein paar Stufen, erleichtert betritt Tess die Diele, spürt die Wärme und den vertrauten Geruch nach Kaffee und dem eigenen Parfüm. Sie reißt sich die Jacke vom Leib, plötzlich ist ihr alles zu nah und zu eng. Doch das Ledersofa an der Wand verspricht Halt und Verlässlichkeit. Tess lässt sich darauf fallen und atmet tief durch. Geschafft.

Mit einem leisen Seufzer beugt sie sich vor und tastet unter dem Sofa nach dem alten Heft. Es hat brüchige Seiten, die teilweise stockfleckig sind und schon sehr vergilbt. Trotzdem kann man die saubere Schrift, die sich akkurat an die Linien hält, immer noch problemlos lesen. Und jedes Mal, wenn Tess sich in den Text vertieft, ist sie erstaunt darüber, wie ordentlich die Buchstaben nebeneinandersitzen, wo doch das kurze Leben, das hier erzählt wird, so ganz und gar nicht ordentlich verlaufen ist.

Mittwoch, 4. Oktober, 18.00 Uhr, Gauklerplatz, Marrakesch

Wie jeden Abend sitzt Fred auf der kleinen Dachterrasse seines Hotels direkt am berühmten Gauklerplatz im Zentrum von Marrakesch. Unter ihm zeigen Artisten ihre Kunststücke, treiben Taschendiebe ihr Unwesen und versammeln Märchenerzähler Trauben von Zuhörern um sich. Überall kauern Händler auf dem Boden, um Kitsch oder Kunst zu verkaufen. Ein ständiges Lärmen und Schwirren liegt in der Luft. Rufe, Gelächter, Schimpfen und Raunen verschmelzen zu einer einzigen großen Melodie. Und dann die Gerüche. In der Mitte des Platzes sind Dutzende von Garküchen aufgebaut, in denen alle Gerichte des Orients gegen kleines Geld frisch zubereitet werden. Es duftet nach Lamm und Knoblauch, nach Curry und Safran. Als würzige Wolke treiben die Gerüche über den Platz.

Fred lehnt sich schnuppernd zurück und bestellt dann einen zweiten Chai, diesen unnachahmlichen Tee aus frischer Pfefferminze, der kochend heiß serviert und mit viel Zucker getrunken wird. Die Teestunde auf der Terrasse ist sein Abendritual. Zwar ist das Zimmer zum Hinterhof, das Fred Hübner seit zehn Tagen bewohnt, eng und feucht, und aus dem Waschbecken kriecht während der Nacht allerlei Ungeziefer, um eine Party direkt auf seinem Bettvorleger zu feiern. Zwar entspricht das Klo auf dem Gang in nichts europäischen Hygienevorstellungen, und auch das Frühstück im Hotel ist mehr als gewöhnungsbedürftig, aber Zimmer und Mahlzeiten sind billig, und die Dachterrasse entschädigt für vieles.

Während die Sonne hinter dem Atlasgebirge versinkt, blickt Fred Hübner über die würfelförmigen Häuser des Souks, über die Minarette, die alten Mauern und die weiten Gärten außerhalb der Stadt. Wellenartig entfalten sich die Höhenzüge des Atlas am Horizont wie eine unwirklich schöne Kulisse. Mittags sind die Berge und Hänge oft dunstig verhüllt, aber abends präsentieren sie sich in der Regel klar und scharf in rotblutigem Licht. Nie hat Fred begreifen können, warum die blaue Stunde ausgerechnet nach dieser Farbe benannt ist. Hier in Marrakesch ist ebenso wie auf Sylt am frühen Abend alles rot. Nur dass es hier entschieden weniger Wolken gibt. Am Abend übergießt die sterbende Sonne verlässlich das gesamte Land mit ihrem Lebenssaft. Ein letztes intensives Glühen vor dem nächtlichen Tod. Die Hauswände strahlen wie von innen erleuchtet, die Schattenbänder der schmalen Gassen wirken wie kostbare Verschnürungen eines prächtig leuchtenden Geschenks. Und wenn die Sonne schließlich versunken ist, beginnt das aufregende Spektakel direkt unter Freds Terrasse auf dem großen Platz. Nach und nach entzünden sich die Lampen an Geschäften und Buden. Zunächst wirken sie wie unscheinbare Lichtpunkte in der roten Glut, doch mit dem Sinken der Sonne entfalten die Lichter ihre eigene Magie. Feuer werden angefacht, einzelne Flammen züngeln auf und werfen flackernde Schatten auf Wände und Pflaster. Die heiseren Rufe der Gaukler, fordernd und werbend zugleich, überziehen den Platz mit einem Gitter aus fremden Lauten.

Der marokkanische Kellner, alt, gebückt und immer zu einem zahnlosen Lachen bereit, serviert den Chai. Vorsichtig nippt Fred an dem heißen Getränk. Die Würze des Pfefferminzkrauts ist wie ein Rausch. Eine harmlos gesunde Droge, die für kurze Zeit das gesamte Geschmacksempfinden von Zunge und Gaumen besetzt. Immer wieder drängt sich Fred der Vergleich mit dem Alkohol auf. Mit dem magischen ersten Schluck, tröstlich und gefährlich zugleich. Mit wenigen Rückfällen hat Fred seine Sucht seit einigen Jahren im Griff. Und die Entscheidung, den Winter in einem muslimischen Land zu verbringen, in dem Alkohol im Tagesablauf nicht vorgesehen ist, war nicht zuletzt seinen Rückfällen geschuldet.

Von Tag zu Tag kann Fred Hübner jetzt spüren, wie er zur Ruhe kommt. Er kann sich wieder so konzentrieren wie in seinen jungen Jahren, als er die journalistische Hoffnung der Republik war. Und diese Konzentration braucht er auch dringend, wenn er sein neues Romanprojekt vorantreiben will. Eine Selbstfindungsgeschichte in Nordafrika. Ganz in der Tradition von Paul Bowles, Albert Camus und Elias Canetti. Der Orient als magischer Spiegel und dunkle Verlockung zugleich.

Zwar haben alle Verlage dankend abgewinkt, als sie Fred Hübners Exposé zu Gesicht bekamen, aber der Journalist ist fest davon überzeugt, dass sein Text alle Zweifler umhauen wird. Die ersten fünfzig Seiten hat er innerhalb der letzten Woche wie in Trance geschrieben und sie unter einem Pseudonym an die wichtigsten Agenten der Republik geschickt. Sich selbst hat er im Anschreiben glatte dreißig Jahre jünger gemacht und neben seiner Handynummer nur die Sylter Adresse angegeben, da er der marokkanischen Post nicht traut. Außerdem hat er vorgegeben, auf Reisen durchs Land zu sein, eine Strapaze, der er sich mit seinen fast sechzig Jahren ungern aussetzen möchte, obwohl er immer noch fit und sehr sportlich ist. Ebenso wie auf Sylt hat er sich hier aufs Radfahren verlegt, zwar nicht in der Altstadt mit ihren unübersichtlichen Gassen, die man besser zu Fuß erkundet, aber bei ausgedehnten Touren ins Umland und bis in die Ausläufer des Atlasgebirges. Alle zwei Tage bricht er im Morgengrauen auf, um vor der schlimmsten Mittagshitze zurück zu sein. In der verbleibenden Zeit schreibt Fred Hübner.

Und wenn er sein Tagespensum geschafft hat, ruft er seine merkwürdige Untermieterin auf Sylt an. Tess Andres. Wobei sich Vergleiche mit der Schauspielerin verbieten. Wo Ursula Andress üppige Kurven aufwies, ist diese Tess flach wie ein Brett. Er hat ihren Namen gegoogelt und ist auf die Setcard einer prominenten Modelagentur gestoßen. Mit Befremden hat Fred die Fotos von ihr und ihren Kolleginnen gemustert. Merkwürdige Schönheitsideale hat man heute.

Seine Untermieterin selbst war recht verschwiegen, was ihren Beruf anging. Auch über die Gründe, die sie ausgerechnet im kalten Herbst auf die Insel ziehen, konnte Fred nichts Näheres erfahren. Ging ihn ja auch nichts an. Eigentlich. Denn obwohl die wöchentlich vereinbarten Mietzahlungen pünktlich auf seinem Konto eintreffen und ihm hier ein erträgliches Auskommen sichern, ist ein Rest von Misstrauen geblieben.

Fred bildet sich einiges auf seine Menschenkenntnis ein, und er ist fast sicher, dass mit dieser Tess irgendetwas nicht stimmt. Mal redet sie langsam und schleppend am Telefon, mal hört sie sich wie ein Schnellfeuergewehr an, schnappt hastig nach Luft und verschluckt sich fast an ihren eigenen Sätzen. Alkohol? Eher nicht. Drogen? Schon wahrscheinlicher.

Wäre sie nicht ohne zu zögern auf seine ziemlich überhöhten Mietforderungen eingegangen, hätte er sie lieber nicht in seine Wohnung gelassen. Aber nur so war der Marokko-Aufenthalt zu finanzieren. Und jetzt ruft er sie eben alle zwei Tage unter dem windigen Vorwand an, er erwarte dringende Post. Sie haben einen festen Zeitpunkt für die Telefonate vereinbart und bisher hat sie sich immer bereitgehalten, was dafür spricht, dass sie die Kontrolle über ihr Leben hat. Und hoffentlich auch über seine Wohnung.

Heute ist ein telefonatfreier Tag, und schon beschleichen den Journalisten ungute Vorstellungen von Verwahrlosung, Drogenpartys oder gar konspirativen Dealertreffen. Aber wahrscheinlich hat er einfach zu viel Phantasie. Fred Hübner leert sein Teeglas, wirft einen letzten Blick nach unten auf den leuchtenden Platz und erhebt sich, um zu einem abendlichen Gang durch die Gassen von Marrakesch aufzubrechen.

Mittwoch, 4. Oktober, 18.20 Uhr, Lerchenpfad, Westerland

Der Tag verabschiedet sich in Nebel gehüllt. Schwadenfetzen schwimmen unter den Laternen. In der Luft steht eine wässrige Kälte, und Silja hat wieder ihre dicke schwarze Daunenjacke angezogen. Dazu eine dunkle Hose und schwarze Stiefel, so dass sie fast unsichtbar durch die schmalen Straßen der Westerländer Altstadt gleitet. Harmlos und unauffällig, eine beliebige Spaziergängerin, die nur zufällig vor dem gepflegten Reihenhaus in der Anliegerstraße stehen bleibt.

Neugierig sieht Silja sich um. Der Rasen im Vorgarten ist sauber geharkt, die Stauden sind bereits heruntergeschnitten, nur an einem Rosenstock stehen noch drei späte Blüten. Das Fenster rechts neben der Eingangstür ist beleuchtet, dahinter sieht Silja hölzerne Kücheneinbauten und die Silhouette einer schlanken Frau, die zwischen einer Eckbank und dem Herd hin- und hereilt. In der oberen Etage sind beide Fenster dunkel, aber aus der Dachgaube leuchtet ein flackernder Schein.

Ein Fernseher? Eine Kerze? Oder ein Kaminfeuer?

Ein Kaminfeuer unterm Dach? Wohl kaum.

Silja schüttelt über sich selbst den Kopf, als sie die beiden Stufen zum Hauseingang hinaufgeht und auf die Klingel drückt. Der Dreitongong ist noch nicht ganz verklungen, da wird die Tür auch schon aufgerissen. Ein schlanker Mitvierziger in Jeans und gestreiftem Hemd steht vor der Kommissarin, mustert sie von oben bis unten und faucht sie anschließend ohne jede Begrüßung an.

»Warum könnt ihr Jenny nicht endlich in Ruhe lassen?«

»Verzeihung, aber da muss eine Verwechslung vorliegen«, setzt Silja an und will ihren Dienstausweis vorzeigen.

»Verwechslung. Schön wär's.« Er lacht höhnisch. »Dann hätten wir wenigstens unsere Ruhe vor euch.«

Silja hebt beschwichtigend beide Hände.

»Sie sind Herr Liebherr, nehme ich an. Der Vater von Jenny. Richtig?«

Aus der Küche hört man jetzt eine Frauenstimme: »Micha? Alles in Ordnung?«

Bevor der Hausherr antworten kann, zeigt Silja ihm ihren Dienstausweis und bittet freundlich: »Könnte ich wohl kurz mit Ihnen und Ihrer Frau sprechen? Ich will Sie gar nicht lange stören.«

Michael Liebherr mustert das Dokument gründlich, dann

tritt er zur Seite und ruft gleichzeitig seiner Frau zu: »Es ist niemand aus Jennys Clique, sondern die Kriminalpolizei. Es geht aber wahrscheinlich trotzdem um Jenny, oder?«

Der letzte Satz ist an Silja gerichtet.

»Woher wissen Sie das?«, erkundigt sie sich, während sie ihm in die Küche folgt. Dort trocknet sich die schlanke Frau, die sie bereits durchs Fenster gesehen hat, gerade die Hände an einem Küchentuch ab. Auf dem Herd schmort ein Fleischgericht. Es duftet nach Rotwein und Pilzen.

»Katharina Liebherr.« Die Hand von Jennys Mutter ist immer noch feucht. In ihren Augen steht Angst. »Was ist passiert?«

»Es muss nichts mit Ihrer Tochter zu tun haben, bitte glauben Sie mir. Wir recherchieren in der Gothic-Szene«, antwortet Silja vorsichtig. »Dr. Scholz, der Schulleiter des Gymnasiums in Westerland, sagte mir, dass Ihre Tochter durch ihre dunkle Bekleidung auffällt.«

Katharina Liebherr seufzt, und ihr Mann dreht die Augen zur Decke. Beide schweigen. Irritiert blickt Silja von einem zum anderen, dann hört auch sie die Schritte auf der Treppe. Sekunden später wird die Küchentür aufgerissen. Es erscheint ein sehr dünnes Mädchen mit pechschwarz gefärbten Haaren und dunkel nachgezogenen Brauen, die die Blässe ihres Gesichts noch betonen und unter denen die strahlend blauen Augen wie Fremdkörper wirken. Das Mädchen trägt einen langen schwarzen Rock aus Flatterstoff und darüber einen unförmigen dunklen Pullover, unter dem sich ihre kleinen Brüste kaum abzeichnen. Um ihren Hals hängen zwei Ketten, an denen dicke Totenköpfe baumeln.

»Was ist denn hier los?« Jennys Stimme ist tief und wohltönend, doch die Aggression darin ist nicht zu überhören.

Silja bemüht sich um ein gewinnendes Lächeln.

»Guten Abend. Du musst Jenny sein. Silja Blanck ist mein Name. Ich komme von der Kriminalpolizei in Westerland und würde dir gern ein paar Fragen stellen.«

Fassungslos fährt Jenny zu ihren Eltern herum.

»Hetzt ihr mir jetzt schon die Polizei auf den Hals, oder was?«

Katharina und Michael Liebherr schütteln unisono die Köpfe, aber ihre Tochter sieht nicht so aus, als könne sie das überzeugen.

»Was jetzt? Ja oder nein?«, faucht sie.

»Nein, natürlich nicht«, antwortet Silja. »Deine Eltern wussten genauso wenig von meinem Besuch wie du. Ich darf doch noch *du* sagen, oder?«

»Ich werd bald siebzehn, aber meinetwegen.« Jenny Liebherr kann ihre Erleichterung darüber, dass die Eltern nichts mit dem Besuch der Polizistin zu tun haben, nicht ganz verbergen und wirkt plötzlich fast kindlich.

Silja weist mit einer knappen Geste auf den Herd.

»Das Essen ist sicher bald fertig, und ich will auch gar nicht lange stören. Aber vielleicht könnten du und ich vorher noch zehn Minuten miteinander reden. Ich würde dich gern etwas zu eurer Gruppe fragen.«

»Wir haben nichts gemacht, lassen Sie uns doch einfach in Ruhe!«

Eine plötzliche Wut schärft Jennys Stimme.

»Können wir vielleicht hochgehen? In dein Zimmer?«, schlägt Silja vor und ist fast überrascht, als Jenny wortlos nickt, sich umdreht und die Treppe voransteigt. Während Silja ihr langsam folgt, fragt sie vorsichtig: »Seid ihr Gothics?«

Ein abfälliges Lachen ist die Antwort, gefolgt von den patzigen Worten: »Das ist doch was für Kinder.«

»Und euch ist es ernst?«

Jenny nimmt schweigend Stufe für Stufe, erst vor ihrer Zimmertür bleibt sie stehen und dreht sich zu der Kommissarin um. Ihre Augen funkeln, als sie erklärt: »Wir glauben na sad esöB dnu na ned doT.«

Silja stutzt kurz, dann begreift sie und kann den inneren Triumph kaum verbergen. Volltreffer. Was sie eben gehört hat, ist das Credo der Satanisten. Mit möglichst harmloser Stimme erkundigt sich die Kommissarin:

»Ihr glaubt an das Böse und an den Tod? Und das gefällt dir?«

»Gefallen«, schnaubt Jenny verächtlich und stößt die Tür zu ihrem Zimmer auf. »Was ist das denn für eine Frage!«

Dann weist sie auf den kleinen Altar, der seitlich auf ihrem Schreibtisch aus Kiefernholz aufgebaut ist. Darauf befinden sich zwei schwarze Kerzen, deren flackerndes Licht es gewesen sein muss, das Silja von der Straße aus gesehen hat. Zwischen ihnen lehnt ein dilettantisch gezeichnetes Teufelsbild mit verrutschten Proportionen. Darunter liegen mehrere große helle Federn, von denen eine deutlich sichtbare dunkle Flecken aufweist.

Silja traut ihren Augen nicht und greift spontan danach.

»Sind die von Möwen?«

»Nee, von Spatzen«, höhnt Jenny, aber Silja lässt sich nicht provozieren.

»Habt ihr die Möwen geopfert, die seit Tagen auf der Insel gefunden werden?«

In Jennys Augen tritt ein Leuchten, als sie murmelt: »Tod. Holder Gedanke. Lockende Versuchung. Süße Tat.«

»Bitte?«

Jenny zuckt die Schultern und verdreht genervt die Augen, als müsse sie einer besonders Begriffsstutzigen einen ganz simplen Umstand erklären.

»Tot zu sein ist doch das Allergeilste überhaupt. Erst dann hast du deinen Astralkörper komplett unter Kontrolle. Wir wünschen allen Lebewesen den Tod.« Sie hält kurz inne, bevor sie altklug anfügt: »Für manche ist es die ewige Freude, für andere die ewige Qual.«

»Und für die Möwe, der diese Federn gehört haben?«

Jenny lacht leise in sich hinein, als habe Silja eine besonders dumme Frage gestellt. Dann sagt sie leichthin: »Woher soll ich das wissen? Ich habe die Federn heute früh am Strand gefunden.«

»Du warst vor der Schule am Strand?«

»Ist das verboten?«

»Darf ich wissen, wo genau du die Feder gefunden hast?«

Jenny zuckt die Schultern. »Na in Westerland, auf Höhe der Schule ungefähr.«

»Also in Richtung Wenningstedt.«

»Warum ist das wichtig?«

»Ihr habt nicht durch Zufall in der letzten Nacht eine schwarze Messe auf der Treppe von *Wonnemeyer* gefeiert?«

Silja hofft, dass ihre Frage überraschend genug ist, um vielleicht zu einer spontanen Antwort zu führen. Diese Überrumpelungsmethode ist oft ziemlich erfolgreich. Doch Jenny schüttelt nur abfällig den Kopf. Dann bläst sie mit einem einzigen Luftholen beide Kerzen aus. Für Sekunden steht ein beißender Geruch in dem dämmrigen Zimmer.

»Was für eine primitive Frage. Sie glauben doch nicht im Ernst, dass ich darauf antworte. Klar haben wir unsere eigenen Riten, aber was interessiert euch das? Wir kommunizieren eben mit der dunklen Seite. Na und?«

»Wir haben heute Vormittag eine tote Möwe am Strand von Wenningstedt gefunden. Sie wurde geopfert«, erklärt Silja bestimmt und lässt das junge Mädchen nicht aus den Augen.

Jennys Gesicht verzieht sich zu einem abfälligen Lächeln.

»Geopfert, aha. Und das waren jetzt ausgerechnet wir? Was wisst ihr denn schon von uns? Ihr glaubt, uns zu kennen, aber das ist doch alles Bullshit. Ihr stellt euch vor, dass wir uns zukiffen oder volllaufen lassen und dass wir dann Jagd auf kleine Kinder machen. Wir schleppen sie zum Friedhof und schlachten sie dort. Und dann essen wir sie auf.« Sie leckt sich provozierend über die Lippen. »Mmh, Kinderblut, lecker!«

»Feiert ihr eure Messen denn auf dem Friedhof?«

»Das hättet ihr gern, was?« Mit einer entschiedenen Bewegung wirft Jenny die Haare nach hinten. »Ich will Ihnen sagen, wer auf dem Friedhof feiert. Das sind diese blöden Nachwuchs-Grufties oder Gothics, wie ihr sie nennt. Die meinen doch tatsächlich, es uns gleichtun zu können. Dabei haben sie nichts begriffen. Nicht das allerkleinste bisschen.« Sie lacht kurz. »Nein, auf dem Friedhof findet ihr uns schon lange nicht mehr. Wozu leben wir auf einer Insel? Am Strand haben wir doch alles, was wir brauchen. Ruhe, Natur und endlose Weite.«

»Aber schwebt nicht gerade über dem Wasser der Geist Gottes?«, wendet Silja ein und hofft, dass die Erinnerung an ihren Konfirmandenunterricht sie nicht trügt.

»Und wenn schon!« Jennys irritierter Gesichtsausdruck zeigt ihr, dass sie auf dem richtigen Weg ist. »Gott. Dass ich nicht lache. Mit dem werden wir locker fertig. Außerdem ist am Wasser Platz für alle.« Jetzt beugt sich Jenny sehr nah zu Silja hinüber und flüstert ihr eindringlich zu: »Glaub mir, in der Nacht schläft euer blöder Gott, so wie ihr ja auch. Da kannst du höchstens das Böse über dem Wasser schweben sehen. Du musst es natürlich wollen, aber dann ist der Strand ein phantastischer Ort. Komm uns doch mal besuchen, wenn du dich traust.« Sie lacht höhnisch. »Und noch was: Am Strand hört dich niemand schreien.«

Silja seufzt. »Jenny, du könntest mir wirklich helfen, wenn du wolltest.«

»Ich will aber nicht. Ich hab nämlich genug mit mir selbst zu tun. Und mit meinen Erzeugern, die gehen mir auch ständig auf die Nerven mit ihren dämlichen Fragen. Außerdem muss ich jetzt runter, bestimmt ist das Essen schon fertig.«

Mit diesen Worten fegt sie aus dem Zimmer und stapft die Treppe hinunter. Silja sieht sich noch einmal um, aber außer dem Altar wirkt alles wie in einem normalen Teenagerzimmer. Nur die Farben sind dunkler als gewöhnlich. Alle Kissen auf dem Bett sind blau oder schwarz, und auf dem Boden liegt ein düsterer Webteppich. Silja überlegt kurz, ob sie eine der Federn mitnehmen soll, aber dann lässt sie es. Sie könnte ohnehin nicht ermitteln, ob die Feder von Jenny irgendwo am Strand gefunden oder direkt von der Treppe aufgelesen worden ist. Aber sie nimmt sich vor, gleich morgen früh noch einmal zu Wonnemeyer zu fahren und dort nach Spuren von Kerzenwachs zu suchen. Oder soll sie das lieber gleich erledigen? Nachdenklich blickt Silja aus dem Dachfenster. Draußen ist es schon fast dunkel. Und am Himmel steht blass der volle Mond. Weder Gott noch Teufel sind zu sehen.

Mittwoch, 4. Oktober, 21.50 Uhr, Braderuper Weg, Kampen

Sven Winterberg stemmt sich ächzend aus der Couchecke hoch und schlendert in die Küche. Gerade ist im Fernsehen die Hollywood-Komödie zu Ende gegangen, Doris Day und Rock Hudson haben sich endlich gekriegt. Jetzt freut sich Sven auf ein kühles Bier.

»Für dich Apfelsaft oder Selters?«, ruft er ins Wohnzimmer, wobei er den Kopf schon in der Kühlschranktür hat.

»Apfelsaft bitte. Du hörst dich übrigens an wie ein Marsmensch«, antwortet Anja aus dem Wohnzimmer und fügt nach einem kurzen Lachen hinzu: »Und du läufst, als seist du schwanger und nicht ich. Vielleicht solltest du mehr Sport machen.«

Sven verdreht die Augen, als er zurückkommt.

»Vielleicht betätige ich mich demnächst als Satanistenjäger. Wahrscheinlich werden die mir dann schon Beine machen.« Er stellt die Bierflasche und das Saftglas auf dem Couchtisch ab und lässt sich wieder neben seiner Frau nieder. »Geht's dir jetzt eigentlich besser?«

»Ja, danke. Die Ruhe hat mir eindeutig gutgetan.« Versonnen streicht Anja Winterberg über ihren Bauch, dessen beginnende Rundung man beim Liegen noch kaum sehen kann. »Ich hoffe nur, dass sich das Ganze stabilisiert und ich bald wieder voll einsetzbar bin. In der Schwangerschaft mit Mette hatte ich überhaupt keine Beschwerden.«

»Das ist aber auch zehn Jahre her«, gibt Sven lächelnd zurück, während er zärtlich ebenfalls die Hand auf Anjas Bauch legt.

»Danke, dass du mich immer wieder an mein Alter erinnerst. *Spätgebärende* – wenn ich das Wort schon höre.«

»Ach komm, du schaffst das schon. Und beim großen Ultraschall war doch auch alles okay.«

»Zum Glück. Wie war's eigentlich mit Mette beim Reiten?«

»Super. Warum fragst du?«

»Weil du sie nicht zurückgebracht hast.« In Anjas Stimme liegt ein vorwurfsvoller Unterton. »Sie kam mit dem Taxi.«

»Echt jetzt? Ich dachte, diese Reitfreundin von ihr hat ein Auto. Wie heißt sie noch mal?«

»Tess«, antwortet Anja schmallippig.

»Ja, genau, Tess. Sie hat gesagt, du lässt sie auch bedenkenlos mit Mette allein.«

Anja zögert kurz, bevor sie antwortet. Wieder streicht sie sanft über ihren Bauch, als wolle sie das Ungeborene vor all den Dingen beschützen, die sie von Mette kaum noch fernhalten kann.

»Das ist nicht ganz richtig. Klar habe ich die beiden auch schon zusammen ausreiten lassen. Und ein- oder zweimal bin ich in der Zwischenzeit schnell zur Gynäkologin gefahren. Das war echt praktisch.«

»Aber?«

»Na ja, ich weiß nicht. So ganz wohl war mir bei der Sache nie. Diese Tess ist komisch, findest du nicht? Allein wie sie Mette ansieht.«

»Als wolle sie sie auffressen«, murmelt Sven.

»Das hast jetzt aber du gesagt.« Anja klingt plötzlich ziemlich besorgt. »Wenn dir das Ganze auch nicht geheuer war, warum bist du dann nicht bei Mette geblieben, wie wir es abgesprochen hatten?«

Ja warum eigentlich?, denkt Sven. Weil ich ein guter Polizist sein wollte? Weil es mir peinlich war, dass ich, um meine Frau zu entlasten, den Dienst geschwänzt habe? Oder weil mich dieses blöde Reiten wirklich noch nie interessiert hat? Alles ist wahr, aber keine dieser Antworten kann er Anja geben, ohne einen Ehekrach zu riskieren. Und danach steht ihm jetzt ganz bestimmt nicht der Sinn. Also antwortet er ausweichend.

»Wollen wir uns jetzt gegenseitig die Schuld in die Schuhe schieben? Das bringt doch nichts. Lass uns lieber überlegen, wie wir in Zukunft damit umgehen.«

Anja verzieht das Gesicht und schließt kurz die Augen, dann sagt sie leise: »Mette bewundert diese Tess unglaublich, das hast du bestimmt auch gemerkt. Und du hättest erst mal hören sollen, wie sie vorhin von ihr geredet hat. Das hörte gar nicht mehr auf. Tess hier, Tess dort, Tess überall. Es war, als habe diese verhungerte Blondine unsere Tochter bei dem Ausritt heute Vormittag endgültig verhext.«

»Ach komm, jetzt übertreib mal nicht.« Sven setzt die Bierflasche an und nimmt einen langen Zug. Er überlegt fieberhaft, was er vorschlagen kann, ohne Anja allzu sehr zu beunruhigen. Schließlich stellt er die Flasche mit einer energischen Bewegung zurück und wendet sich mit dem ganzen Oberkörper seiner Frau zu.

»Sag mal im Ernst, was findet Mette eigentlich so toll an der?«

Anja lacht unfroh. »Na hör mal, du hast doch selbst gesehen, wie sie aussieht.«

»Ja und?«

»Jetzt tu nicht so unschuldig. Diese Tess ist schlank, groß und blond, sie ist wahnsinnig attraktiv, sie bewegt sich wie ein Engel – und sie liebt Pferde. Sie ist das ideale Identifikationsobjekt für unsere Tochter.«

»Warum muss Mette sich überhaupt identifizieren?«

»Alle jungen Mädchen sehnen sich nach einem Vorbild. Und Mette träumt eben davon, genauso zu sein wie Tess«, behauptet Anja.

»Woher willst du das wissen? Außerdem ist Mette kein junges Mädchen, sondern ein Kind, verdammt nochmal.«

»Sie ist zehn, sie geht seit zwei Monaten aufs Gymnasium. Und sie war schon immer reif für ihr Alter.«

»Du meinst, sie kommt in die Pubertät? Jetzt schon?«

»Was weiß ich. Im Frühjahr hat sie alle Folgen von Germany's-Next-Topmodel geguckt. Und nicht nur einmal. Ich habe es ihr aufnehmen müssen, und dann hat sie es quasi auswendig gelernt.«

»Diesen Schwachsinn? Das wusste ich gar nicht.«

»Das war nachmittags, wenn du noch im Kommissariat warst. Und glaub mir, unsere Tochter war total versessen darauf. So etwas prägt die Mädchen natürlich. Und außerdem ... warte mal.« Anja setzt sich auf und blickt forschend zur Dielentür. »Hat da nicht eben die Treppe geknarrt?«

»Du hörst Gespenster.« Sven zupft seine Frau lächelnd am Ohr. »Wer soll denn das gewesen sein? Die Vordertür ist abgeschlossen, rein kann also niemand. Und wenn Mette abends runterkommt, um noch was zu trinken, dann lässt sie sich einen kurzen Besuch bei uns im Wohnzimmer doch nie entgehen, das weißt du genau.«

»Vielleicht war das auch nur früher so, als sie noch unsere Kleine war. Jetzt wird sie bald die große Schwester sein. Das wird sie für immer verändern.«

Sven lacht und nimmt seine Frau in den Arm. »Aber sie

wird dadurch noch lange nicht zum Geist, der nachts durch unser Haus spukt.«

»Hast ja recht, wie meistens«, antwortet Anja Winterberg und erwidert seinen Kuss.

Mittwoch, 4. Oktober, 22.10 Uhr, Bodils Ponyfarm, Braderup

Wie anders es hier in der Nacht aussieht.

Der Parkplatz mit den unförmigen Findlingen am Rand wirkt jetzt riesig und leer wie ein Friedhof ohne Tote. Klebrige Finsternis hängt in den Bäumen und Büschen, unter Mettes Füßen splittert der Kies. Und das Bogentor scheint der Zugang zu einer noch unheimlicheren Welt zu sein. Zögernd geht Mette hindurch.

Seit sie abgestiegen ist, leuchtet die Vorderlampe ihres Rads nicht mehr, und nur das Rücklicht glüht nach. In dem schwachroten Schein wirken die nächtlichen Wiesen und Koppeln noch gruseliger als eben bei ihrer hastigen Anfahrt. Der Wind macht hohle Geräusche in den schiefen Bäumen, im Unterholz raschelt es, und manchmal irrt ein Lichtstrahl durch die Finsternis. Kommt er von der Straße, wo Mette ab und an einen Wagen vorbeifahren hört? Oder ist jemand mit einer Taschenlampe auf den Koppeln unterwegs? Nein, versucht sich Mette zu beruhigen, das kann nicht sein. Die Tiere hätten den Fremden bestimmt vor ihr bemerkt und wären längst nicht mehr so still. Sie bleibt stehen und lauscht in die Dunkelheit. Da ist nichts. Nur manchmal ist ein leises Schnaufen zu hören, das sicher eines der Pferde im Traum ausstößt.

Aber was wäre, wenn jemand sie beim Herfahren beobachtet hätte, wenn er plötzlich hier einbiegen, mit quietschenden Reifen hinter ihr zum Stehen kommen, herausspringen und sie fassen würde? Mette spürt, wie sich ihr Magen zusammenzieht und die Kopfhaut zu kribbeln beginnt. Ihre Handflächen werden feucht, ihr Atem geht plötzlich ganz komisch, und als sie die Zähne fest zusammenbeißt, knirscht es so unheimlich, dass alles nur noch schlimmer wird.

Mit zitternden Händen umklammert sie das Lenkrad und schiebt langsam das Fahrrad auf das Stallgebäude zu. Am Himmel verbergen zerfetzte Wolken den vollen Mond, und jeder Schritt macht ihr die Ungeheuerlichkeit ihres Tuns mehr bewusst.

Tess hat gesagt, die Stallungen seien nachts nicht abgeschlossen, so dass sie sich beide problemlos am Eingang treffen könnten. Aber wer garantiert Mette eigentlich, dass nur Tess von der heimlichen Verabredung weiß? Vielleicht hat jemand mitgehört und wartet jetzt auf eine passende Gelegenheit, um sie zu entführen. Jeder könnte sich hier versteckt haben und aus dem Dunklen heraus nach ihr greifen.

Plötzlich kann Mette gar nicht mehr verstehen, wie sie sich auf diese nächtliche Verabredung überhaupt einlassen konnte. Zwar liegt der Sommer, in dem die drei Mädchen auf der Insel verschwunden sind, schon vier Jahre zurück, aber Mette erinnert sich noch sehr gut an ihre Angst vor dem bösen Mann, der damals immer dort war, wo man ihn am wenigsten vermutete.

Was wäre, wenn er heimlich zurückgekommen ist und ihr jetzt auflauert?

Mette unterdrückt ein Schluchzen. Wie ein drohendes Monster ragt der Stall vor ihr auf, die hohe Tür ein riesiges Maul, das nur darauf wartet, sie zu zerfleischen. Da geben die Wolkentiere am Himmel den Vollmond frei, und plötzlich liegt vor dem gierigen Monster ein schwarzer Schatten quer auf dem Boden. Er wirkt wie ein bissiger Hund, nur viel größer. Und eckig.

Als Mette nach oben blickt, sieht sie, dass es der Schatten des Gebäudes selbst ist, hinter dessen flachem Dach der Mond am Himmel hängt. Trotzdem steht sie wie festgenagelt und traut sich nicht einen Schritt weiter. Vielleicht ist Tess ja noch gar nicht hier, und irgendjemand Fremdes hat sich stattdessen in der Dunkelheit versteckt und wartet bloß darauf, dass sie hineingeht. Dann wird mit einem lauten Knall die Tür hinter ihr ins Schloss fallen, und sie wird nie mehr hinauskommen.

Oder ist Tess schon längst im Stall? Sind da nicht auch plötzlich leises Schnauben und freudiges Wiehern zu hören? Vielleicht vertreibt Tess sich die Zeit, indem sie die Pferde mit Zuckerstückchen füttert. Vielleicht müsste Mette nur die paar Meter bis zur Stalltür überwinden, und alles wäre gut?

Sie späht hinein. Aber kein Lichtschein fällt zwischen den Brettern hindurch, und auch hinter dem kleinen Fenster auf der Seite ist alles finster. Die Freundin wird doch kaum im Dunkeln auf sie warten. Vielleicht hat der böse Mann Tess schon längst in seiner Gewalt, vielleicht kommt das unterdrückte Stöhnen, das Mette jetzt zu hören meint, nur von ihr, und Mette sollte schnellstens umkehren und Hilfe holen, bevor alles zu spät ist. Unsicher tastet sie in der Jackentasche nach dem neuen Handy. Als sie aufgebrochen ist, waren

Mama und Papa noch wach. Schon liegt ihr Finger auf der Kurzwahltaste, da hört sie plötzlich ein vertrautes Geräusch aus dem Inneren des Stalls.

Es ist doch Tess' Stimme, die da plötzlich ruft?

»Hey, Kleines, bist du das da draußen? Komm schnell rein. Ich warte schon auf dich.«

»Es ist so dunkel, ich trau mich nicht«, gibt Mette zaghaft zurück.

»Man kann jeden Lichtschein kilometerweit sehen«, antwortet die Stimme, »oder glaubst du, ich will, dass das uns verrät?«

»Nein, natürlich nicht«, antwortet Mette, fasst sich ein Herz, lehnt ihr Fahrrad an die Wand und betritt den Stall.

Mittwoch, 4. Oktober, 23.45 Uhr, Wattweg, Munkmarsch

Trotz der Kälte hat Klaas Menken das Fenster geöffnet. Wie jeden Abend sitzt er hier und wartet auf die Schwester. Nein, nicht wie jeden Abend, korrigiert er sich selbst, denn heute ist alles anders. Seit Martina am Vormittag mit ihrer Tochter vorbeigeritten ist, weiß Klaas Menken, dass seine Schwester einen Plan verfolgt. Die Frage ist nur, wie dieser Plan aussieht. Und was das für ihn bedeutet.

Menken seufzt und drückt sich noch tiefer in den Lehnsessel. Längst steht die Kälte in jedem Winkel des Raums, und obwohl er die Decke bis an das Kinn gezogen hat, bibbern alle Glieder. Aber das ist ihm egal, wichtig ist nur, dass er sie nicht verpasst, dass nicht ein zufälliger Schlaf ihn davon abhält, Martinas Botschaft zu verstehen.

Außerdem will er das Kind sehen. Dieses Mädchen, das seine Schwester um ihr Lebensglück gebracht hat – und ihn um seinen Seelenfrieden. In den ersten Jahren war es besonders schlimm, erst als Andrea geboren wurde, ging es etwas besser. Die Tochter wurde sofort sein Augenstern, er liebte die Kleine über alle Maßen, und er wollte auf keinen Fall ein zweites Kind, was Gisela nie verstanden hat. Aber Klaas Menken wäre es frevelhaft vorgekommen, wenn ausgerechnet er mehr als dieses eine Mädchen gezeugt hätte. Immer wieder hat Gisela damals gebettelt und gedrängt, doch Klaas hat sich einfach verweigert. Was hätte er auch anderes tun sollen? Gisela hat das nie verkraftet und ist schon vor langer Zeit gegangen. Zurück aufs Festland und in die Arme eines anderen Mannes, der ihr ohne zu zögern noch zwei Kinder gemacht hat. Was aus ihr geworden ist, weiß Menken längst nicht mehr, und selbst Andrea hat seit ihrer Hochzeit keinen Kontakt mehr zur Mutter.

Ein Geräusch von unten schreckt Klaas Menken auf. Rascheln? Schritte? Oder mehr? Vielleicht das nahende Traben eines Pferdes?

Menken beugt sich vor, kneift die Augen zusammen und versucht, die klebrige Dunkelheit zu durchdringen. Der Mond, sein treuer Begleiter durch so viele Nächte, ist heute ein unzuverlässiger Freund. Er verbirgt sich immer wieder zwischen treibenden Wolken und verweigert der Erde sein Licht. Klaas Menken sieht nichts. Keine Bewegung, keinen Menschen und schon gar keinen Schimmel mit Reiterin. Enttäuscht lässt er sich in den Sessel zurücksinken und zupft die Decke zurecht. Auch die Geräusche, die ihn aufgestört haben, sind verstummt. Wahrscheinlich ist nur ein Kaninchen durchs Gebüsch gehoppelt, hat ein Wattvogel seine Ruhestatt verlassen oder die Katze vom Nachbarn eine Maus gerissen. Allnächtliche Vorkommnisse, an die er längst gewöhnt sein sollte. Klaas Menken spürt, wie plötzlich eine große Mattigkeit nach ihm greift. Das Verlangen, die Augen zu schließen und sich dem Vergessen hinzugeben, ins Traumland oder vielleicht sogar ins Jenseits hinüberzugleiten, überfällt ihn selten. Und er weiß, es ist ein rares Glück in seiner getriebenen Existenz.

Was also lässt ihn zögern? Warum greift er nicht nach dem beschwichtigenden Dämmern, dieser kostbaren Lust?

Klaas Menken kennt die Antwort nur zu gut, nahezu bildlich steht sie vor ihm. Die Schwester in ihrem wehenden weißen Gewand, das er nie zu Gesicht bekommen hat, denn man hat es ihr damals nass und schlammverkrustet vom Leib geschnitten und ein neues reines angezogen, das sie auf ihrem letzten Weg begleiten sollte. Dabei wäre sie bestimmt lieber in dem anderen bestattet worden, da ist sich Klaas Menken sicher. Spitzenbesetzt wie ein Hochzeitskleid sei es gewesen, hat man ihm erzählt, und er hat sich immer gefragt, wo die Schwester das Kleid herhatte. Aber neben den vielen anderen Fragen, die nach ihrem Tod zu beantworten waren, war diese mit Sicherheit die unwichtigste und sie ist vielleicht deshalb bis heute ungeklärt.

Wieder reißt ein Geräusch den alten Mann aus seinen Erinnerungen.

Ein rhythmisches Klopfen von fern, das Spritzen von Wasser.

Ein Mädchenlachen?

Menken erstarrt. Er weiß genau, diesmal irrt er sich nicht. Sie sind es. Und ihr Anblick wird alles verändern. Der knotige Stock steht bereit, hastig und gleichzeitig sehr vorsichtig, damit er nicht stürzt, stemmt sich Menken aus dem Sessel und humpelt näher ans Fenster. Die Decke bleibt auf dem Polster zurück. Wen kümmert schon eine Decke, wenn es um die Essenz eines ganzen Lebens geht?

Weit beugt sich der Alte aus dem Fenster. Zunächst ist es finster, doch dann schieben sich die Wolken beiseite. Sekunden später schwebt silbernes Licht über dem Watt, lässt die winzigen Wellen zittern und den Sand leuchten. Menken atmet die kalte Luft so tief ein, dass seine Lungen schmerzen, und er ist dankbar für diesen fassbaren, physischen Schmerz, der den anderen sekundenlang überdeckt. Menken lehnt sich noch weiter hinaus. Er hört das Trappeln und Spritzen jetzt deutlicher.

Sie kommen.

Die apokalyptischen Reiter sind unterwegs, sie suchen ihn heim im ganz wörtlichen Sinn.

Und dann geschieht etwas Merkwürdiges. Während der wenigen, allerletzten Sekunden des Wartens, in dieser winzigen Verschnaufpause vor dem endgültigen Urteil überlegt es sich Klaas Menken anders.

Vielleicht hat seine Tochter doch recht. Vielleicht ist er mit dem Alter etwas sonderlich geworden. Und vielleicht täte es ihm tatsächlich gut, dieses Haus zu verlassen, den Blick aufs Watt aufzugeben und endlich Frieden zu finden. Und sei es auch in einem dieser von ihm so abgrundtief gehassten Heime, dieser vorläufigen Aufbewahrungsanstalten für sterbenwillige Greise. Klaas Menken erwägt plötzlich ernsthaft, den Kopf einzuziehen, den Oberkörper wieder zurück ins Zimmer zu befördern, das Fenster zu schließen und – wichtiger noch – auf jeden Fall die Augen, um das, was da unweigerlich auf ihn zukommt, nicht an sich heranzulassen.

Doch es ist zu spät. Denn da reiten sie schon unten vorbei. Am Saum des Wassers in weißen Gewändern. Juchzend und singend dem Tod entgegen.

Als Erstes Martina, die Zügel wie immer in der linken Hand haltend und gleich hinter ihr das Mädchen mit seinem helllockigen Haar.

Wie erstarrt steht Menken am Fenster, kein Gedanke fasst Fuß, kein Wort löst sich. Nur dieses Bild brennt sich ein. Ein Bild, das er so genau kennt wie nichts anderes, obwohl er es nie gesehen hat. Atemlos wartet Menken darauf, dass die beiden abdrehen und hinaus aufs offene Watt reiten, dem Himmel, der Hölle, der Ewigkeit entgegen.

Doch so kommt es nicht.

Martina und das Kind haben anderes vor.

Beide ziehen wie auf ein geheimes Kommando heftig am Zügel, die Pferde bleiben abrupt stehen, die schlanken Hälse neugierig gereckt. Es sind höchstens hundert Meter Luftlinie von Klaas Menkens Fenster bis hinunter zu ihnen, wenn er wollte, könnte er rufen, die Stille würde seine Worte sicher tragen. Doch was soll er sagen? Was sagt man, wenn alles gesagt und längst alles vertan ist? Kann er jetzt um Vergebung bitten? Aus einem Fenster zum Watt hinunter? Mitten in einer herbstlichen Vollmondnacht und in Anwesenheit des Kindes?

Klaas Menken stockt, er wartet zu lange, und dann ist es zu spät.

Martina sieht hinauf, sie blickt ihm direkt in die Augen und mitten ins Herz. Sie bückt sich und nestelt an ihrem Stiefel, dann hebt sie kurz die Hand wie zum Gruß, zögernd und matt, als koste die Geste unendlich viel Kraft. Sekunden später ist alles vorbei. Die Hand sinkt hinab, die Pferde fallen in schnellen Galopp, und das Gesicht der Schwester wendet sich wieder dem Wasser, der Ferne oder vielleicht auch ihrer Tochter zu.

Klaas Menken weiß es nicht, denn jetzt strömen Tränen aus seinen Augen, sie befeuchten im Nu das ganze Gesicht, der Blick verschwimmt, der Mond verbirgt sich, als habe er alles geahnt, und die beiden Frauengestalten reiten davon. Noch einmal spritzt leise das Wasser unter den Hufen der Pferde, dann greift die Stille wieder nach der Nacht, die Dunkelheit legt sich über das Watt, sie tritt ins Zimmer und verbrüdert sich mit der Kälte, der Angst und der Scham.

Mittwoch, 4. Oktober, 23.56 Uhr, Weißes Kliff, Braderup

Die schwarzen Kerzen flackern im Wind, immer wieder geht eine von ihnen aus, und Jonas muss sie neu anzünden. Er tut es geduldig, fast unterwürfig, als habe das Erlöschen der Flamme einen eigenen tieferen Sinn. Und vielleicht glaubt Jonas das sogar wirklich.

Jenny weiß nicht genau, was sie von seiner Hingabe an Satan halten soll, von dem merkwürdigen Licht, das in seinen Augen steht, wenn er von dem Herrn der Finsternis redet und sie alle beschwört, inniger in ihrer Anbetung zu sein. Inniger und opferwilliger, denkt Jenny jetzt schaudernd und versucht, die Angst vor dem Kommenden zu verdrängen. Vielleicht ist es aber auch nur die Kälte, die sie zittern lässt. Bei acht Grad und einer steifen Brise ist es abends selbst auf der Wattseite der Insel nicht mehr kuschelig. Jenny hat sich vorsichtshalber schon die Skiunterwäsche an-

und eine schwarze Daunenweste über ihr langes Flatterkleid gezogen, aber richtig warm ist ihr immer noch nicht.

Um sie herum steht die Dunkelheit wie eine Wand. Seit der Mond sich verkrochen hat, beleuchten nur die sechs Kerzen die Mulde, in der Jonas und seine selbsternannten Schwestern im Bösen sich versammelt haben. Das Kerzenlicht tanzt um das rohe Kreuz, das in ihrer Mitte verkehrt herum im Boden steckt und von blutbefleckten Federn umgeben ist, die sie mit Steinen beschweren mussten, damit der Wind sie nicht mitnimmt. Dabei ist ihr Zauber längst nicht mehr stark genug, das hat Jonas gleich zu Anfang betont und angekündigt, dass eine von ihnen heute Abend wird leiden müssen.

Die Mädchen bemühen sich alle, ihre Angst zu verbergen, das kann Jenny deutlich spüren. Auch wenn die Gestalten im Dunkeln kaum zu erkennen sind, ist die Furcht zwischen ihnen greifbar. Bleich und mit unnatürlich aufgerissenen Augen stehen Jenny und die fünf anderen Mädchen um die Kerzen herum. Ihre dunklen Gewänder verschmelzen mit der Nacht, und nur wenn der kreiselnde Leuchtturm sein Lichtband bis zu ihnen wirft, kann Jenny die Silhouetten zuordnen.

Links von ihr steht Lucia, die vielleicht wegen ihres Namens Jonas' eigentlicher Liebling ist. Ihr kleiner gedrungener Körper hat nichts Auffälliges, aber die übergroßen Augen unter den Zipfelhaaren lassen Lucia so eindringlich wirken wie ein verängstigtes Kind, das zu viel weiß. Die Zwillinge Clara und Cosima aus Jennys Parallelklasse, die in der Schule immer noch mit Jeans und Sneakers und hellen Pullovern auftauchen und von Jonas schon häufiger verwarnt worden sind, stehen Jenny genau gegenüber. Ihre roten Mähnen leuchten selbst in der Dunkelheit, und Jonas bezeichnet die Schwestern oft zärtlich als *meine beiden Hexen*. Rechts von Jenny pressen sich die Älteren eng aneinander. Jonas ist besonders stolz auf die beiden, denn sie sind schon im Abiturjahrgang. Jenny kennt sie nicht näher, sie hat bisher nur wenige Worte mit ihnen gewechselt, denn Jonas besteht darauf, dass sie sich bei ihren Treffen ganz auf die Messe konzentrieren.

Er sagt, dass Luzifer ein eifersüchtiger Herr sei.

Die Mädchen fügen sich Jonas' Anordnungen ohne Widerrede. Nie sprechen sie auf dem Pausenhof miteinander, denn niemand darf wissen, dass sie zusammengehören, dass sie auserwählt sind. Oft beneidet Jenny die Zwillingsmädchen darum, dass sie gemeinsam in einer Familie leben und sich alles offenbaren können. Geteiltes Grauen ist bestimmt weniger beängstigend.

Seit Jonas' erschreckender Ankündigung, dass es heute Nacht ganz sicher gelingen werde, Satan vollständig zu befriedigen, sehnt Jenny den Lichtstreifen des Leuchtturms herbei wie eine wichtige Pause, auch wenn sie weiß, dass es Jonas irritiert und den Ritus stört. Aber Jenny ist das egal, denn für wenige Augenblicke sind dann die im Wind wogenden Gräser zu sehen und die Häuser am Rand der Heide als Schatten wahrzunehmen. Der Gedanke daran tröstet Jenny, auch wenn die Bewohner dieser Häuser viel zu weit entfernt sind, um irgendwas von dem heimlichen Ritual mitzubekommen, das Jonas seit Monaten in jeder Vollmondnacht hier abhält und das bisher zu seiner großen Verärgerung noch nie zum erwünschten Ergebnis geführt hat.

Jetzt gerade ist Jonas mit seinem Gebet am Ende. Er ist der Einzige, der den ganzen Text auswendig kann, von *Nema* bis *Retav Resnu*. Jenny und die anderen Mädchen murmeln den Text zwar leise mit, aber immer wieder muss eine von ihnen innehalten und warten, bis sie den Einstieg wieder findet. Keiner dieser peinlichen Aussetzer entgeht Jonas, so dass seine wütenden Blicke während des gesamten Rituals wie Pfeile zwischen ihnen hin- und herschießen.

Heute Nacht kann sich Jenny besonders schlecht konzentrieren, denn die Angst sitzt ihr im Nacken. Ein buckliges Monster, das kichert und seufzt und sich in Vorfreude auf das kommende Opfer die Pfoten reibt.

Welches Mädchen wird Jonas auswählen? Und was wird dann mit ihm geschehen?

In der plötzlich eintretenden Stille tönt Jonas' Stimme besonders laut.

»Wollt ihr den Meister sehen?«

Jenny nickt und die anderen Mädchen murmeln ein schüchternes »Ja«.

Jonas blickt langsam von einer zur anderen, und es fällt Jenny unendlich schwer, die Augen nicht niederzuschlagen, als sie an der Reihe ist. Jonas lächelt ihr lange zu. Es ist, als wolle sein Blick etwas versprechen, bevor er in den inneren Ring der Kerzen tritt und sein langes Gewand hebt. Es ähnelt einem Priesterrock, ist aber zerrissen und zipfelig und an einigen Stellen mit Möwenkot beschmutzt. Jonas hat ihnen immer wieder geduldig erklärt, wie wichtig es für den Ritus ist, alles Christliche herabzuwürdigen und buchstäblich in den Schmutz zu ziehen. Deshalb entblößt er jetzt auch sein Hinterteil und streckt es Jenny zum Kuss entgegen. Sie lässt sich auf die Knie nieder und rutscht zwischen den Kerzen hindurch zu ihm. Bevor sie nacheinander beide Backen küsst, schmiegt sie kurz die Wange an Jonas' Fleisch.

Alle Blicke sind auf sie beide gerichtet, als Jonas die

Opferschale aus angelaufenem Silber von ihrem Platz vor dem Kreuz hebt und sich vor der Schale verbeugt.

»Wir rufen dich, Fürst der Finsternis! Zeige dich und lass uns deiner Kraft teilhaftig werden. Nimm unser Opfer zu deinem Gefallen.«

»Nimm unser Opfer zu deinem Gefallen«, wiederholen die Mädchen mit zitternden Stimmen.

Dann sieht Jonas auf seine Uhr, die groß und rund ist wie der Vollmond und deren Zifferblatt auch im tiefsten Dunkel in klarem Grün leuchtet.

»Es ist Mitternacht«, verkündet er mit fester Stimme, »die Stunde des Satans beginnt. Wir wollen ihn rufen mit Blut und Sperma.«

Er macht eine kleine Pause und lässt noch einmal die Augen kreisen. Im selben Moment legt der Leuchtturm sein Lichtband über Heide und Watt. Jonas steht mit dem Rücken zum Turm, das Gesicht nach Osten gewandt, so dass sein langer Schatten die Kliffkante streift. Jenny weiß genau, die nächsten Sekunden werden alles verändern, alles entscheiden. Sie hält den Atem an, aber wagt es trotzdem, den Kopf zu heben und in die gleiche Richtung zu blicken wie Jonas. Ohne sich zu ihr umzudrehen, ohne sie auch nur eine Sekunde lang anzusehen, fordert er jetzt leise: »Jenny komm zu mir. Dein Blut soll uns leiten. Auf dir will ich …«

Nein, denkt Jenny, neinneinnein, sag es nicht. Bitte Jonas, Liebster, sag es nicht! Hilfesuchend blickt sie über die dunkle Heide, versucht vergeblich doch noch den Schatten dieser einen Gestalt zu erhaschen, die sie eingeladen hat und die leider nicht erschienen ist. Bestimmt hat sie es besser gewusst. Besser als sie selbst und besser als die anderen Mädchen.

Plötzlich wird Jenny klar, dass inzwischen entscheidende

Sekunden vergangen sind, ohne dass Jonas das fatale Wort ausgesprochen hätte. Sie mustert ihn zaghaft. Er sieht zum Watt. Sein Gesicht zeigt Überraschung und eine Art von zögernder Freude. Alle Mädchen sind längst seinem Blick gefolgt, und auch Jenny kneift jetzt die Augen zusammen, um erkennen zu können, was Jonas dort unten beobachtet.

Aber Jonas lässt ihr keine Zeit dazu, er lässt ihr keine Zeit zum Nachdenken und keine Zeit zum Zweifeln. Entschlossen wendet er sich ab und wirft sich zu Boden, mit einer einzigen Geste entblößt er seinen erigierten Penis, der groß und weiß im Mondlicht schimmert. Dann beginnt Jonas ekstatisch zu wimmern.

»Jennyjennyjenny, Jennyjennyjenny, kommkommkomm...«

Aber Jenny kommt nicht. Sie legt sich nicht zu ihm, im Gegenteil, sie besinnt sich, bevor er nach ihr greifen kann, sie dreht sich um und rennt davon, so schnell ihre Beine sie tragen. Dem kreisenden Licht des Leuchtturms hinterher, das sie zu dem Sandweg leitet, der zurück zum Parkplatz führt, wo ihr Fahrrad steht. Die Angst presst ihre Lungen zusammen, sie fühlt sich, als laufe sie um ihr Leben, und vielleicht stimmt das sogar. Obwohl sie vor Furcht fast wahnsinnig wird, wagt sie es erst auf der Hälfte der Strecke, kurz zu verschnaufen und sich vorsichtig umzudrehen.

Niemand folgt ihr. Nicht Jonas und auch keines der anderen Mädchen. Und zum Glück auch nicht die beiden strahlenden Reiterinnen, die mit wehenden Haaren und weißen Gewändern just zur Mitternacht am Strand von Wenningstedt erschienen sind, um Jonas' satanistisches Ritual zu krönen oder zu verhöhnen.

Donnerstag, 5. Oktober, 08.19 Uhr, Kriminalkommissariat Westerland

»Wer hat sich eigentlich den Spruch vom goldenen Oktober ausgedacht?«, schimpft Silja, als sie das Büro betritt, ihren Schirm in die Ecke stellt und sich aus der Daunenjacke schält.

»Ein Sylter war das bestimmt nicht«, antwortet Sven grinsend. »Kaffee?«

»Unbedingt!« Silja streicht ihre schmale graue Hose glatt und zupft einen Fussel von ihrem rosafarbenen Pulli. »Wo ist eigentlich Bastian?«

»Müsste ich dich das nicht fragen?«

»Noch wohnen wir nicht zusammen. Es dauert also noch ein bisschen bis zur totalen Kontrolle.« Sie verzieht amüsiert das Gesicht. »Hast du es eigentlich schon mal bereut, mit Anja zusammengezogen zu sein?«

»Also hör mal! Wir wohnen nicht nur zusammen, wir sind auch noch verheiratet und haben ein Kind miteinander. Demnächst sogar zwei.«

»Entschuldige, das war blöd von mir. Ich ziehe die Frage zurück.«

»Musst du nicht. Denn im Großen und Ganzen bereue ich gar nichts.«

»Du Glücklicher.« Silja nimmt Sven einen gefüllten Kaffeebecher aus der Hand und pustet vorsichtig in die Flüssigkeit. »Bastian hat für heute Nachmittag einen Termin bei einem Makler für uns gemacht.«

»Weiß ich schon. Ich halte dann hier die Stellung.«

Silja nickt. Sie wirkt noch nachdenklicher als sonst.

»Was ist los?«

»Ach nichts.«

»Wahrscheinlich hat der Makler sowieso nichts Bezahlbares für euch und dann ...«

»Willst du uns den Tag verderben, bevor er richtig angefangen hat?«

Die Frage kommt nicht von Silja, sondern von Bastian, der völlig durchnässt in der Bürotür steht.

»Ein Regenschirm wäre möglicherweise hilfreich gewesen«, witzelt Silja und wirft ihm das Handtuch zu, das immer neben dem kleinen Waschbecken hängt. »Reib dir wenigstens die Haare trocken.«

»Bist du hergelaufen?«, will Sven jetzt wissen. Seit Bastian in der Souterrainwohnung im Haus von Svens Eltern wohnt, sind es für den Kollegen zu Fuß nicht mehr als zehn Minuten zum Kommissariat.

Bastian schüttelt den Kopf so heftig, dass die Tropfen durchs Zimmer fliegen.

»Das nicht. Aber ich war noch mal am Strand. Bei Wonnemeyer. Und bei dem Wind kannst du gleich jeden Schirm vergessen.«

»Kapuze? Mütze? Was wolltest du überhaupt da unten?«, erkundigt sich Sven.

»Nachdem Silja gestern die blutige Feder bei dieser Satanisten-Braut entdeckt hat, wollte ich nachschauen, ob wir was übersehen haben. Irgendwelche Spuren, die auf eine Sekte hindeuten.«

Die letzten Worte sind kaum zu verstehen, weil Bastians Gesicht jetzt hinter dem Handtuch verschwindet. Silja wartet mit ihrer Frage, bis er wieder auftaucht.

»Und? Hast du was gefunden?«

»Wie man's nimmt.« Bastian fährt mit dem Handtuch noch einmal kurz in seinen Nacken, dann hängt er es wieder an den Haken. Das Handtuch ist triefend nass. »Auf der Treppe war kein Blut mehr. Wie auch, bei dem Regen. Aber Wachs habe ich gefunden. Allerdings weißes. Ein paar Krusten am Rand der Stufen. Ich hab's abgekratzt und mitgebracht.« Er zieht eine Beweismitteltüte aus der Tasche und schwenkt sie vor den Augen der beiden anderen.

»Und was machen wir jetzt damit?«

»Aufheben und abwarten. Oder hat dir diese Jenny verraten, wo und wann sie sich das nächste Mal treffen?«

»Natürlich nicht.«

»Vielleicht haben sie sich ja letzte Nacht noch einmal getroffen«, murmelt Sven plötzlich nachdenklich.

»Wie kommst du denn darauf?«, will Bastian wissen.

»Erstens war Vollmond, und zweitens hat Mette was Komisches geträumt.«

Silja und Bastian wechseln einen irritierten Blick. Es dauert einen Moment, bis Silja das Wort ergreift.

»Du glaubst, dass Mette von schwarzen Messen träumt?«

»Sie hat beim Frühstück von dunklen Gestalten, Feuer und einem umgedrehten Kreuz erzählt«, sagt Sven besorgt. »Als Anja und ich wissen wollten, wo sie das herhat, wurde sie rot und sagte, es sei ein Traum gewesen.«

Bastian runzelt die Stirn. »Das ist merkwürdig. Obwohl: Hast du nicht gestern diese Recherche zu den Tieropfern von zu Hause aus gemacht?«

Sven schüttelt schuldbewusst den Kopf. Er ist lieber im Auto sitzen geblieben und hat am Handy recherchiert. Wer weiß, was Anja ihm sonst noch alles an Arbeiten aufgehalst hätte.

»Erst gestern Abend habe ich mich mal kurz an den Rechner gesetzt«, bekennt er.

»Na siehst du. Wahrscheinlich war Mette heimlich nach dir am PC und hat spaßeshalber mal geguckt, wo ihr Papi so unterwegs war im world wide web. Deine Tochter ist längst kein kleines Kind mehr, vergiss das nicht.«

Sven seufzt. »Wem sagst du das. Ich bin echt froh, dass wir was neues Kleines erwarten. Vielleicht hilft das sogar, Mette noch ein bisschen länger im Stand der Unschuld zu halten.«

»*Im Stand der Unschuld*«, frotzelt Bastian. »Das hast du aber schön gesagt, Kollege. Ich fürchte, für diese Jenny Dingsbums mit ihren schwarzen Klamotten gilt das schon lange nicht mehr. Was meinst du, Silja, sollen wir sie vielleicht noch mal in die Mangel nehmen?«

»Ich glaube nicht, dass sich das lohnt. Die redet nicht. Im Zweifelsfall kriegt sie nur Druck von ihren Eltern, und damit ist uns auch nicht geholfen.«

»Also gut, ihr beiden, dann machen wir an diesem trüben Tag eben Dienst nach Vorschrift, bringen die Akten in Ordnung und arbeiten mal ein paar Sachen auf, die liegengeblieben sind«, beschließt Bastian und setzt sich demonstrativ hinter seinen Schreibtisch. Lustlos schlägt er den obersten Ordner eines nicht besonders hohen Stapels auf. Er wirft einen knappen Blick auf das erste Schriftstück und seufzt: »Schon wieder dieser Irre, der alle Nachbarn beschuldigt, heimlich Tunnel zu seinem Grundstück zu graben.«

Silja lacht. »Wir können tauschen, wenn du willst. Ich habe hier die Anzeige einer Verkäuferin, die von ihrer Kundin unsittlich berührt worden sein will.«

»Beim Obst Aussuchen, oder wie?«, mischt sich Sven ein.

»Beim Dessous Anprobieren«, gibt Silja zurück.

»Wie jetzt? Die Verkäuferin hat in ihrem eigenen Laden Dessous anprobiert und die Kundin ...«

»Umgekehrt.«

»Vielleicht haben die Dessous die Kundin so erregt, dass sie nicht mehr bis zu Hause warten konnte«, schlägt Bastian grinsend vor.

»Das hättest du wohl gern«, kontert Silja.

»Hey, hey, hey, jetzt kriegt euch bloß nicht wieder über so ein Feminismus-Dings in die Wolle«, fährt Sven dazwischen.

»Keine Sorge. War nur Spaß.« Bastian blinzelt vergnügt in die Runde, wobei sich seine beachtlichen Tränensäcke in symmetrische Falten legen. »Ich bin schon wieder brav.«

Silja verdreht die Augen und öffnet gerade den Mund, um zu antworten, als das Telefon klingelt. Bastian ist als Erster am Apparat und schon nach wenigen Sekunden ganz Ohr. Während er zuhört, reißt er die Augen auf und nickt den beiden Kollegen verheißungsvoll zu. Seine Lippen formen das stumme Wort *Jackpot*.

Donnerstag, 5. Oktober, 09.52 Uhr, Gymnasium Sylt, Westerland

Jenny Liebherr zieht ihre helle Daunenjacke enger um den Oberkörper, als sie aus dem Schulgebäude ins Freie tritt. Es hat sich eingeregnet, die Luft scheint nur aus Feuchtigkeit zu bestehen, und keiner der Schüler versteht, warum sie trotzdem auf den Pausenhof müssen. Jenny stülpt sich die Kapuze über den Kopf und versucht, möglichst viel von ihrem Gesicht hinter dem breiten Fellrand zum Verschwinden zu bringen. Die Jacke ist extrem gemütlich, und trotzdem ist es ein gutes Jahr her, seit sie das Kleidungsstück zum letzten Mal getragen hat. Denn im letzten Herbst ist Jonas auf ihre Schule gekommen. Niemand wusste, wo er herkam. Niemand wusste, warum er die Schule gewechselt hatte.

Aber Jonas war cool. Und er sah verdammt gut aus.

Doch bald nach dem ersten Gespräch mit ihm wurde Jenny klar, dass sie nur Chancen auf ein Date haben würde, wenn sie sich seinen Kleidungsvorstellungen unterwarf. Und das hieß Schwarz. Von Kopf bis Fuß. Damals zögerte Jenny keine Sekunde, denn Jonas hatte es ihr echt angetan. Er war so ironisch und gleichzeitig geheimnisvoll. Er war genau so, wie sich Jenny ihren ersten Freund immer gewünscht hatte. Und da war der Verzicht auf alles Helle ein akzeptabler Preis.

Jenny erinnert sich noch genau an die enttäuschten Blicke ihrer Mutter, als nach einigen Wochen auch ihr klarwurde, dass die von Jenny heißbegehrte und erst kürzlich gekaufte Daunenjacke die Wintersaison im Schrank verbringen würde. Und das war beileibe nicht die letzte Enttäuschung, die Jennys Eltern in den darauffolgenden Monaten erlebt hatten.

Kein Wunder, dass Katharina Liebherr heute früh ihren Augen kaum getraut hat. Immer wieder musterte sie die ausgewaschene Jeans, die karierten Chucks, den weißen Schlabberpulli. Aber die Mutter verlor kein Wort über Jennys ganz und gar ungewöhnlichen Aufzug. Die vergangenen Monate haben ihre Eltern Vorsicht gelehrt. Das war fast schon gruselig mitanzusehen, fand Jenny. Manchmal hat sie sich echt gewünscht, Vater und Mutter würden deutlicher werden, intensiver nachfragen, sich nicht so schnell abspeisen lassen. Denn trotz aller Faszination ist ihr so vieles an der neuen Gruppe unheimlich gewesen. Vielleicht hätte sie sich tatsächlich den Eltern anvertraut, auch wenn sie damit gegen das strikte Schweigegebot verstoßen hätte.

Doch jetzt ist alles vorbei. Jenny wird nicht mehr zu den heimlichen Treffen gehen. Sie wird noch nicht einmal mehr erfahren, wo sie stattfinden werden. Und sie wird sich ihre alten Freundinnen zurückerobern müssen. Denn weil Jonas es so wollte, hat Jenny im letzten Herbst von einem Tag auf den anderen jeden Kontakt zu ihnen abgebrochen. Es ist ihr nicht schwergefallen, sie hat ja ohnehin ständig nur an Jonas gedacht. Hat von ihm geträumt, hat sich vorgestellt, wie es wäre, ihn zu küssen, ihm endlich näher zu kommen.

Doch Jonas war sperrig. Zwar redete er immer wieder mit Jenny, aber er ließ sie lange nicht hinter die geheimnisvolle Mauer sehen, die ihn umgab. Erst vor wenigen Wochen hat sich das geändert. Als er sie einlud, ihn am Abend zu besuchen, sie würden allein sein und er müsse ihr etwas gestehen, war sie völlig aus dem Häuschen vor Glück.

Und dann hat er ihr von seinem Glauben erzählt. Davon, dass er ihn stärker sein lasse als alle anderen. Davon, dass die Ekstase eine unvergleichliche Erfahrung sei und dass er diese Ekstase gern mit Jenny teilen wolle. Sie habe lange genug gewartet, sie sei jetzt reif.

Jenny musste feierlich beim Leben ihrer Eltern schwören, niemandem etwas von dem zu erzählen, was sie sehen, was sie erleben würde. Sie zuckte die Schultern und schwor. Es fiel ihr nicht schwer, denn wer wäre schon so blöd, seine Eltern in die ersten Liebesabenteuer einzuweihen. Und die alten Freundinnen redeten ja schon länger nicht mehr mit ihr.

Doch nach dem Schwur hatte Jonas sie weder in den Arm genommen, noch geküsst. Er hatte ihr nur befohlen, vor ihm niederzuknien und die Augen zu schließen. Er hatte ihr flüsternd von seinem dunklen Herrn erzählt und davon, dass er sie mitnehmen, sie einführen wolle. Sie müsse sich erst einmal als würdig erweisen, dann werde man sehen.

Jenny schluckte die Enttäuschung hinunter. Wenn diese schwarzen Messen Jonas wichtig waren, würde sie eben mitmachen. Sie beschloss, sich geehrt zu fühlen, denn bald würden Jonas und sie ein wichtiges Geheimnis teilen. Und dann könnte sie seine Braut werden. Das hatte Jonas gesagt. *Seine Braut.* Jenny war erst ein wenig erschrocken über die Wortwahl gewesen, aber dann hatte es sich doch ganz richtig angefühlt.

Nie wird sie vergessen, wie es war, als er ihre Brüste zum ersten Mal angefasst hat, herrisch und ohne Vorwarnung. Zuerst ist sie erschrocken zusammengefahren, aber dann hat sie das Glitzern in seinen Augen gesehen und hat gespürt, dass das Zusammensein mit ihm alles andere übertreffen würde. Jennys ganzer Körper bebte und strebte zu Jonas hin. Das konnte doch unmöglich ein schlechtes Zeichen sein, denn genau so musste Liebe sich schließlich anfühlen.

Und dann kam die erste Messe. Sie und Jonas waren keineswegs allein, und, was noch schlimmer war, nur die anderen Mädchen durften ihn berühren. Jenny musste die ganze Zeit die schwarzen Kerzen halten, die sie auf Jonas' Anweisung hin besorgt hatte. Zum Glück verbarg die Dunkelheit ihre Tränen. Und später auch ihr Erschrecken und ihre Scham. Denn als sie im Lauf der Messe sah, was Jonas mit den Mädchen anstellte, was die Mädchen ohne Widerrede mit sich machen ließen, da dachte sie zum ersten Mal darüber nach, ob ihre Liebe zu Jonas wirklich so stark war, wie sie bisher geglaubt hatte.

Doch am nächsten Morgen in der Schule redete Jonas nur mit ihr, er verschlang sie förmlich mit seinen schönen Augen, und er flüsterte ihr Dinge zu, die sie erröten und erschauern ließen:

Beim nächsten Mal will ich nur dich. Ich will dich mit jeder Faser spüren, Jenny. Alle anderen werden nur Schatten sein, die wir weit hinter uns lassen, wenn wir beide zusammen die Mauer durchstoßen und zum Licht vordringen werden. Du und ich, Jenny, ganz allein. Wir werden Himmel und Hölle gleichzeitig erobern.

Aus dem *ganz allein* war dann wieder nichts geworden, denn gestern Abend hatten die anderen Mädchen schon in der Heide gewartet, als Jenny kam. Jonas musste sie von vornherein zu einem früheren Zeitpunkt hinbestellt haben, denn Jenny war vor lauter Aufregung überpünktlich gewesen. Sie erschrak, als sie die Blicke der Mädchen sah, in denen eine merkwürdige Mischung aus Triumph und Sorge stand. Doch Jenny hatte sie viel zu lange ignoriert und sich ganz auf Jonas konzentriert.

Jenny seufzt und senkt den Kopf. Am liebsten würde sie die Gedanken an gestern verdrängen.

Plötzlich merkt Jenny, dass es jetzt immer stärker regnet und die Schüler im Laufschritt dem Hintereingang zustreben, neben dem sie steht. Sie tritt zur Seite und lässt alle anderen vorbei. Der Schulhof leert sich schnell, und bald sind nur noch wenige Gestalten übrig. Jennys Jacke ist regendicht, und sie fühlt sich hier draußen wohler als drinnen in dem stickigen Gebäude mit den fensterlosen Gängen, wo jeder Ruf und jedes Lachen wie eine Drohung von den Betonwänden widerhallt.

Plötzlich baut sich Jonas vor ihr auf.

Jenny hat ihn nicht kommen sehen, sie hat ihn an diesem Morgen überhaupt noch nicht gesehen und ist wie erstarrt, als sie seine Anwesenheit spürt. Jonas' Blick bohrt sich in sie. Mit einem Mal fallen Jenny all die gruseligen Dinge ein, die ihr Jonas erzählt hat. Immer ging es dabei um andere, um fraglos böse Menschen, die ihn behinderten und ihm im Weg standen. Und seit der letzten Nacht, das wird Jenny schlagartig klar, gehört sie auch zu dieser Kategorie. Am liebsten würde sie weglaufen oder sich wenigstens abwenden, aber Jonas' Blick hält sie gefangen. Seine Augen sind kalt und erbarmungslos. Er kommt noch ein Stück näher, stößt sie plötzlich zu Boden. Sie fällt in den Matsch und liegt vor ihm.

Jonas hebt seinen linken Fuß. Langsam und wie in Zeitlupe sieht Jenny die Sohle seines dicken schwarzen Stiefels auf sich zukommen. Deutlich kann sie jede Scharte, jeden Grad im Sohlenprofil erkennen. Schon ist Jenny sich sicher, dass er ihr das Gesicht zertreten wird, da hält Jonas im letzten Moment in der Bewegung inne. Hinter dem Stiefel, der jetzt übergroß vor ihren Augen steht, hört Jenny die Stimme, die sie doch so geliebt hat.

»Ein Wort, du Schlampe, sag nur ein einziges Wort über das, was du erlebt hast, und du wirst es ewig bereuen. Du hast es geschworen. Beim Leben deiner Eltern.« Er lacht leise, und er klingt, als würde ihm das Ganze wirklich großen Spaß machen. »Denk einfach an deinen Schwur, wenn dein kümmerlicher Körper und dein nichtswürdiger Verstand sich gegen die Macht aufbäumen wollen. Denk daran, was du erlebt hast. Was du dank meiner Gnade erleben durftest. Denk daran, dass die Macht stärker ist, dass ICH stärker bin, als du es je sein wirst.«

Jenny nickt und flüstert ein leises »Ja«. Sie traut sich nicht, den Blick zu heben, sie traut sich noch nicht einmal zu atmen. Sekunden verstreichen, in denen nichts geschieht.

Dann lässt Jonas den Fuß sinken, ohne ihr Gesicht berührt zu haben. Er tippt mit der Schuhspitze wie beiläufig gegen ihre Hüfte und schlendert lässig ins Schulgebäude. Jenny rappelt sich aus dem Schlamm auf und bleibt allein mit ihrer Angst im Regen zurück.

Donnerstag, 5. Oktober, 10.15 Uhr, Maklerbüro Gerkrath, Westerland

René Gerkrath löst seinen Blick nur unwillig von der Zeitung. Obwohl er im Hinterzimmer des Büros sitzt, kann er durch die geöffnete Tür nach vorn in den Ladenraum sehen. Dort befinden sich zwischen hellgrauen Wänden zwei kleinere Tische mit Freischwingern und ein gläserner Schreibtisch, auf dem für gewöhnlich nur das Telefon steht. Wirklich gearbeitet wird hier hinten, wo die beiden Schreibtische zwar weniger repräsentativ, aber dafür entschieden unordentlicher sind. Vorn dagegen ist alles clean und herausgeputzt. Eine übergroße Pinnwand dominiert den Schauraum, an der die Fotos der repräsentativsten Immobilien hängen, die René Gerkraths Büro in den letzten Jahren vermakelt hat.

Nicht alle seine Objekte sind wirklich vorzeigbar, denn er und seine Mitarbeiterin haben sich von Anfang an auf die sogenannten B-Lagen spezialisiert. Das sind Standorte jenseits der ganz prominenten Wohngebiete, die oft erstaunlich unterbewertet sind und an denen sich immer noch so manches Schnäppchen finden lässt. Gerade auf Sylt.

Doch die Frau, die jetzt eintritt, sieht nicht so aus, als könne sie auch nur eine C-Lage finanzieren. Ihre Haare sind ungepflegt, die Schuhe zwar geputzt, haben aber krummgelaufene Absätze, und die abgeschabte Handtasche würde selbst Gerkraths Putzfrau als unter ihrer Würde ablehnen. Es gibt viele Eigenschaften, die einen erfolgreichen Makler auszeichnen, aber die wichtigste ist noch immer seine Menschenkenntnis, findet Gerkrath. Was soll er seine Energien und Ressourcen an Leute verschwenden, die vielleicht nur aus Neugier oder schlimmer noch aus Selbstüberschätzung zu ihm kommen?

Entsprechend unwillig erhebt sich der Makler von seinem Platz. Er ist ein schlanker mittelgroßer Mann, der sehr auf sein Äußeres achtet. Auch heute sind seine schulterlangen Haare frisch gewaschen und sorgfältig geföhnt. Der Anzug sitzt gut, vor allem an den trainierten Schultern, und das blaukarierte Hemd sorgt ebenso wie der Verzicht auf eine Krawatte für den legeren Touch.

»Moin, moin, was kann ich für Sie tun?«

Die Frau räuspert sich. Ein ganz schlechtes Zeichen. Sie weiß nicht, wie sie anfangen soll.

»Bitte nehmen Sie doch erst einmal Platz.«

Betonlächeln, gepaart mit unterkühlter Höflichkeit. Er wird sie so schnell wie möglich in die Flucht schlagen und dann ganz in Ruhe seine Zeitungslektüre fortsetzen.

»Sie verkaufen Häuser?«

Der dämlichen Frage folgt ein verhuschter Blick. Jetzt ist es an René Gerkrath, sich zu räuspern.

»Gelegentlich, ja.«

Die Ironie in seiner Stimme ist nicht zu überhören.

»Auch in Munkmarsch?«

»Auch in Munkmarsch.«

Jetzt wird er doch aufmerksam. Sie hat *verkaufen* gesagt. Und Munkmarsch ist eine sehr interessante und immer noch ein wenig unterschätzte Lage.

»Ja, natürlich. Auch in Munkmarsch«, wiederholt er. »Sie besitzen ein entsprechendes Objekt?«

Komm zur Sache, Mutti, und stiehl mir nicht die Zeit.

»Na ja, ganz so ist es nicht.«

Sie stockt, ist sichtlich unschlüssig, wie sie fortfahren soll. René Gerkrath beschließt, der lahmen Besucherin endgültig auf die Sprünge zu helfen.

»Nun, wenn Sie nicht selbst die Eigentümerin sind, dann ...«

»Das Haus gehört meinem Vater«, unterbricht sie ihn, plötzlich mutig geworden.

»Ach so.«

Gerkraths Blick wird jetzt sehr aufmerksam. Die Frau, nach deren Namen er schleunigst fragen sollte, ist sicher an die sechzig Jahre alt. Vielleicht etwas jünger, schwer zu schätzen, sie sieht ziemlich abgearbeitet aus. Ihr alter Herr dürfte aber in jedem Fall in einem äußerst interessanten Alter sein. Jedenfalls für Makler.

»Verzeihen Sie bitte, ich habe Sie noch gar nicht nach Ihrem Namen gefragt.«

»Töpfer. Andrea Töpfer.«

Gerkrath nickt und kritzelt den Namen auf einen bereitliegenden Block.

»Und Ihr Herr Vater?«

»Was ist mit ihm?«

»Wie heißt er?«

Die Frau trägt einen Ehering und sieht eindeutig danach

aus, als habe sie bei der Hochzeit den Namen ihres Mannes angenommen. Wenn Gerkrath ihre Angaben im Grundbuch überprüfen will, braucht er unbedingt den Namen des Eigentümers.

»Mein Vater? Klaas Menken. Ich möchte Sie aber bitten, ihn nicht zu belästigen, äh zu kontaktieren, meine ich. Es ist nämlich so, dass ... wie soll ich sagen ...«

Sie gerät ins Stottern und wird rot.

»Ihr Herr Vater will nicht verkaufen«, schneidet Gerkrath ihr das Wort ab.

»Genau.« Andrea Töpfer blickt ihn überrascht an und nickt resigniert.

René Gerkrath erlaubt einem kleinen Lächeln, auf seinem Gesicht Platz zu nehmen. »Ich kenne das Problem, glauben Sie mir. Wahrscheinlich hat er sein Leben in diesem Haus verbracht, und nun kann er nicht loslassen.«

»Genauso ist es.« Aus ihrem Blick spricht reine Dankbarkeit.

»Nun, da gibt es durchaus Möglichkeiten, von denen Ihr Herr Vater vielleicht gar nichts weiß.«

»Tatsächlich?«

»Haben Sie schon einmal über einen Verkauf auf Leibrente-Basis mit ihm gesprochen? Auf diese Weise ließe sich problemlos auch der luxuriöseste Altersruhesitz finanzieren.«

»Er will aber nicht ausziehen«, murmelt Andrea Töpfer.

»Es wäre unter Umständen auch eine Möglichkeit, dem Herrn Vater ein lebenslanges Wohnrecht zu sichern. Es gibt durchaus Interessenten, denen an einer langfristigen Investition gelegen ist. Nicht alle Immobilienkäufer müssen und wollen gleich einziehen.«

»Aber sie zahlen trotzdem sofort?«

Du brauchst Geld und das schnell, denkt Gerkrath befriedigt und gratuliert sich innerlich zu seinem scharfen Verstand.

»Über eine Anzahlung könnte man sicher reden. Aber das kommt natürlich auf die Art der Immobilie an. Ist es eins dieser Reihenhäuser in einer der Nachkriegssiedlungen?«

»Nein, nein. Es ist das alte Friesenhaus, das als einziges noch im Wattweg steht. Vielleicht kennen Sie es sogar. Der Garten ist ziemlich verwildert, und innen ist auch nicht alles auf dem neuesten Stand, aber ...«

René Gerkrath ist plötzlich hellwach.

»Natürlich kenne ich das Haus. Alte Obstbäume? Verwildertes Grundstück? Wir sollten möglichst bald besichtigen. Lassen Sie mich mal nachschauen ...« Er blättert angelegentlich in seinem Terminkalender. »Ich hätte heute Nachmittag zum Beispiel zufällig noch eine Stunde Zeit.«

»Wissen Sie, ich würde meinen Vater ganz gern vorbereiten. Er ist ein alter Mann, schon etwas gebrechlich und manchmal auch ziemlich unflexibel. Und oft recht launisch«, wehrt Andrea Töpfer mit unglücklicher Miene ab.

Während René Gerkrath sich ein verständnisvolles Lächeln abringt, denkt er grimmig: Soll sie sich doch etwas einfallen lassen. Das kann so schwer nun wirklich nicht sein. Bei einem Mann dieses Alters schaut ohnehin kein Arzt genauer nach. So etwas steht ständig in der Zeitung.

Laut sagt er: »Hätten Sie was dagegen, wenn ich mir die Immobilie einmal unverbindlich allein ansehen würde? Nur von außen natürlich und ganz diskret.«

»Ähm, nein. Aber Sie müssen versprechen, dass mein Vater nichts davon merkt.«

»Selbstverständlich«, antwortet Gerkrath geschmeidig,

während ihm eine ganz vorzügliche Idee durch den Kopf schießt, von der er dieser Andrea Töpfer allerdings nichts erzählen wird.

Donnerstag, 5. Oktober, 10.22 Uhr, Weißes Kliff, Braderup

»Schwarze Kerze gleich schwarze Messe, meint ihr, man kann das so eindeutig sagen?«

Zweifelnd blickt Silja Blanck ihre beiden Kollegen an. Dann deutet sie auf die Landschaft, in der sie stehen. Heide mit Sandflecken durchsetzt, ganz nah am Watt und in Sichtweite des Weißen Kliffs. Dahinter liegt das Wasser wie ein löchriger Film unter einem metallenen Himmel, der nur noch tropfenweise sein Nass abgibt. Der Wind hat die Regenwolken vertrieben, jetzt fegt er über die Gräser und zerrt an den Haaren der Ermittler. Silja reibt ihre frierenden Hände aneinander, ohne dass es gegen die Kälte helfen würde. Schließlich steckt sie beide Fäuste in die gefütterten Taschen ihrer Daunenjacke. »So richtig kuschlig ist es hier ja nicht gerade. Und nachts wird das bestimmt nicht besser.«

Bastian, der gerade vor einer der Kerzen in die Knie gegangen ist und irgendetwas am Boden genauer mustert, antwortet unkonzentriert: »Das ist doch genau die Atmosphäre, die diese Spinner suchen.«

»Und einsam genug ist es auch«, fügt Sven hinzu. »Außerdem: Wer sonst sollte hier Kerzen abbrennen? Und dann auch noch schwarze.«

»Aber tote Tiere hat der Typ, der die Kerzen entdeckt hat, nicht gefunden. Oder seht ihr irgendwelche Kadaver?«

Als Sven und Bastian sichtlich erleichtert die Köpfe schütteln, redet Silja weiter. »Na also. Dann hat das hier auch nichts mit dem Möwenfund zu tun. Ein Ritus ist doch deswegen ein Ritus, weil man immer das Gleiche tut. Einmal Tieropfer, immer Tieropfer. Die treffen sich doch nicht Abend für Abend und denken sich jedes Mal ein neues Programm aus.«

»Sie haben sich auch einen neuen Ort gesucht«, wendet Sven ein.

»Kein Wunder, nach dem Auflauf, den es bei Wonnemeyer am nächsten Tag gegeben hat. Vielleicht hatten sie Angst, dass wir die Treppe nachts überwachen.«

Ein kehliger Laut unterbricht ihre Rede. Er kommt aus einer nahe gelegenen Dünenkuhle, in die Bastian von den beiden anderen unbemerkt gestiegen ist. Dem Laut folgt ein Würgen, dann ist es still. Silja läuft hinüber, stolpert über einen zottigen Busch und fällt fast hin. Als sie sich mit beiden Händen abfängt, greift sie in einen Stofffetzen, der versteckt zwischen den Heidepflanzen gelegen hat. Der ursprünglich helle Stoff ist an einigen Stellen dunkel gefärbt und verkrustet. Vorsichtig hebt Silja den Klumpen an und nimmt ihn mit in die Dünenkuhle. Dort kauert Bastian am Boden, sein Gesicht ist kreidebleich, er hält die Augen geschlossen und beißt die Zähne so fest aufeinander, dass die Kiefermuskeln hart hervortreten.

»Was ist los?«, will Silja wissen.

Stumm deutet Bastian auf den Boden neben sich. Im Sand liegen zwei lange abgebrannte Streichhölzer und ein weiterer dunkler Kerzenstummel. Kein Grund, so entsetzt zu sein, denkt die Kommissarin und beugt sich tiefer hinunter. Und dann sieht sie das Ohr. Es wirkt sehr klein und in seiner wächsernen Blässe fast harmlos, wie ein Karnevalsartikel. Aber es stammt weder von einer Katze noch von einem Kaninchen oder irgendeinem anderen Tier. Sondern ganz eindeutig von einem Menschen. Und an der glatten Schnittstelle klebt dunkel und krustig dasselbe Material, das auch den Stofffetzen in ihrer Hand tränkt. Blut.

»Das ... das glaube ich jetzt einfach nicht«, stammelt Silja und ruft gleich darauf mit kippender Stimme: »Sven, kommst du mal mit den Beweismitteltüten.«

Neben ihr murmelt Bastian verzweifelt: »Und wir Hornochsen haben die Möwen weggeworfen.«

»Was willst du denn jetzt mit denen?«

»Wir hätten sie auf DNA-Spuren untersuchen können. Oder glaubst du, so ein eingefleischter Teufelsanbeter trägt bei seiner Messe Gummihandschuhe? Denen geht's doch gerade um Blut. Die wollen das nicht nur sehen, sondern auch spüren. Sie wollen es fühlen. Die geilen sich doch förmlich daran auf. Die ... die ...« Atemlos hält Bastian inne.

Silja nimmt ihn in den Arm und streichelt sanft seine Wange. So hat sie ihren Freund noch nie erlebt. Nicht angesichts des brutal erschlagenen Galeristen vor einigen Monaten und noch nicht einmal, als sie vor zwei Jahren die Frau mit dem weggeschossenen Gesicht in der Wohnung des Journalisten Fred Hübner gefunden haben.

»Wo steckt dieser Hübner eigentlich im Moment?«, entfährt es ihr.

»Wie kommst du denn jetzt ausgerechnet auf den?«, erkundigt sich Sven, der gerade die Dünenkuhle erreicht hat.

»Ach, das war nur so eine Assoziation.«

Silja streicht sich die Haare aus dem Gesicht, die der Wind sofort wieder zurückbläst. Dann weist sie auf den grausigen Fund am Boden.

»Kannst du das bitte ganz schnell einpacken, damit ich es nicht mehr sehen muss.«

Sven Winterbergs Blick folgt ihrer Hand. Der Kommissar beugt sich nach vorn, dann kneift er ungläubig die Augen zusammen.

»Diese Schweine«, ist alles, was er sagt.

»Pack's weg und halt die Klappe, sonst muss ich kotzen.« Bastian Kreuzer stemmt seinen massigen Körper vom Boden hoch und zieht anschließend Silja zu sich nach oben. »Was glaubt ihr, wie lange es dauert, bis wir die Frau finden, der das linke Ohr fehlt?«

»Woher willst du wissen, dass es eine Frau ist?«, erkundigt sie sich.

»Das Ohr ist so klein«, antwortet Bastian ratlos.

»Es könnte auch von einem Kind sein. Theoretisch.«

Silja schließt kurz die Augen, als könne sie das vor dem Inhalt ihrer Worte schützen.

»Frau oder Kind oder vielleicht auch Mann. Wahrscheinlich ist der oder die Betreffende längst im Krankenhaus. Das muss doch geblutet haben wie Sau«, mischt sich Sven ein.

»Und wenn es so etwas wie ein freiwilliges Opfer war?«, fragt Silja zaghaft. »Immerhin ist diese Jenny ja auch freiwillig zu den Satanistentreffen gegangen.«

»Träum weiter.« Bastian schüttelt energisch den Kopf. »Niemand lässt sich freiwillig verstümmeln. Das kann mir keiner erzählen.«

»Es gibt nichts, was es nicht gibt.« Sven zieht seine dicken Fäustlinge aus und streift sich Latexhandschuhe über, bevor er sich bückt und das Ohr eintütet. »Am besten wird es sein, wenn wir gleich zur Nordseeklinik fahren. Die werden wissen, was zu tun ist.«

»Macht ihr das. Ich rede noch einmal mit Jenny. Und zwar sofort. Ich fahr zur Schule und lass sie aus dem Unterricht holen.« Silja spricht immer schneller. Wut und Entsetzen sind starke Triebfedern. »Ich setze ihr so lange zu, bis sie uns sagt, wer die anderen sind und dann ... und dann ...«

»Du lässt sie in Ruhe, fürs Erste jedenfalls«, unterbricht Bastian ihren Redefluss. »Zuerst kümmern wir uns um das Ohr, und dann sehen wir weiter. Wenn wir jetzt überstürzt reagieren, machen wir vielleicht alles kaputt. Lasst uns vorsichtig sein und dieses lichtscheue Gesindel von hinten einkreisen. Und wenn wir sie haben, dann mache ich Hackfleisch aus denen, das könnt ihr mir glauben.«

Donnerstag, 5. Oktober, 11.23 Uhr, Wattweg, Munkmarsch

Mit zitternder Hand hebt Klaas Menken den Hörer von seinem altmodischen Telefon. Die Nummer kennt er immer noch auswendig, auch wenn er schon seit Jahren nicht mehr in Jochen Stürmers Praxis war. Rantum ist für Menken fast ebenso weit weg wie Mumbai, jedenfalls seit er kein Auto mehr hat und die Beine es auch kaum noch tun. Ungeduldig wartet der alte Mann darauf, dass der Hörer am anderen Ende der Leitung abgenommen wird. Schließlich meldet sich eine Frauenstimme und erkundigt sich mit professioneller Höflichkeit nach seinen Wünschen. Als Klaas Menken brummt, er wolle den Doktor sprechen, und zwar sofort und persönlich, zögert die junge Frau etwas.

»Sie meinen Dr. Stürmer? Den Vorgänger von Frau Dr. Licht?«

Menken ist irritiert, aber dann versteht er und brummt noch einmal zur Bestätigung. Er hätte selbst drauf kommen können, dass der Jochen längst nicht mehr praktiziert, schließlich sind sie gleichaltrig. Vielleicht ist der Schulfreund ja sogar schon tot, ohne dass er es erfahren hat, überlegt Menken gerade und bittet die Sprechstundenhilfe zaghaft um Jochens Privatnummer. Sie ziert sich, zwitschert etwas von Datenschutz und fertigt nebenbei noch zwei Patienten ab. Also tot ist er nicht, denkt Menken und merkt, wie ihn trotzdem alle Energie verlässt. Dabei weiß er genau, wenn er es jetzt nicht schafft, dann wird er sich nie mehr aufraffen.

»Wir waren Schulfreunde, der Jochen und ich. Ein Jahrgang, wissen Sie. Ich hab so lange nichts mehr von ihm gehört, und wenn Sie mir jetzt nicht helfen, dann ist es vielleicht irgendwann zu spät.«

Der Gedanke, dass er den jungen Leuten jetzt schon mit dem Tod drohen muss, um etwas zu erreichen, ist nicht ohne Komik, findet Menken. Aber zum Lachen ist ihm nicht zumute. Immerhin wirkt die Drohung. Ob er etwas zum Schreiben habe, will die Sprechstundenhilfe wissen. Menken bejaht und denkt an den Stift draußen in der Diele hundert Kilometer entfernt. Dann kneift er die Augen zusammen, um sich die Zahlenfolge trotzdem zu merken. Zum Glück ist sie nur fünfstellig.

Jochen Stürmer hebt sofort ab. Wahrscheinlich sitzt er wie ich den ganzen Tag lang neben dem Telefon, denkt Menken und verspürt kurz den Impuls, sofort wieder aufzulegen. Aber es hilft alles nichts, er muss mit jemandem reden. Und zwar nicht einfach mit irgendwem, sondern mit jemandem, der Martina auch gekannt hat. Und davon gibt es nicht mehr so viele.

»Jochen, bist du es?«

»Wer spricht denn da?«

»Der Klaas. Klaas Menken, du weißt schon. Von früher.«

Es entsteht eine Pause am anderen Ende. Vielleicht ist Jochen längst senil geworden. Oder er hat diese Krankheit, deren Namen sich Menken aus Prinzip nicht merkt.

»Klaas! Mensch, du bist's. Lange nichts mehr voneinander gehört. Wie geht's denn so?«

Jochens Stimme klingt ziemlich fit, auf jeden Fall fitter als seine eigene.

»Du bist doch Arzt. Ich muss mit dir reden«, platzt es aus Menken heraus.

»Ich praktiziere schon lange nicht mehr, aber meine Nachfolgerin ist eine patente junge Frau, und sie hat bestimmt auch noch deine Patientenakte. Ich kann dir gern ihre Nummer geben.«

»Nee, lass mal. Es ist was Privates.«

Jochen lacht am anderen Ende der Leitung. Das Lachen klingt frisch und beinahe jugendlich, es lässt sofort eine ganze Reihe von Bildern vor Menkens innerem Auge entstehen. Sie beide auf dem Rad und hinter ihnen die schönsten Mädchen der Schule. Es war Sommer, sie hatten den Wind in den Haaren, ein herrlicher Tag in den Dünen oben am Lister Ellenbogen lag vor ihnen, die Badehosen waren eingepackt und die Picknickkörbe prall gefüllt.

»Du kannst ja mal vorbeikommen«, bietet Jochen jetzt an. »Wir haben uns schließlich ewig nicht gesehen.«

»Das wird nichts werden. Ich bin ziemlich schlecht auf den Beinen, aber du warst doch immer der große Sportler von uns beiden. Bist bestimmt noch ganz gut zu Fuß.«

»Ja, das schon, und ich habe sogar ein Auto, obwohl ich es

nicht mehr oft benutze. Zur Zeit geht's ja mit dem Nebel. Wohnst du immer noch drüben in Munkmarsch im Haus deiner Eltern?«

»Jo. Oben unterm Dach. Unten ist vermietet.«

»Ich schaff das schon mit den Treppen. Geht zwar langsamer als früher, aber muss ja irgendwie.«

»Das heißt, du kommst?«

»Sag ich doch gerade. Wann passt's dir denn?«

»Morgen? Oder heute noch?«

»Du hast's aber eilig.«

Wieder lacht Jochen, und seine Stimme ruft alte Erinnerungen zurück.

»Heute wäre nicht schlecht«, traut sich Klaas Menken plötzlich zu sagen.

»Also gut. Ich komme gegen drei, dann bin ich vor Sonnenuntergang wieder zu Hause. Das Fahren im Dunkeln lasse ich lieber. Die Augen tun's seit ein paar Jahren nicht mehr so gut.«

»Fabelhaft, freut mich«, antwortet Menken und merkt zu seiner eigenen Überraschung, dass er sich tatsächlich freut. Er kann sich beim besten Willen nicht erinnern, wann ihm dieses Gefühl zum letzten Mal untergekommen ist.

Donnerstag, 5. Oktober, 11.34 Uhr, Kriminalkommissariat Westerland

»Der Schulleiter ruft gleich zurück«, sagt Silja Blanck und legt das Telefon auf den Schreibtisch. »Er hat sich etwas geziert, aber dann doch nachgegeben. Er wird jetzt gleich in der großen Pause alle Lehrer zusammentrommeln. Spätestens in einer Viertelstunde wissen wir, ob es noch mehr Grufties am Westerländer Gymnasium gibt.«

»Satanisten, meinst du«, korrigiert sie Sven. »Merk dir endlich den Unterschied. Grufties sind harmlos. Die wollen nur spielen und schneiden niemandem die Ohren ab.«

Silja verzieht das Gesicht zu einer Grimasse. »Ist mir egal. Hauptsache, wir kommen diesen Idioten auf die Spur. Ich habe wirklich keine Lust darauf, jetzt täglich über Opfergaben zu stolpern, egal ob vom Tier oder vom Menschen.«

»Mach dir da mal keine Sorgen. Nach allem, was ich gelesen habe, drehen die nur bei Vollmond so richtig auf. Also gestern, vorgestern und vielleicht noch heute Nacht. Wahrscheinlich ist danach erst mal wieder Ruhe.«

»Das wäre ja noch schlimmer. Dann sitzen wir einen ganzen Monat mit diesem Gruselfall herum und müssen darauf warten, bis die Herrschaften sich in vier Wochen wieder rühren.«

Sven Winterberg nickt nachdenklich, lehnt sich in seinem Stuhl zurück und fährt sich mit den Händen über das Gesicht. »Was mich am meisten verstört, ist ja, dass niemand auf der Insel von einem abgeschnittenen Ohr gehört hat.«

»Niemand stimmt nicht. Du hast doch bis jetzt nur mit den Ärzten gesprochen.«

»Mit *allen* Ärzten, um genau zu sein. Und einer von denen muss die Wunde versorgt haben. Ich meine, wenn mir einer das Ohr abschneidet, dann klebe ich doch nicht einfach ein Pflaster drüber und warte, bis alles wieder heile ist.«

»Vielleicht gehört zu den Satanisten auch ein Mediziner, der hilft und hinterher schweigt. Kann ja sein, dass diese Sekte es ebenso hält wie die Burschenschaften mit ihren Duellen. Da ist doch auch immer ein Arzt dabei«, überlegt Silja.

»Also wenn die tatsächlich so gut organisiert sein sollten, dann kannst du deine Schulrecherchen wahrscheinlich gleich einstellen. Die Schüler, falls sie überhaupt beteiligt sind ...«

»... wofür uns bisher jeder Beweis fehlt ...«, wirft Silja ein.

»... sag ich ja. Also die Schüler wären, wenn das alles sehr viel komplexer organisiert wäre, als wir bisher glauben, höchstens ganz kleine Lichter, die uns wenig weiterbringen«, beginnt Sven, wird aber vom Klingeln seines Handys unterbrochen. Er sieht kurz aufs Display. »Es ist Anja, ich geh lieber ran, entschuldige kurz.«

Während Sven mit leiser Stimme telefoniert, blättert Silja lustlos in der Tageszeitung. Manchmal träumt sie davon, zufällig auf die ideale Immobilienanzeige zu stoßen.

Ältere Dame möchte das Obergeschoss ihrer Villa an ein vertrauenswürdiges Paar vermieten. Oder: *Suche Unterstützung bei Gartenarbeit und Einkaufen, biete mietfrei Zwei-Zimmer-Einliegerwohnung.*

Natürlich ist es lächerlich, auf solche Inserate zu hoffen, das weiß Silja genau. Aber alle anderen Wege, auf der Insel zu bezahlbarem Wohnraum zu kommen, sind ebenso aussichtslos. Was haben sie und Bastian nicht schon alles versucht. In jedem Supermarkt hängen ihre Zettel mit den Handynummern, alle Kollegen wissen Bescheid, und Svens Frau hat sogar in ihrer Schwangerschaftsgruppe herumgefragt, ob nicht vielleicht eines der angehenden Elternpaare in absehbarer Zeit aus einer kleinen in eine größere Wohnung zieht.

Silja seufzt. Ein Sechser im Lotto ist wahrscheinlicher als ein Erfolg bei der Wohnungssuche auf der Insel, so viel ist schon mal klar. Doch dann wird sie abgelenkt, blickt aus der Zeitung auf und stutzt kurz. Svens Stimme hat ganz plötzlich den Tonfall geändert. Eben noch klang sie fröhlich und plaudernd, jetzt schleicht sich Sorge hinein. Hoffentlich macht Anja nicht schon wieder schlapp, denkt Silja und beobachtet aufmerksam das Mienenspiel des Kollegen. Sven und sie kennen sich schon so lange, dass Silja problemlos in seinen Zügen lesen kann. Er sorgt sich, aber nicht sehr. Es muss also um etwas anderes als um Anjas Gesundheit gehen.

Und richtig, gerade sagt er tröstend ins Telefon: »Du hast doch gestern Abend selbst gesagt, dass sie vielleicht in die Pubertät kommt. Da gehören Stimmungsschwankungen einfach dazu. Ruf sie also zurück und muntere sie ein bisschen auf. An solch einem trüben Tag kann auch ein fröhliches Mädchen mal schlecht drauf sein. Sag ihr meinetwegen, dass ich am Abend noch schnell im Supermarkt vorbeifahre und uns was Leckeres zum Essen besorge. Was hältst du von Brathähnchen? Das hatten wir lange nicht mehr.«

Das Läuten ihres eigenen Telefons hindert Silja daran, noch länger zuzuhören. Am anderen Ende ist der Schulleiter des Gymnasiums. Seine Stimme klingt angespannt, fast so, als fühle er sich für die Geschehnisse der letzten Nacht verantwortlich.

»Ich habe gerade mit dem Kollegium gesprochen, und tatsächlich kann ich Ihnen noch zwei Namen nennen. Beide Schüler fallen seit Monaten durch ihre dunkle Kleidung auf.«

»Es sind zwei Jungen?«, will Silja wissen.

»Ein junger Mann, er ist schon neunzehn und noch nicht lange bei uns. Er hat auf seiner vorigen Schule ein Mädchen belästigt. Die Eltern haben ihn angezeigt, und daraufhin hat die Schule einen Verweis ausgesprochen. Seitdem ist er hier. Kommt eigentlich vom Festland und wohnt jetzt mit seiner Mutter in List. Er benimmt sich allerdings vollkommen unauffällig, das möchte ich betonen. Nur die Kleidung ist merkwürdig. Niemand hat ihn je anders als in schwarzen Sachen gesehen.«

»Wie heißt er?« Silja greift nach einem Kugelschreiber und dem Notizblock.

»Jonas Kurland. Und dann ist da noch ein Mädchen. Es ist wesentlich jünger, vierzehn, wenn ich mich recht erinnere, also eigentlich viel zu jung für solchen Blödsinn. Aber ich wollte es trotzdem erwähnen.«

»Sie trägt auch nur Schwarz?«

»Das sagen jedenfalls die Kollegen.«

»Wissen Ihre Kollegen vielleicht auch, ob das schon vor dem Eintritt von diesem Jonas in Ihre Schule so war?«

»Puh, da muss ich passen. Aber ich kann nachfragen, vielleicht erinnert sich jemand.«

»Danke, das wäre nett. Und der Name des Mädchens?«

»Moment, bitte.« Es raschelt am anderen Ende, als müsse auch der Schulleiter erst in seinen Unterlagen nachsehen. »Ah, da steht es ja. Lucia. Lucia Gamander. Merkwürdiger Name, wenn Sie mich fragen. Von der Insel sind die Eltern bestimmt nicht.«

»Auch auf Sylt gibt es Zugezogene«, erwidert Silja spitz.

Donnerstag, 5. Oktober, 11.43 Uhr, Nordseeklinik, Westerland

Hauptkommissar Bastian Kreuzer düst um die Ecke der Parkplatzeinfahrt und erkennt sofort, wie aussichtslos die Suche nach einer freien Lücke ist. Also bremst er mit quietschenden Reifen auf dem Behindertenstellplatz.

Als er sichtlich unversehrt aus seinem Wagen springt, treffen ihn die bösen Blicke zweier Krankenpflegerinnen, die unter dem Dach des Nebeneingangs eine Pausenzigarette rauchen. Bastian stürmt an ihnen vorbei und schwenkt kurz die Plastiktüte mit dem abgeschnittenen Ohr vor ihren Augen. Die Frauen stoßen unisono kurze Schreckensschreie aus. Die jüngere schlägt die Hand mit der brennenden Zigarette so heftig vor den Mund, dass es leise klatscht. Die ältere fasst sich schneller und ruft ihm hinterher: »Notaufnahme. Den Gang entlang und dann links.«

Doch Bastian kümmert sich nicht um sie, er steuert direkt das Büro des Gerichtsmediziners an. Ohne anzuklopfen reißt der Kriminalkommissar die Tür auf. Und er hat Glück.

Dr. Olaf Bernstein steht am Fenster und sieht gedankenverloren ins Freie. Der hagere Fünfzigjährige trägt einen grünen Kittel über der schlammfarbenen Cordhose. Seine betont aufrechte Haltung wirkt ein wenig unecht, und es scheint Bastian Kreuzer nicht zum ersten Mal so, als müsse Dr. Bernstein alle Kraft aufwenden, um den Anforderungen seines Berufs gerecht zu werden.

Als der Mediziner die Tür seines Büros auffliegen hört, fährt er herum. Sein rötlicher Backenbart leuchtet im Neonlicht wie ein blutiger Dornenzweig, der sich beim Sprechen bewegt.

»Hey, was fällt Ihnen ein?«

Bastian Kreuzer baut sich vor dem Gerichtsmediziner auf und hält wortlos die Beweismitteltüte mit dem grausigen Fund in die Höhe.

Olaf Bernsteins Augen werden schmal, als er sich interessiert vorbeugt.

»Ein menschliches Ohr. Pikant.«

»Mehr haben Sie dazu nicht zu sagen?«, raunzt Bastian.

»Bestimmt werden Sie mir gleich alles Wissenswerte darüber erzählen.«

Dr. Bernstein erlaubt sich ein flüchtiges Lächeln, das seine Augen allerdings nicht erreicht. Konzentriert hört er zu, während der Kommissar ihm die Umstände schildert, unter denen die Ermittler das Ohr gefunden haben.

Als Kreuzer fertig ist, hebt Dr. Bernstein leicht die Augenbrauen und nimmt dem Kommissar anschließend mit einer vorsichtigen, fast schon zärtlich zu nennenden Geste die Tüte aus der Hand. Er trägt sie wortlos zum Fenster und hält sie ins fahle Licht. Bastian Kreuzer folgt ihm neugierig. Im Licht des trüben Tages und unter den Blicken des Mediziners erscheint ihm das Ohr plötzlich gar nicht mehr gruselig. Es wirkt eher banal, wie ein längst archiviertes medizinisches Präparat.

»Und ein Toter lag nicht zufällig daneben?«, erkundigt sich Dr. Bernstein jetzt in einem Tonfall, den man für gewöhnlich bei der Bestellung des Kantinenessens erwartet. Abgelenkt und höchstens mäßig interessiert.

»Na hören Sie mal. Wir wollen nicht hoffen, dass gleich ein Mensch sterben musste. Es ist doch schon schlimm genug, wenn jemand ein Ohr verliert.«

Dr. Bernstein verdreht die Augen, als habe der Kommissar etwas unfassbar Dämliches von sich gegeben, und zeigt mit einem seiner langen, dünnen Finger auf die leicht ausgefranste Schnittstelle.

»Sehen Sie das hier? Was sagt uns das wohl?«

»Bernstein, machen Sie mich nicht wahnsinnig! Um genau das zu erfahren, bin ich schließlich hergekommen.«

»Also gut. Es war kein Blut im Sand, sagten Sie?«

Bastian Kreuzer nickt und bemüht sich, die Erinnerung an den Fundort nicht zu nah an sich heranzulassen. Wenn man nach einem toten Tier sucht und plötzlich das Ohr eines Menschen vor sich hat, kann das auch den stärksten Ermittler umwerfen. Mit möglichst fester Stimme antwortet der Kommissar: »Kein Blut, soweit ich sehen konnte. Und auch keine anderen Körperteile.«

»Sind Sie sicher?«

»Ziemlich. Wir waren zu dritt und haben lange und gründlich gesucht.«

Dr. Bernstein schüttelt den Kopf, es wirkt missbilligend, als sei er ganz und gar nicht mit der Auskunft des Kommissars zufrieden. Leise seufzend lässt er die Hand mit der Tüte sinken und weist dann auf seinen Schreibtisch mit dem Besucherstuhl.

»Setzen wir uns doch. Ich will Ihnen etwas erzählen.«

Umständlich platziert der Gerichtsmediziner die Tüte mit dem Ohr exakt in der Mitte des Schreibtischs, als sei es für das Gespräch wichtig, dass das Corpus Delicti genau zwischen ihm und dem Kommissar liegt.

»Wenn man einem lebenden Menschen ein Ohr abschneiden möchte«, beginnt er bedächtig seine Erläuterung, »sollte man zwei Dinge bedenken. Erstens: Falls es Zweck der Verstümmelung sein sollte, Schmerz zuzufügen, ist das Ohr eine schlechte Wahl.«

»Sie sind lustig«, fährt ihm Bastian dazwischen. »Also, ich möchte mir das nicht vorstellen.«

»Ich bitte Sie«, unterbricht ihn der Gerichtsmediziner. »Wir wollen hier doch nicht psychologisch werden. Natürlich ist die Vorstellung grauenhaft. Dazu kommt, dass unser Gedächtnis sofort mit Erinnerungen aufwartet wie die an die

Selbstverstümmelung van Goghs oder an das Ohr des Getty-Enkels, das die Entführer damals zur Unterstützung ihrer Lösegeldforderung dem reichen Großvater mit der Post geschickt haben.«

Beiläufig schnippt Bernstein mit dem Zeigefinger an das Organ in der Beweismitteltüte, so dass es ein wenig zu Bastian Kreuzer hinüberrutscht.

»Wie gesagt, es geht hier nicht um unsere Vorstellungen. Es geht um die Fakten. Apropos. Wissen Sie eigentlich, warum die Russen im Winter nie, und ich betone das ausdrücklich, *nie* ohne diese Fellmützen mit den Ohrenklappen das Haus verlassen?«

»Damit sie nicht frieren, nehme ich an«, gibt Bastian Kreuzer achselzuckend zurück. Was gehen ihn die Winterbräuche der Russen an?

»Falsch. Sie sollten mir besser zuhören, Kreuzer. Ich habe Ihnen eben gerade erklärt, dass das menschliche Ohr extrem wenige Schmerzrezeptoren aufweist. Es ist voller Knorpel, und die haben nun mal keine Nervenenden. Was bedeutet das also für unsere Russen? Na?«

Noch einmal zuckt Kreuzer die Schultern, während er gegen die aufsteigende Wut ankämpft. Immer wieder gelingt es Olaf Bernstein, ihn und die Kollegen auf die Palme zu bringen, weil er in ermittlungstechnisch besonders wichtigen Momenten zu langatmigen, völlig nebensächlichen oder unverständlichen Erklärungen neigt. Doch bevor Kreuzer lospoltern kann, redet Dr. Bernstein weiter.

»Ich will es Ihnen verraten. Bevor der Russe wegen der geringen Anzahl von Schmerzrezeptoren im Ohr wirklich merken kann, dass er friert, sind ihm bei minus dreißig Grad ohne Mütze längst die Ohren abgestorben.«

Der Gerichtsmediziner beugt sich mit großen Augen weit über den Tisch und sieht den Kommissar an wie ein besonders begriffsstutziges Kind.

»Okay«, brummt Bastian, »ich werd's mir merken. Auch wenn wir auf Sylt wenig Chancen auf solche Temperaturen haben. Aber es ist mir immer noch nicht klar, was das Ganze mit dem hier zu tun haben soll.«

Jetzt ist er es, der gegen das Ohr in der Tüte schnippt und es damit wieder zurück auf die Schreibtischhälfte des Gerichtsmediziners schiebt.

»Für gewöhnlich sind Sie aber mehr auf zack«, mokiert sich Dr. Bernstein. »Was ich sagen will, ist in aller Kürze Folgendes: Um jemanden zu quälen, schneide ich ihm nicht das Ohr ab, sondern einen Finger. Erstens schmerzt es mehr, und zweitens sieht mein Opfer, was ich tue.«

Bastian schluckt. So genau hat er es auch wieder nicht wissen wollen.

»Also muss es einen anderen Grund gegeben haben«, antwortet er lahm.

»Sie sagen es.« Bernstein lehnt sich zurück und wartet.

»Um das Ohr als Trophäe kann es dem Täter aber auch nicht gegangen sein, sonst hätte er es nicht am Strand zurückgelassen. Ganz in der Nähe von abgebrannten schwarzen Kerzen übrigens. Das deutet vielleicht wirklich auf ein Blutopfer hin. Im Rahmen einer schwarzen Messe beispielsweise.«

»Dann wird Sie sicher die zweite Eigenschaft des menschlichen Ohres interessieren. Unser Ohr ist nämlich ein besonders gut durchblutetes Organ.« Der Gerichtsmediziner macht eine kleine Pause und bedenkt Bastian Kreuzer mit einem auffordernden Blick. Als dieser nicht reagiert, stichelt

Bernstein: »Was ist los mit Ihnen, Kreuzer? Ich warte auf Ihre Schlussfolgerung.«

»Na so weit wäre doch alles klar. Das Ohr wurde abgeschnitten, um möglichst viel Blut zu erhalten«, antwortet Bastian mürrisch.

»Falsch, ganz falsch«, bellt Olaf Bernstein plötzlich und funkelt den Kommissar provokant an. »Sagten Sie nicht gerade, dass wenig oder gar kein Blut im Sand war?«

Bastian nickt verwirrt.

»Aber dann ergibt das Ganze doch überhaupt keinen Sinn.«

»Sie täuschen sich. Es gibt sehr wohl eine Erklärung, die alle Fakten unter einen Hut bringt.«

Dr. Bernstein macht eine genüssliche Pause, in der Bastian Kreuzer gottergeben die Augen zur Decke dreht. Er weiß genau, wie sehr Bernstein solche Verzögerungen liebt und dass man sie einfach aushalten muss. Und richtig, mit einem kleinen zufriedenen Lächeln redet Bernstein wenig später weiter.

»Was halten Sie von folgender Hypothese? Es könnte doch sein, dass das Ohr von jemandem stammt, der schon etwas länger tot war. Wenn der Verstümmler keine Ahnung von Medizin hatte, was tragischerweise ja ziemlich oft vorkommt, konnte er auch nicht wissen, wie schnell alles Blut im Körper gerinnt. Er schleift also den Toten zur Opferstelle und schneidet das Ohr ab. Weil anders als erhofft kein Blut kommt, verliert er das Interesse und wirft das für ihn nutzlose Ohr einfach ins Gebüsch. – Sie haben es doch nahe der Kerzen gefunden, oder?«

»Das schon«, gibt Bastian zu. »Aber für gewöhnlich liegen ja nicht einfach irgendwelche Toten bei uns in der Heide herum.«

»Das ist Ihr Problem. Ich bin nur dafür da, medizinisch stimmige Erklärungen anzubieten.«

»Okay. Also zurück zu unserem Ohr.« Bastian wirft der Tüte samt Inhalt einen angeekelten Blick zu. Er weiß schon jetzt, dass er diesen Fall aus ganzem Herzen hasst. »Können Sie überhaupt erkennen, ob das Ohr vor oder nach Todeseintritt abgeschnitten wurde?«

»Das kann jeder Medizinstudent im ersten Semester. Was früher mal sprudelnder Lebenssaft war, sieht an einer nach dem Tod zugefügten Schnittstelle nur noch aus wie Blutwurst. Bröcklig und braun.« Dr. Olaf Bernstein greift nach der Tüte auf dem Tisch und steht auf. »Wenn Sie wollen, können Sie mitkommen.«

»Wohin?«

»In die Pathologie natürlich.«

Donnerstag, 5. Oktober, 14.22 Uhr, Spielhalle Golden Goal, Westerland

Torben Töpfer zieht behutsam die Tür hinter sich ins Schloss. Es wird schon niemand zu dieser Zeit an die Automaten wollen. Und wenn doch, dann hat er eben Pech gehabt. Eine Klingel gibt es nicht, so dass Andrea auch nichts mitbekommen wird. Ohnehin ist sie zu dieser Zeit immer mit diversen Fernsehsendungen beschäftigt und wird fuchsig, wenn er sie stört. Außerdem denkt sie natürlich, dass er sich vorn im Laden aufhält. Normalerweise ist das am frühen Nachmittag auch der Fall. Wenn Torben aber doch mal was Privates zu erledigen hat, dann sind die beiden Stunden zwischen zwei und vier genau richtig.

Er schließt die Bude zu und geht. Noch nie ist Andrea dahintergekommen. Überhaupt ist es eine völlig falsche Einstellung, zu glauben, dass Ehepaare sich immer alles anvertrauen sollten, denkt er und zieht die Windjacke enger um den Oberkörper. Das Teil ist aus billigem Polyester und wärmt kein bisschen, sogar der Wind kommt durch. Aber jetzt kann er unmöglich noch einmal hineingehen und den dicken Parka aus dem Schrank kramen. Das würde Andrea unter Garantie merken. Da friert er lieber eine Runde.

Plötzlich wird Torben Töpfer klar, dass er seit ein paar Tagen nicht mehr an die frische Luft gekommen ist. War eben einfach nicht nötig. Der Hund, mit dem er früher ab und an mal eine Runde gedreht hat, ist seit drei Monaten tot. Und alles, was sie zum Leben so brauchen, besorgt Andrea. Bis aufs Bier natürlich, das wird geliefert. Noch. Gerade vorhin hat er die dritte Mahnung der Brauerei aus dem Briefkasten gefischt. Es war ziemlich knapp, und Torben will sich das Theater gar nicht vorstellen, das es geben würde, wenn Andrea wüsste, wo das Brauereigeld wirklich geblieben ist.

Mit eingezogenem Kopf überquert er die Ausfallstraße und steuert direkt die Bushaltestelle an. Ist schon praktisch, dass sie so nah am Bahnhof wohnen. Suchend lässt Torben die Augen über die Schneisen mit den Haltestellen gleiten. Der Bus nach Munkmarsch kommt nicht oft, und er kann es sich nicht leisten, ihn zu verpassen. Sein Besuch beim Schwiegervater wird nicht lange dauern, und besser wäre es natürlich gewesen, das Ganze würde im Dunkeln stattfinden, aber dann wäre Andrea sicher misstrauisch geworden. Und letztendlich ist es egal, ob der Alte ihn kommen sieht oder nicht, denn hinterher wird der bestimmt nichts mehr sagen können.

Mit einem Satz springt Torben in den wartenden Bus, drückt das Geld fürs Ticket ab und setzt sich nach ganz hinten, wo er sich sofort darum bemüht, unsichtbar zu werden. Während der Fahrt geht er noch einmal in Gedanken seinen Plan durch. Alles ist perfekt durchdacht, es kann gar nichts schiefgehen.

Als Torben Töpfer in Munkmarsch-Mitte aussteigt, obwohl eine andere Haltestelle näher gewesen wäre, achtet niemand auf ihn. Im Laufschritt legt er die Strecke bis zu Andreas Elternhaus zurück. Keiner folgt ihm. Gut so. Trotz der Kälte sind seine Hände schweißnass, als er endlich angekommen ist und wie ein Blöder auf den Klingelknopf des Alten drückt. Nichts rührt sich. Torben flucht leise und hämmert gleich wieder auf die Klingel. Wenn er noch länger hier mitten auf der Straße steht, sieht ihn vielleicht doch noch jemand. Wieso macht der Alte nicht auf? So tief kann der doch gar nicht schlafen. Oder ist er vielleicht schon tot? Ganz und gar freiwillig abgetreten? Torben kann sich ein kurzes Grinsen nicht verkneifen. Das wäre ja was. Natürlich dürfte nicht er es sein, der den Schwiegervater findet, aber das wäre dann sein geringstes Problem. Prüfend lässt Torben Töpfer den Blick über den Vorgarten, die Klinkerfassade und das Reetdach gleiten. Klar, hier müsste man einiges investieren, aber die ganze Hütte samt Grundstück ist sicher auch in diesem Zustand ein paar Millionen wert.

»Jochen, bist du das?«

Torben fährt erschrocken zusammen, als er die Greisenstimme von oben hört. Er fühlt sich ertappt, dabei hat er doch gar nichts verbrochen. Noch nicht. Erst Sekunden später wird ihm klar, was der alte Menken gerufen hat.

Jochen. Wer zum Teufel ist Jochen? Torben tritt ein paar

Schritte zurück und blickt nach oben. Aus dem Gaubenfenster über dem Eingang hängt der spillerige Oberkörper des Alten. Sein Haar steht verschwitzt in alle Richtungen ab, und die Haut wirkt selbst von hier unten fleckig und ungewaschen. Aber im Kopf ist Andreas Vater leider noch ziemlich fit, da braucht man sich gar nichts vorzumachen. Und er erkennt ihn sofort.

»Na, wenn das nicht mein feiner Schwiegersohn ist. Verpiss dich, du Erbschleicher, oder ich ruf die Polizei. Glaub ja nicht, dass ich dich ins Haus lasse.«

Mit einer ähnlichen Reaktion hat Torben gerechnet. Deswegen hat er sich ja auch die Story mit Andreas Unfall ausgedacht. Dann hätte der Alte ihn bestimmt reingelassen, und der Rest wäre ein Kinderspiel gewesen. Aber jetzt? Was will dieser dämliche Jochen hier? Ausgerechnet jetzt!

Hektisch überlegt Torben, was er tun soll. Er kann es unmöglich riskieren, sich von wem auch immer überraschen zu lassen. Besser also gleich den Rückzug antreten und den Plan ein andermal in die Tat umsetzen.

»Kannst du uns nicht doch noch mal was borgen?« Es fällt Torben extrem schwer, den bittenden Tonfall durchzuhalten, aber das muss jetzt sein, schließlich ist Schadensbegrenzung angesagt. »Du kriegst es zurück. Spätestens am nächsten Ersten. Ich versprech's, ehrlich.«

»Ich scheiß auf deine Versprechungen«, tobt der Alte von oben. »Und jetzt mach, dass du Leine ziehst!«

Mit einem lauten Knall fliegt das Fenster zu, während die Nachbarin schon an ihrer Gardine zupft. Mist. Jetzt hat ihn doch jemand gesehen. Schnell senkt Torben den Kopf und macht sich vom Acker. Vielleicht hat die blöde Kuh ihn noch nicht erkannt. Mit langen Schritten stürmt Torben gegen die Kälte und die Wut an. Erst am Ende der Straße wird er langsamer und schaut auf seine Plastikuhr. Er hasst das Teil, aber die alte Rolex, das einzige Erbstück von seinem Vater, ist schon vor Monaten ins Leihhaus gewandert. Sie liegt noch da, das überprüft Torben regelmäßig, und wenn der alte Menken erst einmal unter der Erde ist, dann wird sein erster Gang ihn ins Pfandhaus führen, das hat sich Torben fest vorgenommen. Bis dahin muss es das hässliche Monstrum aus dem Kaufhaus tun. Immerhin sagt ihm die Uhr, dass er noch jede Menge Zeit hat, bis der nächste Bus kommt. Wenn er also schon nicht an Andreas Alten herankommt, dann will er wenigstens wissen, wer sonst noch so bei dem verkehrt.

Torben stoppt mitten in der Bewegung und dreht sich um. Von hier aus kann er die Straße vor Klaas Menkens Haus ziemlich gut überblicken. Und es ist keine Sekunde zu spät, denn gerade hält ein leicht ramponierter Ford in wässrigem Grün vor dem Haus. Torben kann den Mann, der aussteigt, nur von hinten sehen. Er wirkt im Gegensatz zu dem Wagen recht gepflegt, ist mittelgroß und schlank, trägt eine Barbourjacke, helle Hosen und eine Schiebermütze. Der Typ könnte dreißig sein, aber auch siebzig. Er wendet sich jetzt zu Klaas Menkens Haus um und mustert es eine Weile, bevor er darauf zugeht. Und an den vorsichtigen Bewegungen, mit denen der Besucher die Straße überquert, erkennt Torben nun doch den älteren Mann. Die haben alle eine panische Angst davor, hinzuknallen, sich dabei alle Gräten zu brechen und danach nie wieder auf die Beine zu kommen. Wäre in diesem Fall vielleicht nicht das Schlechteste, überlegt Torben. Doch Jochen Barbourjacke kommt anstandslos über die Straße, und nachdem er auch den Vorgarten unfallfrei durchquert hat, klingelt er und tritt kurz darauf ins Haus.

Mist!

Den lässt der alte Knacker natürlich sofort rein.

Mist, Mist, Mist!

Torben tritt gegen ein Straßenschild. Das Schild scheppert leise. Im nächsten Haus fängt ein Hund an zu bellen. Torben ballt beide Hände zu Fäusten und stopft sie dann in die Taschen seiner Jacke.

So hat er sich seinen kleinen Ausflug ganz bestimmt nicht vorgestellt.

Donnerstag, 5. Oktober, 15.15 Uhr, Bodils Ponyfarm, Braderup

Annika Steffens speichert die Buchungen für die nächste Woche ab, schließt den Kalender und klappt den Laptop zu. Anschließend steht sie auf und zieht ihren langen Wollpulli zurecht. Immer rutscht er beim Sitzen hoch, und dann friert sie am Po, wenn sie draußen unterwegs ist. Aber für die paar Schritte lohnt es sich nicht, eine Jacke überzuziehen. Vor allem wenn Annika an die kommenden Monate denkt, wo noch ganz andere Temperaturen herrschen werden. Leider ist das auch immer die Zeit, in der sie die zunehmende Kälte mit vermehrtem Schokoladenkonsum bekämpft. Annika seufzt. Aber was soll sie machen? Die Süßigkeiten heben nun mal ihre Laune und halten sie warm, da wird sie auch in diesem Jahr wohl wieder in Kauf nehmen müssen, dass im nächsten Frühling die Hosen vom letzten Sommer kneifen. Schnell greift Annika sich noch die Zigarettenpackung vom Schreibtisch. Wenn sie schon rausgeht, kann sie auch gleich eine rauchen. Noch so ein Laster, das sie sich besser abgewöhnen sollte. Aber was soll's, sie lebt schließlich nur einmal. Und Johannes hat sich noch nie über ihre üppigen Hüften beschwert. Und rauchen tut er auch. Zum Glück.

Vor der niedrigen Baracke, in der das Büro der Ponyfarm untergebracht ist, steht ein weißer Plastikstuhl im Wind. Auf seiner Sitzfläche gammeln in dem angeschlagenen Aschenbecher aus Ton schon etliche Zigarettenstummel vor sich hin. Der Sprühregen hat sie aufgeweicht und ihnen die Lippenstiftspuren von den Filtern gewaschen. Annika lehnt sich im Windschatten gegen die Hauswand und lässt das Feuerzeug aufflammen. Dann inhaliert sie tief. Der erste Zug ist immer der beste. Annika schließt kurz die Augen und denkt an den Abend. Johannes und sie wollen ins Kino, wo seit einigen Tagen der neue James Bond läuft. Action und Liebe, das ist die perfekte Kombi für ihren Freund und sie. Annika zieht noch einmal an ihrer Zigarette, dabei lässt sie den Blick über das Gelände wandern.

Sie arbeitet gern hier. Schon als Kind hat sie Tiere gemocht und Pferde ganz besonders. Ihr Vater hat immer Überstunden gemacht, um Annikas Reitunterricht zu finanzieren. Er war sonst still und sehr verschlossen, aber dies war seine Art, die Liebe zu seiner einzigen Tochter zu zeigen. Und obwohl ihr Vater schon vor Jahren gestorben ist, dankt Annika ihm immer noch leise an seinem Grab dafür.

Der Geruch der Tiere, ihre kraftvolle Vitalität, die erwartungsvollen Augen der Kinder, wenn sie die erste Reitstunde haben, dies alles erfreut Annika Steffens jeden Tag von neuem. Da kann sie gut mit dem arroganten Gehabe leben, das manche Besitzer von Einstellpferden an den Tag legen. Sollen sie doch denken, sie seien etwas Besseres, nur weil sie Kohle ohne Ende haben. Annika würde sowieso nicht tauschen wollen. Beim Anblick der kräftigen Tierkörper, die sich auf der Koppel tummeln, geht ihr das Herz auf. Sie zählt fast schon automatisch die Pferde. Sieben Shetlandponys, fünf Stuten und drei Hengste. Drei? Nein, dort sind nur zwei Hengste. Wotan, dessen weiße Blesse auf dem dunklen Fell sie schon von weitem leuchten sieht, und Shatterhand, den alle wegen seiner Fellfarbe nur Rotfuchs nennen. In letzter Zeit ist es allerdings Hektor, der Schimmel, der immer als Erster alles Augenmerk auf sich zieht.

Annika Steffens runzelt die Stirn und wirft ihre Zigarette in die Pfütze im Aschenbecher. Das leise Zischen, mit dem die Glut erlischt, hört sie schon nicht mehr. Wenn die dünne Blonde an diesem Morgen mit Hektor ausgeritten wäre, dann hätte sie das ganz bestimmt mitbekommen. Schließlich hat sie von ihrem Fenster aus die Koppel bestens im Blick. Und man mag über das schweigsame Gehabe und die magere Figur dieser Tess denken, was man will, im Sattel ist sie eine echte Augenweide. Diese Haltung soll ihr erst mal einer nachmachen. Selbst in Reiterkreisen ist es selten, dass jemand eine solch perfekte Figur abgibt.

Inzwischen hat Annika Steffens den Rand der Koppel erreicht. Erwartungsfroh drängen sich die Tiere an den Zaun. Annika redet leise mit ihnen, dabei streichelt sie hier einen Kopf und klopft dort auf einen Hals. Doch irgendwie können der intensive Duft und die Wärme, die die schweren Körper ausstrahlen, sie im Moment überhaupt nicht beruhigen. Hektor ist tatsächlich nicht auf der Koppel. Und es hat ihn gestern auch niemand in eine der Boxen geführt, da ist Annika sich sicher. Die Blonde wollte ausdrücklich, dass Hektor immer draußen bleibt, und daran haben sie sich gehalten.

Trotzdem geht Annika nachsehen. Im Stall ist es warm und feucht, es riecht nach Stroh und den Ausdünstungen der Tiere. Zwei Mädchen sind gerade dabei, die Boxen auszumisten. Sie kommen täglich und verdienen sich so ihre Reitstunden. Annika wechselt ein paar Worte mit ihnen, während sie den Blick über die Boxen wandern lässt. Nein, hier ist Hektor definitiv nicht.

»Habt ihr Hektor heute Morgen schon gesehen? Ihr wisst schon, den Schimmel«, erkundigt sie sich schließlich bei den Mädchen.

»Der von der Blonden geritten wird?«, fragt die eine, während die andere bewundernd hinzufügt: »Sie ist Model, das wäre ich auch gern.«

»Da musst du aber noch ganz schön abmagern, meine Süße«, giftet die Erste.

»Hey, streitet euch später. Ich hab euch was gefragt«, unterbricht Annika das Gezicke.

Die Mädchen kichern verlegen und schütteln dann unisono die Köpfe.

»Nein, ganz bestimmt nicht. Und die Blonde hat sich auch kein Zaumzeug geholt, das wäre uns sicher aufgefallen. Steht er nicht draußen?«

»Eben nicht.«

Annika kneift kurz die Augen zusammen und beißt die Zähne aufeinander. Jetzt ist also geschehen, wovor sie sich schon seit Jahren fürchtet. Dass einfach mal jemand eines der Pferde stiehlt. Immer hat sie sich damit beruhigt, dass man dazu schon eine ausgeklügelte Vorbereitung bräuchte.

Eine ruhige Hand mit dem Tier und einen Pferdetransporter dazu. Außerdem erschwert die Insellage solch einen Diebstahl zusätzlich. Nein, Annika hat es bisher immer für ziemlich unwahrscheinlich gehalten, dass so etwas passiert.

Und nun ist ausgerechnet Hektor verschwunden. Das sprichwörtlich beste Pferd im Stall.

**Donnerstag, 5. Oktober, 15.43 Uhr,
Wattweg, Munkmarsch**

»Darf ich?«

Mit bedächtigen Bewegungen holt Jochen Stürmer seine Pfeife aus der Tasche und hält sie dem Schulfreund fragend vors Gesicht.

»Von mir aus«, antwortet Klaas Menken. »An Lungenkrebs sterbe ich bestimmt nicht mehr. Hab ja früher auch ganz gern eine geschmokt. Du musst nur in der Küche suchen, ob du einen Aschenbecher findest. Irgendwo bei den Gläsern steht einer, glaube ich.«

»Wenn du nichts dagegen hast, nehme ich die Untertasse. Ich spül sie nachher auch ab.«

Klaas Menken nickt und beobachtet schweigend, wie der Freund den Tabak aus dem Beutel holt, ihn in den Pfeifenkopf stopft und schließlich das Streichholz entzündet. Schnell breitet sich der würzige Duft im Zimmer aus. Nachdem Jochen Stürmer einige Male leise schmatzend am Pfeifenstiel gezogen hat, richtet er den Blick wieder auf Klaas Menken.

»Und? Raus mit der Sprache. Du hast mich doch nicht nur angerufen, um über alte Zeiten zu plaudern.«

Klaas Menken rutscht nervös in seinem Lehnstuhl herum. Ihm ist plötzlich unerwartet unbehaglich zumute. Soll er dem anderen jetzt wirklich das Geheimnis offenbaren, das er sein ganzes Leben lang gehütet hat? Aber andererseits muss er einfach mit jemandem darüber reden. Und wen kennt er schon noch? Jetzt, wo er längst nicht mehr rauskommt. Wen sieht er überhaupt noch? Nur die Frau von der Tagespflege – und die kommt als Beichtschwester nun wirklich nicht in Frage. Und Andrea, seine Tochter. Eigentlich müsste er ihr alles erzählen. Er hätte es längst tun sollen. Doch irgendetwas hält ihn seit Jahren davon ab.

Nein, nicht irgendetwas. Klaas Menken weiß nur zu genau, was ihn daran hindert, seine Tochter einzuweihen, darüber hat er schon oft nachgedacht. Er schämt sich, und Scham ist ein sehr unangenehmes Gefühl. In den letzten Jahren ist aber noch etwas anderes dazugekommen. Es ist die wohlbegründete Angst, dass Andrea ihn sofort einweisen lassen würde. Das wäre doch genau die Rechtfertigung, nach der sie sucht. Natürlich will sie nicht als schlechte Tochter dastehen, aber das Geld aus dem Hausverkauf will sie lieber heute als morgen mit ihrem nichtsnutzigen Ehemann verjubeln. Klaas Menken seufzt. Er kann sich nur zu gut vorstellen, wie Andrea zur Sozialstation geht und denen erklärt, ihr Vater sähe neuerdings Gespenster und müsse dringend in ein Pflegeheim.

Nein, so haben sie nicht gewettet. Da ist der alte Schulfreund doch der bessere Beichtvater. Zumal er als Arzt ja zur Verschwiegenheit verpflichtet ist. Menken blinzelt zu Jochen Stürmer hinüber. Der zieht vielleicht ein wenig zu stark an seiner Pfeife, bleibt aber sonst ruhig. Klar, der weiß genau, wie man die Leute zum Reden bringt. Sonst wäre er bei den alten Friesen nicht so angesehen gewesen.

»Mir liegt was auf der Seele«, beginnt Menken und stockt sofort. Er hätte nicht gedacht, dass ihm die Beichte so schwerfallen würde. Wie lange ist das Ganze jetzt her? Sicher mehr als fünfzig Jahre. Menken ist zu angespannt zum Nachrechnen, und er will es jetzt auch nicht. Es würde alles nur unnötig verkomplizieren. Es ist auch so schon schwer genug, die richtigen Worte zu finden.

Dabei ist Jochen ein aufmerksamer Zuhörer. Ja, mehr noch, er scheint Menkens Worte fast in sich einzusaugen. Darüber vergisst er sogar das Ziehen an der Pfeife. Längst ist sie erloschen, ohne dass Jochen es auch nur gemerkt hätte. Angespannt sitzt der alte Schulfreund in seinem Sessel und lässt den Blick nicht von Menkens Gesicht. Nur selten stört er dessen Rede mit einer Nachfrage oder einem knappen Einwurf. Es scheint, als könne er sich ebenso gut wie Menken an alle Details der damaligen Zeit erinnern und als stünde ihm alles bildlich vor Augen. Je länger die Beichte anhält, umso lebendiger werden die beiden Nachkriegsjahrzehnte. In den späten vierziger und frühen fünfziger Jahren des letzten Jahrhunderts war Sylt eine Insel am Ende der Welt, auf der einiges neu geordnet werden musste. Viele schämten sich für die Nazibegeisterung, die bei den Insulanern ziemlich groß gewesen war, und versuchten, die alten Geschichten zu verdrängen. In den prüden fünfziger Jahren wurden dann die besonders strengen Moralvorstellungen eine Art Ersatzreligion für die verlorengegangene Ideologie. Zwar setzte bald wieder ein neuer Tourismusboom ein, aber die Sylter blieben doch sehr unter sich. Sie schotteten sich nicht nur gegen die Badegäste ab, sondern auch gegen die zahlreichen Aussiedler, die die Insel überschwemmten und hier heimisch werden sollten. Gräben bildeten sich, die lange Zeit Bestand hatten. Wenn damals eine junge Frau unverheiratet schwanger wurde, schlug ihr die geballte Missbilligung ihrer Umgebung entgegen. Das Wort »Schande« galt noch etwas. Und der Fehltritt färbte auf die ganze Familie ab. Vor all dem hatte Menken seine Schwester bewahren wollen. Er als der ältere Bruder war schließlich der Familienvorstand, nachdem der Vater im Krieg gefallen und die Mutter zehn Jahre später einer Lungenentzündung erlegen war. Klaas Menken dachte damals, dass es schlimmer ja wohl nicht mehr kommen könne.

Doch er hatte sich geirrt.

Natürlich vertraute das dumme Mädchen sich ihm erst an, als es für eine Abtreibung schon zu spät war. Klaas Menken versuchte damals, zu retten, was noch zu retten war, doch alles entgleiste. Jede Entscheidung hatte unabsehbare Folgen, die schließlich zum Tod der Schwester führten.

Und es gab am Ende nur einen einzigen Schuldigen. Nicht vor der Öffentlichkeit, denn die wusste bis zum Schluss von nichts. Aber in seinem Inneren spürte Menken, dass er schuld war am Tod seiner einzigen Schwester.

Das ist die Wahrheit und die bittere Essenz seines Lebens. Und es ist hier und jetzt das erste Mal, dass Klaas Menken die ganze Geschichte seiner Verfehlung jemandem offenbart. Insgeheim hat er auf Vergebung gehofft, auf Verständnis und Anteilnahme. Vielleicht sogar auf den Hinweis, dass nach all der Zeit auch Schuld verjährt sein könne. Ist es nicht das Leben selbst, das die Vergangenheit am besten beerdigen kann?

Ungeduldig wartet Menken auf die Reaktion seines alten Schulfreunds.

Doch es dauert, bis Jochen Stürmer sich äußert. Wie ein

langmütiger Beichtvater hat er aufmerksam Menkens Worten gelauscht und auch jetzt, nachdem Menken längst verstummt ist, sitzt er schweigend und sehr aufrecht in seinem Sessel.

»Es steht mir nicht zu, zu richten«, befindet er schließlich, und ein besorgter Blick begleitet seine Worte. »Aber ich denke, dass es dir guttun wird, dich endlich ausgesprochen zu haben.«

Menken nickt. Er ist erleichtert, das schon, aber auch sehr aufgeregt. Sein Herz hämmert in der Brust, die Hände zittern, und er spürt, wie ihm der Schweiß auf der Stirn steht. Natürlich entgehen diese Symptome dem alten Freund nicht.

»Als Arzt kann ich dir nur raten, dich jetzt zu schonen. Du solltest dich hinlegen und jede Aufregung vermeiden. Nimmst du Medikamente gegen die Rhythmusstörungen?«

Menken nickt und weist mit matter Geste hinüber zu der alten Kommode, wo die Tablettenpackungen liegen. Jochen Stürmer steht auf und mustert die Sammlung. Schließlich hält er zwei Schachteln hoch.

»Von diesen nimmst du abends eine und von diesen eine halbe, nehme ich an?«

Menken nickt.

»Das scheint mir vernünftig. Nimm sie jetzt, dann tritt die Wirkung ein bisschen früher ein, das wird dir guttun. Und wenn es nicht besser wird, dann nimmst du am späteren Abend ausnahmsweise noch eine halbe von diesen hier zusätzlich.«

»Danke. Danke für deine Hilfe und danke fürs Zuhören«, flüstert Menken, dem plötzlich Tränen in den Augen stehen. Aus Schwäche, aus Rührung und vor allem aus Erleichterung. »Sei mir nicht böse, aber ich glaube, ich wäre jetzt lieber allein. Und du wolltest doch auch vor der Dämmerung zu Hause sein.«

»Das schaffe ich locker, mach dir da mal keine Sorgen. Lieber bliebe ich allerdings noch ein bisschen bei dir. Wenigstens so lange, bis dein Zustand sich wieder stabilisiert hat.«

»Nee, lass mal. Et geiht schon.«

Jochen Stürmer guckt zweifelnd, doch dann greift er nach seiner Jacke.

»Wie du meinst. Pass auf dich auf.«

Dann wirft der Arzt noch einen letzten besorgten Blick auf den alten Freund und mahnt zum Abschied: »Wenn dir schwindlig werden sollte oder du Atembeschwerden bekommst, ruf sicherheitshalber gleich einen Krankenwagen, hörst du?«

Klaas Menken nickt und schließt die Augen. Er kann nur hoffen, dass der Freund schnell genug geht, damit er seinen Tränen endlich freien Lauf lassen kann.

Donnerstag, 5. Oktober, 16.20 Uhr, Hotel Fährhaus, Munkmarsch

Mit quietschenden Reifen bremst René Gerkrath vor einer freien Parkbucht am Munkmarscher Hafen und parkt schwungvoll ein. Von der anderen Straßenseite treffen ihn die missbilligenden Blicke einiger Hotelgäste, die gerade das Portal des flachen Gebäudes im Bäderstil verlassen. Sollen sie nur gucken, er muss sich mit seinem neuen BMW weiß Gott nicht verstecken. Es weiß ja niemand, dass das Fahrzeug nur geleast ist und die monatlichen Raten ihn ganz schön knebeln. Ein lukrativer Coup käme dem Makler mehr als gelegen, daher hat er sich auch entschlossen, die heiße Spur mit der Wattvilla des tüdeligen Opas zügig zu verfolgen. Dass er nicht direkt vor dem Grundstück parkt, versteht sich von selbst. Niemand ist begeistert, wenn sich ein Makler wie eine Hyäne gebärdet. Aber eine vorsichtige Annäherung, ein erstes Gespräch, vielleicht unter einem plausiblen Vorwand, kann Türen öffnen. Er wird sehen, was sich ergibt.

Gerkrath lässt den Munkmarscher Hafen links liegen und würdigt auch das Hotel keines weiteren Blickes. Er zieht den Dufflecoat enger um die Brust und marschiert am Watt entlang. Es stehen nur noch wenige Häuser aus der Vorkriegszeit hier. Und wenn die Hütte von dem Opa das Haus ist, das ihm spontan bei dem Bericht dieser Andrea Töpfer in den Sinn gekommen ist, dann wäre das für jeden in seiner Branche wie ein Sechser im Lotto.

Erste Wattreihe, ein altes eingewachsenes Grundstück und vielleicht sogar noch eine vernünftige Bausubstanz, die eine behutsame Sanierung zulässt. Nach solch einem Ausnahmeobjekt muss man mittlerweile lange suchen. Und Munkmarsch ist als Standort eindeutig unterbewertet. Noch.

Als Gerkrath vor dem alten Friesenhaus angekommen ist, muss er erst einmal tief durchatmen. Das Objekt übertrifft alle seine Erwartungen. Das Grundstück grenzt direkt an den schmalen Wanderweg, hinter dem das Watt beginnt. Dichte Hecken und hohe alte Bäume schirmen es perfekt ab. Und das Gebäude wirkt intakt und stabil. Neugierig drückt sich der Makler am Grundstücksrand entlang, um zur anderen Seite zu gelangen. Auch hier bestätigt sich der gute Eindruck. Niemand scheint im Lauf der letzten Jahrzehnte an dem Friesenhaus herumgepfuscht zu haben. Es besitzt noch die alten Holzfenster, in der verzierten Eingangstür gibt es eine Klönklappe, und sogar das Reet wirkt lückenlos und weniger struppig als bei vergleichbaren Objekten.

Aus dem Stand fallen René Gerkrath drei Kunden ein, die sofort zuschlagen würden. Aber noch ist das Schätzchen ja nicht auf dem Markt, und das Wichtigste wird zunächst sein, dass er sich den Alleinvertretungsanspruch zusichern lässt. Alles andere ist dann ein Kinderspiel.

Während der Makler vorsichtig die Pforte öffnet und um das Haus herumgeht, entwirft er insgeheim schon den Text fürs Exposé. Dabei wird er aus dem Vollen schöpfen können, schon jetzt fallen ihm nur die verlockendsten Begriffe ein.

Direkte Wattlage. Filetstück. Einzigartige Gelegenheit.

Vorsichtig betritt Gerkrath jetzt die alte, moosbewachsene Terrasse, auf der ein erstaunlich frischer Strandkorb steht. Zwar kann man von hier aus nicht aufs Wasser sehen, dazu ist der Bewuchs zu hoch und der ganze Garten zu ungepflegt, doch aus der oberen Etage muss der Blick atemberaubend sein. René Gerkrath tritt ganz dicht an die hohen Bäume der Grundstücksgrenze heran und wendet sich dem Haus zu, um es auch von hinten genauer zu betrachten. Im Parterre ist alles dunkel, nur aus der Dachgeschosswohnung dringt ein Lichtschein. Diese Andrea Töpfer sagte ja auch, dass ihr Vater oben wohnt. Was er wohl gerade tut? Nach Fernsehlicht sieht es jedenfalls nicht aus. Eher schon nach einer gemütlichen Stehlampe. Mehr gelb als blau.

Nachdenklich geht der Makler zurück zum Eingang. Oder sollte er doch schon mal klingeln? Aber was könnte er sagen? Die Wahrheit vielleicht? Manchmal ist es besser, mit offenen Karten zu spielen. Aber andererseits scheint der Alte eine harte Nuss zu sein, und ein falsches Wort kann oft alles verderben.

Nein, er wird warten und noch einmal mit der Tochter reden. Und wer weiß, möglicherweise regelt sich alles von selbst, vielleicht ist der Alte dem Tod ja näher als dem Leben. Manchmal spüren Angehörige so etwas intuitiv und werden gerade dann, gewissermaßen auf den letzten Metern, ungeduldig. Und außerdem: So ein Leben, nur vor der Glotze und womöglich auch noch mit Schmerzen, ist ja auf Dauer auch nicht schön. Er selbst jedenfalls ist schwer entschlossen, rechtzeitig abzutreten. Bis dahin hat man bestimmt auch das Sterbehilfe-Gesetz reformiert. Heutzutage machen sich Angehörige ja noch strafbar, wenn sie den Greisen hinüberhelfen. Lächerlich und überholt findet Gerkrath das. Und außerdem natürlich extrem hinderlich für sein Gewerbe.

René Gerkrath sieht auf seine Uhr. Zwanzig vor fünf. Schluss mit den philosophischen Gedanken. Es wird ohnehin besser sein, wenn er zurück nach Westerland fährt. Er erinnert sich dunkel an irgendeinen Termin, den er im Fitnessstudio in einer menschenfreundlichen Minute gemacht hat. Ein Polizist, mit dem er ins Gespräch gekommen ist. Oder war es ein Feuerwehrmann? Völlig gleichgültig, irgendjemand ohne nennenswerte Kohle jedenfalls, der mit seiner Freundin zusammenziehen will und jetzt sucht, wonach sie alle suchen. Eine hübsche kleine bezahlbare Wohnung auf der Insel. Hübsch und klein hätte er sogar, aber bezahlbar, tja, da wird es wohl Probleme geben.

Donnerstag, 5. Oktober, 16.43 Uhr, Haus am Dorfteich, Wenningstedt

Das Telefon klingelt. Es liegt auf dem Küchentresen zwischen einer Espressotasse und einem leeren Briefumschlag. Der Kaffeerest in der Tasse ist zu einer braunschillernden Kruste getrocknet, ein ehemaliger Wasserfleck auf dem Tresen lässt sich nur noch an seinen weißlichen Umrissen erkennen. Die Klappe der Spülmaschine steht offen und gähnt den Kühlschrank an. In der Maschine befinden sich mehrere Gläser für Wasser und Wein, außerdem einige Tassen und zwei Müslischüsseln mit kleinen Cerealienkratern am Boden. Aus dem Inneren der Maschine riecht es ungelüftet und leicht säuerlich. Der Geruch hat sich bereits in der gesamten Wohnung ausgebreitet. Es wirkt, als habe der Raum nach einer durchzechten Nacht mehrmals schwer aufgestoßen.

Auch das Sofa sieht unordentlich aus. Die beiden indischen Kissen, die sonst immer in einer Ecke lehnen, sind in der Mitte aufgetürmt und zerdrückt, als habe jemand die Nacht darauf verbracht. Zu Füßen der Kissen windet sich eine Wolldecke. Auf dem Couchtisch stehen eine Cola- und eine Whiskyflasche. Beiden ist der Verschluss abhanden gekommen, so dass über der Couchecke ein Dunst aus Alkohol und Zucker hängt. Einer der Verschlüsse liegt direkt an einem Couchbein, der andere ist unter das Sofa gerollt und erst vor einem alten Schulheft zum Stoppen gekommen. Das Heft hat eine Hülle aus kräftigem Karton und holzhaltige Blätter, die liniert sind. Die Einträge sind in einer zierlichen Handschrift verfasst, an der man noch Spuren von Sütterlin identifizieren kann. Ein geschwungenes z mit Unterschleife und ein überaus kurviges S.

Das Telefon klingelt weiter. Beharrlich reiht sich Ton an Ton. Niemand nimmt den Anruf entgegen.

Auch die obere Etage der Maisonettewohnung ist leer. Die Tür des Schlafzimmers steht weit offen, das Boxspringbett ist ungemacht, das Bettzeug zerwühlt, Bezug und Laken wirken leicht verschmutzt. Am Boden vor dem Bett liegt ein unordentlicher Haufen aus getragener Kleidung und benutzten Handtüchern. Vergeblich läutet das Telefon gegen die Leere an, füllt den Raum mit seinem nervtötend monotonen Geräusch, bis es schließlich doch verstummt und die unordentliche Wohnung wieder der Stille überlässt.

Donnerstag, 5. Oktober, 16.44 Uhr, Medina, Marrakesch

»Shit!«

Fred Hübner knallt sein Handy mit einer wütenden Geste auf den wackligen Tisch des kleinen Cafés. Hat er es nicht die ganze Zeit geahnt? Bei jedem seiner Kontrollanrufe hat er genau das befürchtet, was jetzt eingetreten ist. Dass diese blöde Kuh nicht rangeht, das sie sich nicht meldet. Dass sie einfach abtaucht, nicht da ist, oder doch da, aber in welchem Zustand wohl. Zugekokst, betrunken oder sonstwie unzurechnungsfähig.

Was, wenn sie seine Wohnung völlig verwüstet? Was, wenn sie irgendetwas anstellt, das die Polizei auf den Plan ruft? Was, wenn er wieder zurückfliegen müsste?

Fred lässt den Blick durch die schmale Gasse wandern,

in der sich das Café befindet. Hier ist die weniger touristische Seite des Souk. Es sind fast nur Einheimische unterwegs, und die Verkäufer und Händler sind darauf eingestellt. Die alte Frau, die gebückt neben ihrem Wagen mit den klebrigen Süßigkeiten steht, redet gestenreich auf den Schuhmacher ein, der vor seinem Laden im Schneidersitz am Boden kauert und ein paar Pantoffeln säumt. Eine fast vollständig verschleierte Marokkanerin kauft eingelegte Salzzitronen im Gewürzladen und zwei Lammköpfe bei dem Fleischer daneben. Ein alter Mann, der einen fleckigen und zerlumpten Anzug mit einem blütenweißen Einstecktuch trägt, humpelt murmelnd vorbei. Der Schuhmacher blickt kurz auf und spuckt dann geräuschvoll aus, aber die verschleierte Marokkanerin grüßt den Alten ehrfürchtig.

Längst hat Fred es aufgegeben, die Zusammenhänge dieser Gesellschaft durchschauen zu wollen. Man müsste länger hier leben, wahrscheinlich Jahre oder Jahrzehnte, man müsste die Sprache lernen. Dieses komplizierte Arabisch, dessen Wörter auf den ersten Blick alle gleich anmuten und das doch eine der poetischsten Sprachen der Welt sein soll.

Aber man kann auch einfach im Café sitzen, die Tage an sich vorüberziehen lassen und alle halbe Stunde einen frischen Chai bestellen. Zwischendurch ein wenig schreiben. Oder radfahren. Und eben alle zwei Tage mit dem durchgeknallten Model telefonieren, das daheim auf der Insel die Wohnung hütet. Oder verwüstet. Oder längst verlassen hat, um über irgendeinen blöden Laufsteg zu stelzen und dabei ein Vermögen zu verdienen. Klar, dass sie dabei schon mal die Abmachung mit ihrem Vermieter aus den Augen verlieren kann.

Fred beschließt, sich nicht aufzuregen. Aber zehn Minuten

später ruft er noch einmal an. Lässt zwei geschlagene Minuten lang klingeln. Nichts. Verdammt! Doch dann beruhigt er sich wieder. Er sollte es gut sein lassen und morgen einen neuen Versuch starten. Vielleicht hat sie die Tage durcheinandergebracht. Keine große Sache, kann schon mal passieren.

Warum regt er sich eigentlich so auf? Ist das möglicherweise nur ein Vorwand, um den Marokko-Aufenthalt abzubrechen, um zurückzukehren in das neblige, kalte aber eben heimische Norddeutschland? Nein. Er hat sich doch so gut vorbereitet, immer schon wollte er auf den Spuren der Literaten des frühen zwanzigsten Jahrhunderts den Nahen Orient erkunden. Und jetzt kneift er?

Kommt gar nicht in Frage!

Oder doch?

Wenn er ehrlich zu sich selbst ist, dann muss er eingestehen, dass die Sache mit dem Roman nicht wirklich gut läuft. Okay, er schreibt regelmäßig sein Pensum herunter, es ist ja auch nicht schwer, in dieser üppig wuchernden Stadt Orte, Menschen oder kleine Szenen aufzustöbern, die sich mehr oder weniger pittoresk schildern lassen. Aber reicht das aus? Wo ist die Handlung, wo ist das ganz Spezielle, das seinen Roman von den vielen anderen Selbstfindungsgeschichten unterscheiden soll, die dieses Genre schon hervorgebracht hat? Oder macht er sich zu viele Gedanken? Fred seufzt. Das sind alles müßige Überlegungen.

Trotzdem ruft er auf seinem Handy die Website der Billigfluglinie auf, die ihn herbefördert hat. Ungeduldig beobachtet Fred, wie die Website lädt. Dann gibt er das Datum ein. Und tatsächlich, morgen Vormittag geht ein Flug nach Berlin, das Ticket ist sogar noch bezahlbar, und mit der Bahn könnte er bis zum Abend zurück auf Sylt sein.

Will er das?

Und was wäre, wenn ihm seine Untermieterin fröhlich die Wohnungstür öffnet, sich für das versäumte Telefonat entschuldigt und sich ansonsten auf ihren Mietvertrag beruft. Der läuft immerhin noch sechs Wochen. Flöge er dann wieder zurück? Oder wäre einfach nur das Chaos vollkommen? Eine aus windigen Gründen abgebrochene Reise, womöglich ein Rechtsstreit mit ungewissem Ausgang und unkalkulierbar hohen Kosten?

Fred nippt an dem frischen Chai, den der junge Mann, der den Laden hier schmeißt, gerade gebracht hat. Er ist höchstens sechzehn, raucht wie ein Schlot und hat das Aussehen eines Engels. Kein Wunder, dass gerade die Schwulen immer wieder nach Nordafrika gekommen sind. Von den marokkanischen Frauen ist ja bis heute nicht viel zu sehen. Nur wenige verlassen überhaupt ihre Häuser und wenn, dann sind sie vollkommen verschleiert. Aber wenn sie nur halb so attraktiv sind wie die Männer, dann macht das alles schon Sinn. Denn die Männer sind echte Hingucker. Schmal, feingliedrig und geschmeidig. Und ausgestattet mit den schönsten Gesichtern der Welt.

Fred pustet auf seinen Tee. Er schließt die Augen und atmet das Aroma tief ein. Soll dieses verdammte Pfefferminz ihm doch gefälligst den Schädel klären. Es könnte ihn beruhigen. Oder ihm eine Alternative aufzeigen. Fred hebt das Glas an die Lippen und wagt den ersten Schluck.

Köstlich. Heiß, süß und scharf. Wie die Frau seiner Träume.

Nein, stopp, ganz falscher Gedanke. Die letzte Frau seiner Träume hat sich schließlich als echter Sprengkörper erwiesen. Kaum hatte eine wunderbare Liaison begonnen, flog ihnen alles um die Ohren. Es gab Mord und Totschlag am laufenden Band, und er war wieder mittendrin, obwohl er sich geschworen hatte, den Typen von der Kripo nie wieder vor die Füße zu laufen. Überhaupt, diese Kommissare. Er kennt sie viel zu gut. Leider. Den Bulligen mit dem losen Mundwerk. Den Schmalen mit der gepflegten Frisur, der immer vermittelt. Und dann ihre Kollegin. Klein und sehr apart und dabei wahrscheinlich knallhart, wenn's drauf ankommt. Wie heißt sie noch mal? Egal. Irgendwie mag Fred sie, er hat Vertrauen zu ihr. Sie ist diejenige, die ihm im Zweifelsfall immer geholfen hat.

Fred nimmt noch einen Schluck. Er schließt die Augen und denkt kurz nach. Plötzlich hat er eine Idee. Fred Hübner leert das Teeglas und greift noch einmal zum Handy.

Donnerstag, 5. Oktober, 16.50 Uhr, Kriminalkommissariat Westerland

»Macht's gut, ihr beiden. Und toi, toi, toi für das Gespräch mit dem Makler. Ich drück die Daumen«, ruft Sven Bastian und Silja hinterher. Die Kollegen winken ihm kurz zu, Bastian reckt den Daumen optimistisch nach oben und murmelt »wird schon«, aber Silja verdreht nur skeptisch die Augen. Dann fällt die Tür ins Schloss, und der Oberkommissar ist allein im Büro.

Seufzend lehnt er sich zurück und blickt aus dem Fenster. Obwohl die Sonne erst in zwei Stunden untergeht, ist es draußen schon grau und trüb. Ein feiner Sprühregen hängt wie ein Schleier in der Luft, schluckt Farben und Licht. Aus Erfahrung weiß Sven, dass es in diesem Monat noch einige schöne Tage geben wird, aber dann, spätestens Anfang November wird der Winter über die Insel kommen. Mit Stürmen, Dunkelheit und jeder Menge Regen. Die letzten Touristen werden abreisen und nur die leeren, dunklen Fenster ihrer Wohnungen und Häuser zurücklassen. Die Insel wird wieder den Syltern gehören, und doch wird es nie wieder so werden wie noch in Svens Kindheit, als er in den Straßen rund um das Haus seiner Eltern jeden Bewohner kannte. Längst sind auch in den traditionellen Wohngebieten Westerlands immer mehr Häuser an Sommergäste verkauft worden. Dort wird es in den Adventstagen nicht nach Plätzchen duften, und niemand wird am Morgen das Auto vom Reif befreien, um zur Arbeit zu fahren. Leer und tot wie seelenlose Aliens werden diese Häuser den Winter überdauern, um sich erst wieder zu Frühlingsbeginn mit Leben zu füllen.

Sven fährt sich kurz durch die dunklen Locken und versucht, die aufkommende Melancholie zu vertreiben. Er weiß selbst nicht so recht, was heute mit ihm los ist. Immerhin gehören Anja und er mit ihrem hübschen Kampener Haus zu den wenigen privilegierten Familien auf der Insel. Anjas Eltern haben sich stets gegen einen Verkauf gewehrt und zum Glück rechtzeitig die Immobilie ihrer einzigen Tochter überschrieben. Auf diese Weise hielten sich die Erbschaftssteuern in Grenzen, als die Schwiegereltern starben. Und jetzt wohnen Sven, Anja und Mette schon seit Jahren in dem schönen alten Friesenhaus im Kampener Süden. Und auch, wenn im kommenden Jahr Mettes Geschwisterchen geboren wird, wird es Platz genug für sie alle vier geben.

Bei dem Gedanken an Anjas Schwangerschaft und das zweite Kind wird es Sven ganz warm ums Herz. Mit diesem späten Glück hatten sie längst nicht mehr gerechnet. Immer wieder waren sie Mettes bittenden Blicken ausgewichen, hatten Ausflüchte gefunden, weil sie es zu früh fanden, um ihr zu erklären, dass nicht jeder Kinderwunsch sich auch erfüllen lässt. Und jetzt, wo ihre Tochter sich doch endlich auf das Geschwisterchen freuen könnte, zeigt sie so wenig Interesse. Stattdessen fängt sie an, sich für Mode, Frisuren und Schminke zu begeistern und freundet sich mit diesem mageren Model an. Ausgerechnet.

Sven seufzt und greift nach dem Bericht von Dr. Bernstein, den er vor einigen Minuten aus dem Faxgerät gezogen hat. Ein kurzer Schauer läuft dem Kommissar über den Rücken, als er das Resümee liest. Das Ohr, das sie am Morgen am Watt gefunden haben, ist eindeutig einem Toten abgeschnitten worden. Oder einer Toten. Das wird sich noch rausstellen. Jedenfalls war das Blut bereits geronnen, als die Abtrennung vom Körper erfolgte. Sven atmet einmal tief durch. Kein Wunder, dass weder Ärzte noch Krankenhäuser einen entsprechenden Patienten hatten. Denn was Silja, Bastian und er selbst ab morgen suchen werden, ist kein lebendiger Mensch, sondern eine Leiche, der ein Ohr fehlt. Folglich müssen sie als Erstes bei den Bestattern nachfragen. Sven hat bereits alle Mail-Adressen beisammen und das Schreiben auch schon aufgesetzt. Er hat keine Ahnung, wie lange die Leichen dort auf die Beisetzung warten, aber sicherheitshalber müssen alle Toten überprüft werden. Bei dem Gedanken daran, wie ein Sarg nach dem anderen geöffnet wird, wie sich ein Mitarbeiter des jeweiligen Instituts über einen Körper beugt, der eigentlich nicht mehr dafür bestimmt war, noch einmal angeschaut zu werden, wird Sven ganz anders. Doch bevor er sich weiter mit diesen unappetitlichen Gedanken plagen muss, klingelt das Telefon.

»Kriminalpolizei Westerland, Oberkommissar Winterberg am Apparat«, meldet er sich.

Schweigen antwortet ihm.

»Hallo? Wer ist da?«, erkundigt sich Sven ungeduldig.

»Hübner. Ich rufe aus Marokko an und würde gern mit Ihrer Kollegin sprechen.«

»Fred Hübner? *Der* Fred Hübner?«

»Ganz recht. *Der* Fred Hübner. Allerdings war mir bisher nicht klar, dass ich bei der Sylter Kriminalpolizei schon einen eigenen Artikel besitze. Sollte ich mich geschmeichelt fühlen?«

»Herr Hübner, wir haben zu tun. Was wollen Sie also?«

»Wie ich schon sagte: Ich würde gern mit Ihrer Kollegin sprechen, wenn's keine Umstände macht.«

»Es macht aber welche. Sie müssen leider mit mir vorliebnehmen«, antwortet Sven Winterberg unwirsch.

»Ist sie nicht da?«

»Herr Hübner, was wollen Sie?«

»Ich habe eine Bitte.«

Sven ist sich nicht ganz sicher, aber eigentlich klingt der Journalist ziemlich kleinlaut.

»Und die wäre?«

»Ob Sie vielleicht mal in meiner Wohnung nach dem Rechten sehen könnten?«

»Geht's Ihnen noch gut? Wir sind doch nicht die Heilsarmee.« Gerade holt Sven Luft, um noch ein paar deutliche Worte hinterherzuschieben, da unterbricht ihn die Stimme aus dem Hörer. Und jetzt hört sie sich eindeutig bittend an.

»Herr Kommissar, ich bin mir durchaus bewusst, dass Sie mein Anliegen als Zumutung empfinden können, aber sehen Sie, es ist vielleicht alles im Interesse der Allgemeinheit.«

»Na, da bin ich aber gespannt.«

»Ich bin für einige Wochen hier unten in Nordafrika, und in dieser Zeit habe ich meine Wohnung vermietet. Sie kennen sie ja, sie liegt ...«

»Am Dorfteich, ich weiß.«

Ein unangenehmes Déjà-vu schießt durch Svens Hirn. Die tote Frau auf dem Bett und das Blut im ganzen Raum verspritzt. Er erinnert sich an den metallischen Geruch ebenso genau wie an Fred Hübners haltloses Schluchzen, obwohl der Vorfall schon über zwei Jahre her ist.

»Was ist mit Ihrer Wohnung?«

»Ich kann die Untermieterin nicht mehr erreichen, und da dachte ich ...«

»Wir fahren vorbei und gucken nach, wie's ihr geht? Herr Hübner, ich glaube, Sie leiden an akutem Größenwahn.«

Sven Winterberg gibt sich nicht die geringste Mühe, seine Verachtung zu verbergen. Doch die nächsten Worte des Journalisten treffen einen bestimmten Nerv in seinem Inneren.

»Ich weiß, dass es eigentlich nicht in Ihren Zuständigkeitsbereich fällt. Aber ich hab ein scheißmulmiges Gefühl mit dieser Untermieterin. Sorry, aber anders kann ich's nicht beschreiben. Sie wirkte von Anfang an nicht ganz koscher auf mich. Somnambul und gleichzeitig zu allem entschlossen. Sie ist noch ziemlich jung und wollte ausgerechnet zu dieser merkwürdigen Zeit auf die Insel. Und jetzt kann ich sie nicht mehr erreichen.«

»Verraten Sie mir ihren Namen?«

»Den Namen, ja klar. Sie heißt Andres. Tess Andres. Aber wenn Sie mich fragen, dann ist das sicher so etwas wie ein Künstlername. Sie sagt, sie sei Model, aber das behauptet heutzutage ja jede und außerdem ...«

»Wissen Sie zufällig, ob sie reitet?«

Die Frage platzt aus Sven heraus, bevor er darüber nachdenken kann. Aber Fred Hübners Antwort hilft ihm nicht weiter.

»Keine Ahnung. Ich hab sie ja noch nicht mal gesehen. Wir haben ein paar Mails geschrieben, und seit ich in Marrakesch bin, habe ich sie alle zwei Tage angerufen. Aber jetzt ...«

»Herr Hübner, ich kümmere mich darum«, stößt Sven plötzlich hervor. Und bevor der andere seiner Verwunderung über den unerwarteten Sinneswandel des Kommissars Ausdruck verleihen kann, redet er weiter. »Melden Sie sich morgen früh wieder bei uns. Sagen wir um zehn. Ist das für Sie in Ordnung?«

»Sicher. Mach ich. Und vielen Dank für Ihre Mühe.«

Doch Sven hört längst nicht mehr zu, weil er bereits hektisch nach dem Autoschlüssel sucht.

Donnerstag, 5. Oktober, 18.09 Uhr, Bodils Ponyfarm, Braderup

Eigentlich ist Annika Steffens schon weg. Das Kino beginnt um acht, und vorher wollten Johannes und sie noch einen Happen essen. Zwar ist der Schimmel bisher nicht wieder aufgetaucht, aber immerhin hat auch diese Tess nicht nach ihm gesucht. Vielleicht ist sie irgendwann im Lauf des Tages doch unbemerkt mit ihrem Hengst davongeritten und kommt erst nach Einbruch der Dunkelheit zurück, versucht Annika sich zu beruhigen. Es wäre nicht das erste Mal, dass die Blonde und Hektor so lange wegbleiben.

Annika schließt die Tür des Bürohäuschens ab und geht

mit schnellen Schritten zum Parkplatz. Der Mann, der ihr entgegenkommt, ist mittelgroß und schlank. Er guckt besorgt und streicht sich fahrig durch die dunklen Locken. Annika ist nicht sicher, ob sie ihn schon einmal gesehen hat, aber einordnen kann sie ihn auf die Schnelle auch nicht.

»Kann ich Ihnen helfen?«, fragt sie in der festen Absicht, das Gespräch möglichst kurz zu halten. Doch ein einziger Blick auf den Dienstausweis, den der andere ihr entgegenhält, belehrt sie eines Besseren. Das Logo der Kriminalpolizei ist nicht zu übersehen. Annika Steffens bricht unvermittelt der Schweiß aus, obwohl es hier draußen recht frisch ist. Jetzt gibt es gleich richtig Ärger, davon ist sie überzeugt. Ganz offensichtlich ist die Blonde zur Polizei gelaufen und hat ihren Hengst als gestohlen gemeldet.

Annika schließt kurz die Augen und seufzt.

»Sie wissen, warum ich hier bin?«, erkundigt sich der Dunkelhaarige sofort. Annika kapituliert.

»Ich nehme an, Tess Andres hat Sie geschickt.«

»Nicht ganz. Eher ist es so, dass ich auf der Suche nach dieser jungen Frau bin. – Und wir kennen uns übrigens. Ich bin Mettes Vater«, fügt er verbindlich hinzu.

Erleichterung flutet durch Annikas Körper. »Ja natürlich, jetzt erinnere ich mich. Mette und Tess haben sich in den letzten Wochen ein bisschen angefreundet. Aber warum suchen Sie nach Tess? Oder ist irgendwas mit Ihrer Tochter?«

»Nein, natürlich nicht. Alles in Ordnung. Es ist nur so ... wie soll ich sagen ... ich hatte da einen Anruf ...«

Für einen professionellen Ermittler wirkt Mettes Vater plötzlich ziemlich unsicher. Annika zieht den Büroschlüssel aus der Tasche und deutet auf das kleine Verwaltungsgebäude. Der Feierabend musste warten.

»Sollen wir vielleicht reingehen? Da ist es wärmer, und wir können in Ruhe reden.«

»Ja, danke.«

Nachdem Sven Winterberg und Annika Steffens am Schreibtisch Platz genommen haben, holt Annika tief Luft.

»Eigentlich dachte ich, dass Sie gekommen sind, um mich nach dem Hengst zu fragen. Hektor. Das ist der Schimmel, den Tess Andres reitet.«

»Und warum sollte ich mich für das Pferd interessieren?«

»Es ist verschwunden.«

»Ach? Seit wann denn das? Gestern Vormittag haben Mette und ich Tess Andres doch noch mit ihm gesehen.«

»Wenn ich genau wüsste, wann Hektor verschwunden ist, wüsste ich auch, wer ihn mitgenommen hat.« Annika lacht unfroh. »Irgendwann heute im Lauf des Tages ist mir aufgefallen, dass er nicht mehr auf der Weide steht.«

»Weiß Frau Andres das schon?«

»Nein. Sie ist seit gestern hier nicht mehr aufgetaucht.«

»In ihrer Wohnung ist sie auch nicht. Oder sie wollte mir nicht aufmachen.« Sven Winterberg runzelt die Stirn. Dann fragt er leise: »Wie oft kommt sie eigentlich zum Reiten? Täglich? Oder gibt es da keinen Rhythmus?«

»Ich habe nicht richtig darauf geachtet, aber einmal am Tag war sie, glaube ich, schon hier. Mindestens. Manchmal kam sie auch am Abend noch ein zweites Mal.«

»Aber heute nicht?«

Annika schüttelt den Kopf. »Nicht dass ich wüsste.«

»Und der Hengst? Wann haben Sie den zum letzten Mal mit Sicherheit gesehen?«

Annika überlegt kurz, dann sagt sie mit Entschiedenheit: »Gestern Abend auf der Weide.«

»Kann es sein, dass die junge Frau heute früh einfach abgereist ist und ihr Pferd mitgenommen hat?«

»Auf keinen Fall. Das hätten wir gemerkt. Wenn ein Tier verladen wird, fährt der Hänger auf den Hof, und es herrscht immer eine gewisse Unruhe. Die Pferde spüren natürlich, dass etwas geschieht, und man muss sie beruhigen und ihnen gut zureden.«

Der Kommissar nickt. Wieder denkt er nach.

»Haben Sie vielleicht eine Handynummer von Tess Andres? Der Vermieter ihrer Wenningstedter Wohnung hatte nämlich keine. Blöderweise. Er hat sie immer unter seiner eigenen Festnetznummer angerufen.«

»Ich kann nachsehen.«

Annika Steffens beginnt in ihrer Ablage zu wühlen. Nach einiger Zeit findet sie den Unterstellvertrag für Hektor. Mit dem Finger gleitet sie über das Formular.

»Hier ist die Nummer. Zum Glück. Soll ich gleich mal anrufen?«

»Ich mach das schon.«

Der Kriminalkommissar nimmt ihr den Vertrag aus der Hand und zückt sein Handy. Während es am anderen Ende der Leitung klingelt, schweigen beide. Schließlich legt Sven Winterberg auf.

»Fehlanzeige.« Er schaut ratlos, dann zuckt er die Schultern, ohne dass die Sorge aus seinem Gesicht verschwinden würde. »Wir können erst mal gar nichts tun. Aber merkwürdig ist das schon. Bitte melden Sie sich sofort bei mir, falls der Hengst wieder auftaucht. Oder die Reiterin.«

Er reicht Annika eine Karte mit seiner Büronummer. Dann nimmt er sich einen Stift aus dem Becher auf ihrem Schreibtisch und setzt seine eigene Handynummer darunter.

»Sie können mich auch direkt anrufen oder mir eine SMS schreiben. Jederzeit.« Er schaut sie eindringlich an.

»Klar. Das mache ich sofort. Mir ist ja auch nicht wohl bei dem Gedanken, dass Hektor einfach so von meinem Hof verschwunden ist.«

»Ist so etwas eigentlich schon einmal vorgekommen?«, will Sven Winterberg wissen, als er sich erhebt.

Annika Steffens schüttelt energisch den Kopf.

»Nein. Noch nie. Und wenn sich das rumspricht, dann kann ich wahrscheinlich einpacken.«

Donnerstag, 5. Oktober, 18.25 Uhr, Braderuper Weg, Kampen

»Kommt Papi nicht bald?«, erkundigt sich Mette vorsichtig bei ihrer Mutter. Sie hofft, dass die Anspannung in ihrer Stimme nicht hörbar ist, denn so sehr sie auch sonst die Heimkehr ihres Vaters herbeisehnt, so bange ist ihr heute davor.

Anja Winterberg, die gerade an der Spüle die Kartoffeln abgießt, blickt kurz auf. »Er hat geschrieben, dass es später werden kann. Wir fangen besser schon mal an.«

Mette nickt und nimmt sich viel weniger als sonst von dem Matjes und der Sahnesauce.

»Nanu? Hast du keinen Hunger?«

»Ich bin furchtbar müde, Mami. Ich weiß auch nicht, was mit mir los ist. Ich esse nur ein bisschen was, und dann gehe ich gleich ins Bett.«

»Strengt dich die Schule so an? Die erste Zeit auf dem Gymnasium ist bestimmt kein Zuckerschlecken, oder?«

»Ja. Kann sein.«

Lustlos kaut Mette auf dem Fisch herum. Sie hält die Augen gesenkt und konzentriert sich auf ihren Teller. Sie muss nur alles aufessen, dann kann sie endlich in ihrem Zimmer verschwinden. Mette umklammert das Besteck so fest, dass die Fingerknöchel weiß hervortreten. Trotzdem zittern ihre Hände. Das Mädchen spürt den fragenden Blick der Mutter genau, es muss dazu nicht einmal aufsehen.

»Oder ist irgendetwas anderes?«, insistiert Anja Winterberg.

Mette schüttelt den Kopf und blinzelt eine Träne weg. Auch das noch. Wenn sie sich nicht wenigstens für einige Minuten zusammenreißen kann, wird alles herauskommen. Nicht auszudenken, wie die Eltern dann reagieren werden.

»Wirst du vielleicht krank?«

»Nein, Mami, bestimmt nicht.« Ihre Stimme zittert. »Ich bin einfach nur schrecklich müde. Wirklich.«

»Kind, du musst das nicht aufessen.« Anja Winterberg greift nach Mettes Hand, die die Gabel hält, und drückt sie sanft. »Dir fällt ja fast der Kopf auf den Tisch. Willst du gleich ins Bett? Vielleicht musst du dich einfach mal richtig ausschlafen.«

Mette nickt dankbar und legt sorgsam das Besteck auf den Teller. Beim Aufstehen stößt sie fast den Stuhl um. Als sie den besorgten Blick ihrer Mutter sieht, zwingt sie sich zu einem winzigen Lächeln.

»Danke, Mami. Ich geh dann gleich schlafen. Bestimmt ist morgen früh wieder alles gut.«

»Schlaf schön, meine Süße.«

Die Augen der Mutter begleiten Mette bis zur Tür.

»Wenn du noch was brauchst, sag Bescheid, ja?«

Mette nickt ein letztes Mal, dann ist sie endlich allein. Sie rennt fast ins Bad. Beim Zähneputzen meidet sie im Spiegel jeden Blickkontakt mit sich selbst. Furcht und Scham steigen in ihr hoch. Als Mette endlich in ihrem Zimmer angekommen ist, dreht sie vorsichtig und ganz leise den Schlüssel im Schloss herum. Das hat sie noch nie getan, aber jetzt ist es ihr ein tiefes Bedürfnis. Nachdem das leise Schnappen verklungen ist, versagen Mettes Füße den Dienst. Sie rutscht zu Boden und kann sich gerade noch mit den Händen auffangen. Jetzt nur keine verdächtigen Geräusche machen, beschwört sie sich. Nur nichts tun, was doch noch die Aufmerksamkeit ihrer Mutter erregen könnte.

Mette muss sich zwingen, wieder aufzustehen. Eine unendliche Trägheit ergreift von ihr Besitz. Jede Bewegung ist mühsam. Trotzdem schafft sie es schließlich, sich auszuziehen, wobei sie am ganzen Körper zittert. Gleichzeitig laufen ihr Hitzeschauer über den Rücken. Vielleicht wird sie tatsächlich krank. Kalt genug war es gestern Nacht. Und obwohl sie ihre dicken Sachen unter diesem merkwürdigen weißen Gewand anbehalten hat, das ihr Tess mitgebracht hatte, schien es ihr während des ganzen Ausritts, als fänden Wind und Kälte umstandslos den direkten Weg unter Jacke, Pullover und Unterhemd.

Bevor Mette sich ins Bett legt, zieht sie ihren dicksten Schlafanzug an. Dazu Socken und den Bademantel. Er hängt wie immer am Haken an der Tür. Darunter hat sie gestern Nacht das weiße Gewand versteckt. Jetzt leuchtet es durch die Dunkelheit bis zu ihrem Bett hinüber. Mette kann gar nicht wegsehen, immer wieder werden ihre Augen von dem Gewand angezogen. Gestern Abend hielt Mette das Verkleiden noch für eine von Tess' lustigen Ideen. Das Kleid duftete nach Weichspüler und war aus einem ganz feinen Gewebe. Es wog fast nichts und schien im Nachtlicht von innen zu leuchten. Tess und sie haben wie zwei Geisterreiter ausgesehen, auch wenn Tess natürlich mit ihrem Schimmel die feinere Erscheinung abgegeben hat.

Zunächst schien alles nur ein Spaß zu sein. Mette juchzte, als die andere in den Galopp fiel und tat es ihr gleich. Das Wasser spritzte unter den Hufen der Tiere, der Wind fuhr in die hellen Haare der Mädchen.

Doch dann, sie hatten gerade das hell erleuchtete Fährhaus am Munkmarscher Hafen passiert, zügelte Tess plötzlich ihren Hengst und murmelte, als Mette sie einholte: »Lass uns umkehren. Ich weiß eigentlich gar nicht, was das Ganze hier überhaupt soll.«

Ihr Blick irrte kurz über die wenigen Häuser am Ufer, um gleich darauf zu Mette zurückzukehren. Tess' Gesicht war plötzlich bleich wie der volle Mond, und ihre Mundwinkel zuckten auf eine Art, die Mette noch nie bei jemandem gesehen hatte.

»Was ist denn?«, fragte sie besorgt, aber Tess winkte nur ab. Mit den Worten »wird gleich besser« hob sie den Rock ihres Kleides und zog ein winziges Döschen aus dem Schaft ihres Reitstiefels. Tess stippte den Finger in die Dose, bleckte die Zähne wie ein unruhiges Pferd und rieb sich mit dem Finger übers Zahnfleisch. Bevor Mette auch nur eine von den vielen Fragen stellen konnte, die ihr durch den Kopf schossen, hatte Tess die Dose schon wieder verstaut und richtete sich kerzengerade im Sattel auf. Sekunden später hatte sie das Pferd gewendet und war so schnell davongaloppiert, dass Mette ihr Pony ebenfalls antreiben musste, um sie nicht zu verlieren.

Mettes Haare flogen im Wind, und das plötzliche Rauschen in ihren Ohren ließ sie für alle anderen Geräusche unempfänglich werden. Es war, als würde ihr ganzer Kopf sich verschließen und der Körper sich einkapseln. Sie wollte nichts mehr sehen, nichts mehr wahrnehmen, sie wollte nur noch nach Hause.

Erst als Tess über den Reitweg zurück nach Braderup trabte, konnte Mette sie einholen. Kurz darauf entdeckten sie das Feuer. Es loderte mitten zwischen den Heidepflanzen und sah schrecklich unheimlich aus. Die schwarzen Gestalten, die das Feuer umringten, bemerkte Mette erst später. Da hatte die Angst sie schon fast überwältigt. Der ganze Irrsinn ihrer nächtlichen Unternehmung wurde ihr plötzlich bewusst. Ohne auch nur einen Moment nachzudenken, trat Mette Winterberg ihrem Pferd kräftig in die Flanken. Der Satz, den das Tier daraufhin machte, warf sie fast ab, doch zum Glück konnte sie sich festhalten. Und dann hat sie sich nur noch auf ihren schnellen Ritt konzentriert. Die Panik in ihr hatte längst die Herrschaft übernommen. Kein Blick ging zurück zu Tess und erst recht keiner zu dem merkwürdigen Grüppchen um das Feuer herum.

Zurück auf dem Ponyhof hat Mette mit fliegenden Händen ihr Pferd mehr schlecht als recht versorgt, ist dann zitternd und bibbernd aufs Fahrrad gesprungen und wie von Furien gehetzt nach Kampen geradelt. Dass sie immer noch das weiße Kleid trug, hat sie erst vor dem elterlichen Haus bemerkt. Es fiel ihr schwer, auf dem Weg hinauf ins Zimmer nicht zu rennen, jeder tastende Schritt kostete sie ungeheure Anstrengung, und als sie endlich, endlich oben war und die Tür leise hinter sich ins Schloss gezogen hatte, ist sie wie ohnmächtig zusammengesunken.

Mette hat in der restlichen Nacht kein Auge zugetan, und auch jetzt überfallen sie immer wieder die schrecklichen Erinnerungen. Aber vor allem quält sie eine Frage: Was ist aus Tess geworden?

Donnerstag, 5. Oktober, 19.50 Uhr, Wattweg, Munkmarsch

Blau liegt der Abend über der Heide. In den wenigen Munkmarscher Häusern, die noch von Einheimischen bewohnt sind, gehen die Lichter an. Am hellsten strahlt das Hotel Fährhaus mit seinen weißen Gebäuden. Das Wasser dahinter wirkt schwarz unter dem Abendhimmel. Es ist Flut, und die kleinen Wellen schwappen weit über den Strand. Dennoch finden die Hufe des weißen Hengstes, der gerade den Reitweg verlässt und ins Watt vordringt, immer wieder festen Tritt. Langsam und mit gesenktem Kopf, als trübe ein wehmütiger Gedanke seine Stimmung, trabt der Schimmel an der Wasserkante entlang. Seine Flanken sind schlammbespritzt, und der Bauch des stolzen Tieres ist fleckig. Auf dem Pferderücken wippt ein leerer Sattel im Rhythmus des Tritts, die Steigbügel schaukeln mit jeder Bewegung. Ab und an wiehert das Pferd verhalten. Seine traurigen Augen blicken ins Leere.

Als das Tier unterhalb des alten Friesenhauses entlangläuft, dessen verwunschener Garten direkt an den Spazierweg entlang der Wasserkante grenzt, öffnet sich eines der Gaubenfenster im Obergeschoss, und ein Schatten verdunkelt das Licht des Raumes. Weit beugt sich eine Gestalt aus dem Fenster, doch dann schnellt sie plötzlich zurück, als habe ein allzu straff gespanntes Gummiband sie wieder ins Rauminnere gezogen. Ein dumpfer Schlag ertönt. Doch schon ist der Ton verklungen, und die Stille wird nur noch vom Röhren eines Motors in der Ferne unterbrochen.

Der Schimmel zuckt mit den Ohren, neigt den Kopf und trinkt ein wenig von dem kühlen Wasser im Watt. Sein Schweif peitscht hektisch hin und her. Es wirkt, als spüre das Tier ein Unheil, das in der Luft liegt. Und tatsächlich verdunkelt sich wenige Sekunden später das Dachfenster ein zweites Mal. Im Licht erscheint eine unförmige Gestalt, die vier Arme zu haben scheint und heftig gestikuliert. Aber nach einigen Augenblicken kommt die Figur zur Ruhe, etwas Schwarzes schiebt sich aus dem Fenster heraus, weit und immer weiter, bis es die Balance verliert, vornüberkippt und mit einem satten Klatschen im dunklen Garten landet.

Sekunden später erlischt das Licht. Und kurz darauf wird vor dem Haus die Eingangstür ins Schloss gezogen, leise und sehr vorsichtig.

Der weiße Hengst hebt den Kopf und blickt mit seinen dunklen Augen zum Haus hinauf. Dort bleibt es still und dunkel. Das Tier wiehert leise, schnaubt kurz durch die Nüstern und fällt wieder in seinen müden Trab.

Freitag, 6. Oktober, 08.20 Uhr, Kriminalkommissariat Westerland

Ungeduldig trommelt Sven Winterberg auf seine Schreibtischplatte und sieht dann auf die Uhr. Silja und Bastian verspäten sich heute aber ordentlich, denkt er und kann sich nicht erinnern, dass das überhaupt schon einmal vorgekommen ist. Eigentlich könnte er gut ein paar Sachen aufarbeiten, aber irgendwie mangelt es ihm an Konzentration. Immer wieder geht ihm der verschwundene Schimmel samt Reiterin durch den Kopf. Ob Mettes merkwürdiges Verhalten beim Abendessen, von dem Anja erzählt hat, wohl etwas damit zu tun hat? Eigentlich kann sich Sven das nicht vorstellen, denn gestern war seine Tochter weder auf dem Ponyhof, noch hat sie diese Tess Andres irgendwo sonst getroffen. Und vorgestern war doch noch alles normal. Sven seufzt. Als endlich die Tür aufgeht, ist er froh über die Ablenkung.

»Moin, moin, ihr beiden. Ist wohl gestern etwas länger geworden, oder? Ich nehme mal an, der Makler hat euch eine kleine Villa, zentral gelegen und nicht übertreuert, auf dem Silbertablett präsentiert«, frotzelt Sven.

»So ähnlich.« Silja lächelt geheimnisvoll und pellt sich aus ihrer Daunenjacke.

»Ist nicht wahr.«

Silja hängt ihre Jacke an den Garderobenständer in der Ecke und dreht sich schwungvoll um.

»Die Villa ist eine ziemlich nette Wohnung mit drei Zimmern und Wohnküche. Sie liegt tatsächlich sehr zentral«, sie unterbricht sich und fügt mit ironischem Unterton hinzu, »nämlich direkt an der alten Dorfstraße nach Wenningstedt. Und das ist natürlich entsprechend laut. Außerdem ist im Erdgeschoss des Hauses ein Restaurant, in dem eifrig frittiert wird, was leider oben zu riechen ist.«

Mit einem Seufzer lässt sich die Kommissarin auf ihren Schreibtischstuhl fallen.

»Kostenpunkt?«, erkundigt sich Sven pragmatisch.

»1200 Euro kalt.« Bastian verdreht die Augen. »Nicht gerade ein Schnäppchen und genau das Anderthalbfache von dem, was wir ausgeben wollten.«

»Aber es gibt einen kleinen Sitzplatz hinter dem Haus«, fällt ihm Silja ins Wort.

Bastian grinst. »Direkt neben den Mülltonnen und umtost vom Lärm der Autos, die hinter dem Kreisverkehr so richtig aufs Gaspedal treten.«

»Ach, da ist es. Ihr wärt also in Rufnähe von unserem schicken Inselbordell?«

»Lass die blöden Witze, ja«, beschwert sich Silja. »Wir denken ernsthaft darüber nach. Der Makler hat gesagt, wir müssen uns beeilen.«

»Logisch. Das sagt er sicher jedem. Was verdient er denn daran?«

»Drei Monatsmieten«, schnaubt Bastian. »Allein dafür, dass er uns einmal die Tür aufgeschlossen hat.«

»Ihr wart schon drin?«

Beide nicken und tauschen einen vorsichtigen Blick.

»Die Küche ist ganz schön und das Bad in einem wirklich guten Zustand«, schwärmt Silja.

»Dafür ist der Teppichboden vollkommen hinüber, und was darunter ist, weiß kein Mensch«, murmelt Bastian.

»Und warum ist die Wohnung überhaupt frei?«

»Scheidungsfall. Kein gutes Omen, wenn du mich fragst.«

»Ach Mensch, Bastian, jetzt hab dich doch nicht so«, schimpft Silja. »Sei mal ehrlich. Keiner von uns beiden hat ernsthaft damit gerechnet, dass dieser schmierige Typ uns überhaupt irgendetwas anbietet. Als ich den gesehen habe, wurde mir ganz schlecht bei dem Gedanken, dass du mit so jemandem deine Freizeit verbringst.«

»Ich trainiere zur gleichen Zeit wie er, das ist alles.«

»Jedenfalls hat er mächtig auf die Pauke gehauen und uns erst mal eine halbe Stunde lang erzählt, was für ein unverschämtes Glück es ist, dass er uns überhaupt etwas zeigen kann. Außer der schnieken Villa in Munkmarsch natürlich, von der er die nächste halbe Stunde gefaselt hat.«

»Und warum habt ihr nicht gleich die gemietet?« In gespieltem Erstaunen hebt Sven die Augenbrauen.

»Ach weißt du, sie war uns ein bisschen zu billig«, antwortet Silja schnippisch. »Außerdem wohnt noch ein alter Mann drin.«

»Können wir vielleicht mal das Thema wechseln?« Bastian beginnt, die Unterlagen auf seinem Schreibtisch durchzusehen. »Ist der Bericht von Bernstein wegen des Ohrs eigentlich schon angekommen?«

»Hier.« Sven wedelt mit einer Mappe. »Und es gibt eine Neuigkeit. Wenn ich nur wüsste, ob es eine gute oder eine schlechte ist.«

»Spuck's aus.«

»Die Person war schon tot, als das Ohr abgeschnitten wurde.«

»Auch das noch. Gefunden hat sie aber noch niemand, oder?«

»Nee. Ich habe gestern Abend gleich bei allen Bestattungsinstituten angefragt, ob die Leichen, die sie auf Halde haben, noch vollständig sind. Und vorhin ist die letzte Antwort eingegangen. Gründlich sind die, das muss ich sagen.«

»Ja und?«

»Nichts. Alle Toten dieser Insel besitzen noch beide Ohren.«

»Es sei denn, einer der Bestatter ist ein Freak, der die Satanisten beliefert.«

»Ja, das müssten wir dann wohl separat überprüfen«, gibt Sven zögernd zu. »Es gibt allerdings …«, Sven stockt kurz, als fürchte er sich vor seinen eigenen Worten, »… also, es gibt eine Frau, die vielleicht verschwunden ist.«

»Hat sie jemand als vermisst gemeldet?«, will Bastian wissen.

»Gewissermaßen.«

»Geht's etwas genauer?«

Sven räuspert sich und blickt seine beiden Kollegen der Reihe nach an. »Ihr werdet es vielleicht nicht glauben, aber gestern Abend hatte ich einen Anruf von unserem alten Freund Fred Hübner.«

»Nicht der schon wieder«, stöhnen Silja und Bastian wie aus einem Mund.

Sven hebt beschwichtigend die Hände. »Er ist gar nicht auf der Insel, sondern in Marrakesch. Hat während der Reise seine Wohnung vermietet. An eine junge Frau, angeblich Model. Ich hab sie sogar mal getroffen. Als ich Mette beim Reiterhof abgesetzt habe.«

»Sieht sie gut aus?«, will Bastian wissen, wird aber gleich von Silja unterbrochen.

»Und die ist jetzt weg, oder wie?« Die Stimme der Kommissarin klingt hart.

Sven nickt. »Angeblich ja. Fakt ist, dass niemand in Hübners Wohnung ans Telefon geht und ich diese Tess Andres auch nicht auf ihrem Handy erreiche.«

»Das heißt noch gar nichts.«

»Stimmt. Aber was wirklich merkwürdig ist: Ihr Pferd, ein sehr auffälliger Schimmel, ist auch verschwunden.«

»Sagt wer?«

»Die Leiterin von Bodils Ponyfarm. Da war der Hengst

untergestellt. Bis vorgestern jedenfalls. Und seitdem hat auch niemand mehr die junge Frau gesehen.«

»Und gestern früh haben wir dieses Ohr gefunden«, murmelt Bastian. Dann schlägt er sich plötzlich mit der flachen Hand vor die Stirn. »Wir Idioten. Hat eigentlich niemand daran gedacht, zu fragen, ob das Ohr von einer Frau oder einem Mann ist?«

»Äh ... nö. Bisher nicht.« Sven zuckt die Schultern und greift dann nach dem Bericht des Gerichtsmediziners. »Hier steht auch nichts.«

»Das Geschlecht kann man dem Ohr ja nicht ansehen. So was muss doch sicher mit einem Gentest bestimmt werden. Vielleicht dauert so eine Untersuchung länger«, gibt Silja zu bedenken.

»Ich frage Bernstein.«

Bastian greift zum Telefon. Doch bevor er wählen kann, läutet der Apparat. Einer der Streifenpolizisten von unten redet aufgeregt und viel zu laut.

»Hier hat eben ein Herr angerufen. Ziemlich aufgelöst. Er hat einen Toten gefunden. Unten in Munkmarsch.«

»Fehlt dem Mann ein Ohr?«, fragt Bastian geistesgegenwärtig.

»Hat er nichts von gesagt. Soll ich ihn zurückrufen?«

»Nicht nötig. Wir fahren hin.«

**Freitag, 6. Oktober, 09.03 Uhr,
Wattweg, Munkmarsch**

Im Laufschritt umrunden die drei Kommissare das alte Reetdachhaus. Das Gras neben dem Kopfsteinpflasterweg ist knöchelhoch und von Unkraut durchsetzt. An den Halmen hängt noch der Morgentau und glitzert im Licht. Es ist sehr kühl zwischen den hohen Bäumen und Sträuchern, fast wirkt es, als herrsche in diesem Garten ein besonderes Klima, schießt es Silja durch den Kopf. Kühl, geheimnisvoll und verwunschen. Als sie den alten Mann mit verrenkten Gliedern und einer großen Schwellung am Kopf auf der rückwärtigen Terrasse liegen sieht, tritt sie unwillkürlich ein paar Schritte zurück. Das Blut auf den Steinen ist längst getrocknet, und der Mann trägt bereits die Spuren des Todes im Gesicht. Die Augen sind milchig und die Haut wirkt schmierig.

»Der liegt hier nicht erst seit 'ner halben Stunde«, murmelt Sven.

Silja nickt und blickt nach oben. Unter dem Dach steht ein Gaubenfenster weit offen.

»Glaubt ihr, dass es Selbstmord war?«

Fragend schaut sie von Bastian zu Sven. Erst dann bemerkt sie den älteren Herrn, der etwas abseits am Rand des Grundstücks steht. Er trägt eine Barbourjacke und stopft sich gerade eine Pfeife. Während Sven sich über den Toten beugt, gehen Bastian und Silja langsam auf den anderen zu.

Mit leiser Stimme stellt Bastian beide vor.

»Ich nehme an, dass Sie es waren, der bei uns auf der Dienststelle angerufen hat?«

Der Herr nickt und streckt Bastian die Hand entgegen.

»Stürmer ist mein Name. Jochen Stürmer. Ich wollte heute früh nach ihm sehen«, er deutet mit einer knappen Geste auf den alten Mann am Boden. »Und als niemand aufgemacht hat, bin ich nach hinten gelaufen, um zu rufen.«

»Sie kannten den Toten?«

Der Herr nickt und fährt sich mit der flachen Hand übers Gesicht, als wolle er einen unerwünschten Gedanken verscheuchen. Seine Stimme zittert ganz leicht, als er antwortet.

»Der da liegt, das ist Klaas Menken. Wir sind zusammen zur Schule gegangen. In den letzten Jahren hatten wir kaum Kontakt, aber gestern Nachmittag haben wir uns zum ersten Mal nach langer Zeit wiedergesehen. Ich bin Arzt, müssen Sie wissen. Ich praktiziere zwar schon länger nicht mehr, aber man hat sich doch einen Blick bewahrt. Und als ich Klaas gestern verlassen habe, war ich ziemlich besorgt. Er wirkte fahrig und auch recht instabil.« Jochen Stürmer stockt kurz, als müsse er darüber nachdenken, wie er weiterreden solle. Dann fügt er an. »Und glücklich war er auch nicht.«

»Sie meinen, er war einsam und krank? Wie so viele alte Leute. Oder gab es da noch etwas anderes?«

Forschend schaut Bastian dem anderen ins Gesicht. Jochen Stürmer hält dem Blick des Kommissars stand, ohne das Gesicht zu verziehen, nur seine Augen sind in weite Ferne gerichtet.

»Nein, etwas anderes war da nicht«, antwortet er schließlich mit fester Stimme. »Nur dass ich mich gewundert habe, dass er nach so langer Zeit mit mir reden wollte. Sie wissen ja wahrscheinlich, dass die Leute manchmal kurz vor ihrem Tod …«

Silja, die schweigend zugehört hat, wendet sich jetzt ab, denn eine Geste Svens hat ihre Aufmerksamkeit erregt. Schnell läuft sie zu ihrem Kollegen.

»Ist es das Ohr?«

»Nein, da ist alles in Ordnung. Dem hier hat keiner etwas abgeschnitten«, antwortet Sven. »Aber schau mal da.« Er weist auf die linke Hand des Toten, die fest geschlossen ist. Dann holt er die dünnen Handschuhe aus der Tasche und streift sie über. Bei dem Versuch, die Finger trotz der Totenstarre auseinanderzubiegen, ächzt Sven leise.

»Solltest du das nicht lieber Dr. Bernstein überlassen?«, raunt Silja. Plötzlich hat sie das Gefühl, dass es besser wäre, wenn dieser Stürmer nicht sähe, was sie gerade tun. Immerhin ist er Arzt und weiß wahrscheinlich genau, dass sie dabei sind, ihre Kompetenzen zu überschreiten.

»Quatsch mit Sauce. Das dauert viel zu lange«, wehrt Sven ab, und Sekunden später hält er bereits in der Hand, was sich in der Faust des Toten verborgen hat. Einen dunkelbraunen Lederknopf.

»Oha«, entfährt es Silja. »Das sieht jetzt aber nicht mehr nach Selbstmord aus.« Sie hebt den Kopf und ruft mit angespannter Stimme: »Bastian, kommst du mal?«

Zum Glück ist Bastian geistesgegenwärtig genug, den Freund des Toten um etwas Abstand zu bitten. Jochen Stürmer nickt verständig und zieht sich in eine Ecke des Gartens zurück, um seine Pfeife anzuzünden. Als Bastian den Knopf und die gewaltsam geöffnete Faust sieht, begreift er sofort.

»Scheiße, da hat sich jemand wohl vergeblich festhalten wollen.«

»Sehe ich auch so«, pflichtet Sven ihm bei. »Und wenn wir die Jacke finden, an der die restlichen Lederknöpfe sind, dann haben wir auch denjenigen, der den Alten aus dem Fenster gestoßen hat.«

»Wer macht denn so etwas?«, stößt Silja empört hervor. Doch dann schlägt sie sich plötzlich die Hand vor den Mund, und ihre Augen werden ganz weit vor Entsetzen. »Erinnerst du dich an das, was der Makler uns gestern Abend erzählt hat? Vielleicht ist das hier ja das Haus, von dem er gesprochen hat.«

»Und René Gerkrath hat diesen armen Mann aus dem Fenster geworfen, damit er dessen Immobilie besser verkaufen kann? Mach dich nicht lächerlich, Silja, wir sind hier nicht beim *Tatort* am Sonntagabend.«

»Nicht streiten, ihr beiden«, mahnt Sven, aber Bastian ist schon wieder ganz geschäftsmäßig.

»Als Erstes fragen wir den Typen, der ihn gefunden hat. Wenn er den Toten wirklich schon so lange kennt, weiß er bestimmt auch einiges über dessen Familie. Und ihr wisst doch: Da sollte man immer zuerst suchen.«

»Traurig, aber wahr«, pflichtet Sven ihm bei, während er sich aufrichtet.

Als die drei Ermittler auf Jochen Stürmer zugehen, blickt er ihnen mit erhoben Brauen entgegen. Seine Stimme ist ruhig, aber die Frage klingt neugierig.

»Haben Sie etwas entdeckt?«

»Kann man so sagen.« Sven präsentiert ihm den Lederknopf auf der flachen Hand. »Den hatte der Tote in der Faust.«

Stürmer begreift sofort. Sein Gesicht wird blass. »Um Gottes willen! Das heißt ja, dass jemand Klaas aus dem Fenster gestoßen hat, oder?«

»Zumindest hat ein Kampf stattgefunden«, korrigiert ihn

Bastian und wendet sich kurz an Silja. »Sagst du Dr. Bernstein Bescheid, dass wir ihn hier brauchen?« Dann wendet er sich wieder an Jochen Stürmer. »Wir wüssten gern so viel wie möglich über die Familie von Herrn Menken.«

»Da gibt's nicht viel zu erzählen. Ich glaube, er war ziemlich einsam. Die Frau ist schon lange weg. Hat sich scheiden lassen und jemanden vom Festland geheiratet. So viel ich weiß, hatten Klaas und sie schon seit Ewigkeiten keinen Kontakt mehr. Noch nicht einmal über die gemeinsame Tochter.«

»Lebt die noch auf Sylt?«, will Bastian wissen.

Jochen Stürmer nickt.

»Betreibt in Westerland eine Spielhölle. Zusammen mit ihrem Mann. Und bevor Sie fragen: Klaas hat den Kerl gehasst. Er hielt ihn für nichtsnutzig. Bestenfalls.«

»Und schlimmstenfalls?«

Jochen Stürmer zögert lange, bevor er antwortet.

»Schlimmstenfalls? Na ja, schlimmstenfalls hielt Klaas Menken seinen Schwiegersohn für einen Erbschleicher, dem alles zuzutrauen ist.«

**Freitag, 6. Oktober, 09.45 Uhr,
Spielhalle Golden Goal, Westerland**

Andrea Töpfer blinzelt ins Licht. Nicht, dass es davon in ihrem Schlafzimmer viel gäbe. Der schmale Raum, einer von zweien, die die Wohnung hinter der Spielhalle zu bieten hat, geht nach Nordosten und auf einen engen Hinterhof hinaus. Hier kommt die Sonne im Winter gar nicht hin und im Sommer nur für eine knappe Stunde.

Aber der Unterschied zwischen Nachtdunkel und Tageshell ist selbst hier zu sehen. Immerhin.

In der Betthälfte neben Andrea windet sich Torben aus einem unruhigen Schlaf. Er hat nicht nur ausgiebig geschnarcht und gegrunzt wie jede Nacht, sondern auch noch geredet. Zunächst hat Andrea versucht, wegzuhören und wieder einzuschlafen, doch dann ist sie immer aufmerksamer geworden.

Blöder Alter waren die ersten Worte, die sie verstand. Der Rest kam so genuschelt heraus, dass es alles heißen konnte. Doch einige Dinge wiederholten sich. *Treppe* und *hab dich nicht so* konnte sie schließlich identifizieren. Und dann, gefühlte Stunden später, als an Einschlafen längst nicht mehr zu denken war: *Beschwer dich nicht. Hast dein Leben gehabt.*

Andrea wurde ganz kalt unter ihrer Decke, dabei neigt sie sonst eher zu nächtlichen Schweißausbrüchen. Vorsichtig kroch sie näher zu Torben heran, aber der Alkoholdunst, den er ausstieß, hielt sie dann doch wieder auf Distanz. Gestern Abend hat er es wieder übertrieben. Seine beiden dicksten Kumpel Matze und Henry waren die einzigen Gäste in der Spielhalle, und Matze, der als Dachdecker arbeitet, hatte eine satte Bonuszahlung für die Überstunden des Sommers erhalten. Am späten Nachmittag hatte er Torben angerufen und ihn auf ein Bier nach Keitum eingeladen, wo die Dachdeckerei ihren Sitz hat. Andrea wollte nicht, dass Torben geht, aber er ließ sich nicht davon abbringen. *Ich muss auch mal raus aus dem Schuppen hier, sonst werd ich eines Tages noch verrückt*, war alles, was sie als Antwort zu hören bekam. Dann war er weg und ließ Andrea allein im Geschäft zurück.

Als Torben gegen neun mit den beiden Kumpels zurückkam, war Andrea zunächst froh darüber, dass Matze offensichtlich gewillt war, wenigstens einen Teil seiner Prämie bei ihnen in Schnaps, Bier und Games zu investieren, doch bald artete die Trinkerei aus, und sie fürchtete um Torben. Und um sich selbst.

Wider Erwarten ist der Abend aber friedlich verlaufen. Alle halbe Stunde hat sie die Couch vor dem Fernseher in ihrem Wohnraum verlassen, um vorn nach dem Rechten zu sehen. Die Freunde zechten und grölten, warfen auch den einen oder anderen Automaten an, aber sie randalierten nicht. Und um zwei Uhr nachts, als Andrea ins Bett ging, war noch nicht einmal ein einziges Glas zu Bruch gegangen.

»Morgen.«

Die Stimme ihres Mannes reißt Andrea Töpfer aus ihren Gedanken. Er reibt sich die Augen und verzieht das Gesicht zu einer schmerzverzerrten Grimasse.

»Scheiße, ist mir schlecht.«

»Wach erst mal richtig auf«, sagt Andrea vorsichtig und fügt dann hinzu: »Ich hab noch ein oder zwei Aspirin im Bad. Soll ich sie holen?«

Ein Stöhnen ist die Antwort.

»Hast du schlecht geträumt?«

»Wie kommst'n darauf. Hab gepennt wie'n Stein. Hättest mich wahrscheinlich glatt erschlagen können, ohne dass es weh getan hätte.«

»Sag so was nicht.«

»Warum?«, eine wohlbekannte Aggressivität schleicht sich in Torbens Stimme. »Wärst doch besser dran ohne mich. Vielleicht würde dann dein Alter dich sogar wieder aufnehmen.«

»Das will ich gar nicht.«

»Na, ist ja jetzt auch egal.«

»Wie meinst du das?«

»Wie soll ich's schon meinen? Wirst mich ja ohnehin nicht erschlagen, oder? Traust dich nicht. Und vielleicht hängste ja doch noch ein bisschen an mir.« Torbens Lachen klingt keckernd und heiser.

»Torben, ich ...«, beginnt Andrea vorsichtig, doch das Klingeln des Telefons unterbricht sie.

»Scheißapparat!«, flucht Torben und zieht sich das Kissen übers Gesicht. Seine Stimme hinter den Federn ist gedämpft. »Geh ran, aber dalli, sonst krieg ich die Krise.«

Andrea rollt sich aus dem Bett, tastet nach ihren Pantoffeln und schlurft hinüber ins Wohnzimmer.

»Töpfer. Wer ist denn da?«

»Kriminalpolizei Westerland. Bastian Kreuzer am Apparat.«

»Was?«

»Sie haben schon richtig gehört. Frau Töpfer, ich habe nur eine kurze Frage: Sind Sie die Tochter von Klaas Menken?«

»Ja.«

Ein ganz mieses Gefühl breitet sich in Andrea Töpfer aus. Was auch immer dieser Kripomensch jetzt gleich sagen wird, es kann nichts Gutes sein.

»Ich würde gern mit Ihnen über Ihren Vater reden. Aber persönlich. Kann ich vorbeikommen?«

Andrea zögert und antwortet schließlich mit leiser Stimme: »Ja. Ja, natürlich. Wann wollen Sie denn kommen?«

»Am besten sofort.«

»Ich bin ... ich bin noch gar nicht aufgestanden«, stammelt Andrea.

»Frau Töpfer, es ist dringend.«

»Okay ... wie lange brauchen Sie?«

»Zehn Minuten, wir sitzen ja direkt bei Ihnen um die Ecke.«

»Gut. Ich warte vorn im Laden.«

»Und Ihr Mann, ist der auch da?« Die Stimme am anderen Ende der Leitung klingt lauernd.

»Er schläft noch, aber ich kann ihn wecken«, lügt Andrea, die aus dem Augenwinkel sieht, wie sich Torben aus dem Bett wälzt.

»Besser ist es«, antwortet der Kommissar.

Andrea wartet, weil sie denkt, es käme noch etwas. Aber es kommt nichts mehr.

Freitag, 6. Oktober, 09.58 Uhr, Kriminalkommissariat Westerland

Kaum dass Sven und Bastian das Büro verlassen haben, um der Tochter des Toten die traurigen Umstände mitzuteilen, klingelt das Telefon. Silja seufzt leise. Sie ist gar nicht scharf darauf, sich jetzt mit Fred Hübner zu unterhalten, dessen Anruf Sven schon für zehn Uhr angekündigt hat. Eigentlich will Silja mit überhaupt niemandem sprechen. Es geht ihr so vieles im Kopf herum. Vor allem die Wohnung, die sie gestern angesehen haben. Ständig muss sie an die hellen Räume denken. Aus einem der Fenster konnte man sogar die Dünen sehen. Und verkehrsgünstig liegt die Wohnung auch. Der Bus hält fast vor der Tür. Und mit dem Fahrrad sind es höchstens zehn Minuten bis ins Kommissariat. Aber der Preis. Am liebsten würde sich Silja sofort an eine Liste mit allen Ausgaben machen, die Bastian und sie monatlich haben. Eigentlich müssten sie sich die Wohnung doch leisten können, wenn auch nur knapp. Klar, große Reisen sind dann nicht mehr drin, aber andererseits: Leben sie nicht an einem der schönsten Orte überhaupt? Schließlich kommen Jahr für Jahr richtig wohlhabende Leute hierher, um den Sommer auf der Insel zu verbringen.

Das plötzliche Ausbleiben des Telefonläutens reißt Silja aus ihren Gedanken. Es kommt gar nicht gut an, wenn die Kommissare nicht ans Telefon gehen. Aber was soll's. Dann muss der blöde Hübner eben noch einmal anrufen. Sicherheitshalber sieht Silja aber doch noch auf dem Display nach. Es war eine Sylter Festnetznummer. Sie seufzt noch einmal, verbannt die Gedanken an die verlockende neue Wohnung und ruft zurück.

Es meldet sich eine Frauenstimme, und Silja braucht einige Sekunden, bis sie den Namen zuordnen kann. Katharina Liebherr. Liebherr, Liebherr? Dann fällt's ihr wieder ein. Die Mutter von diesem Mädchen, das Silja wegen der schwarzen Messen befragt hat. Wie hieß das Mädchen noch gleich? Richtig, Jenny.

»Frau Liebherr, hier spricht Silja Blanck von der Kriminalpolizei Westerland. Sie haben eben bei uns angerufen?«

»Ja, ich dachte ... also ich wollte ... ach, das ist ja nett, dass Sie zurückrufen.«

»Es hat gerade nicht so gut gepasst, aber jetzt habe ich einen Moment Zeit.«

»Es geht auch ganz schnell. Ich wollte mich einfach nur bei Ihnen bedanken.«

»Bedanken? Wofür denn?«

»Dafür, dass Sie mit Jenny geredet haben. Ich weiß ja nicht so genau, worüber Sie gesprochen haben, und es ist mir auch egal. Tatsache ist jedenfalls, dass es geholfen hat.«

»Wie meinen Sie das?«

»Ich glaube, Jenny ist weg von denen. Seit gestern trägt sie wieder ihre ganz normalen Sachen. Also Helles und so. Nicht mehr dieses ekelhafte Schwarz.«

Silja kann die Erleichterung der Mutter förmlich durch die Leitung spüren. Und sie schämt sich jetzt schon für das, was sie gleich tun wird.

»Frau Liebherr? Es tut mir leid, aber ich glaube eigentlich nicht, dass Ihre Tochter wegen unseres Gesprächs ihr Verhalten geändert hat. Oder hat Jenny Ihnen das selbst so gesagt?«

»Nein, natürlich nicht. Ich denke, das ist alles noch ein sehr sensibles Thema für sie, und vielleicht will sie auch gar nicht darüber reden.«

»Ich fürchte leider, genau das müssen wir tun. Jenny hat sicher Gründe für ihre Entscheidung, und ich bin froh darüber, dass Sie mir davon erzählt haben. Nur kann es sein, dass die Gründe weniger erfreulich sind, als Sie und ich es uns wünschen würden.«

»Wie meinen Sie das?«

»In der vorletzten Nacht ist am Braderuper Watt eine schwarze Messe gefeiert worden. Und am Morgen danach haben wir Indizien gefunden, die – wie soll ich sagen? – ausgesprochen besorgniserregend sind.«

»O Gott. Was ist passiert?«

»Noch wissen wir nichts Näheres. Aber es ist nicht auszuschließen, dass die Messe eskaliert ist, dass irgendetwas geschehen ist, was die jungen Leute ganz und gar nicht mehr unter Kontrolle hatten. Deshalb muss ich auf jeden Fall noch einmal mit Jenny sprechen. Und mit den anderen aus der Gruppe auch. Einige Namen haben wir schon.«

Am anderen Ende der Leitung wird es plötzlich sehr still.

»Frau Liebherr, sind Sie noch dran?«

»Ja. Ja natürlich. Sagen Sie mir nur eines: Ist Jenny jetzt in Gefahr?«

»Ich hoffe nicht. Aber darf ich Sie um einen Gefallen bitten? Ich weiß nicht, ob ich es heute noch schaffe, mit Jenny zu reden. Deshalb meine Bitte: Rufen Sie mich kurz an, wenn Jenny abends weggeht. Ich gebe Ihnen meine Handynummer. Und versuchen Sie auf jeden Fall herauszubekommen, wo sie hinwill. Und noch etwas: Falls Ihre Tochter wieder die schwarzen Sachen anzieht, sagen Sie mir sofort Bescheid.«

Katharina Liebherr seufzt, antwortet aber mit gefasster Stimme: »Ist gut. Ich werd's versuchen. Auch wenn ich nicht glaube, dass Jenny mir plötzlich erzählt, was sie vorhat. Eher habe ich Angst, dass ich sie wieder in die Arme von denen treibe, wenn ich ihr zu sehr auf die Pelle rücke.«

»Das müssen wir riskieren, Frau Liebherr. Aber glauben Sie mir, wir werden ab jetzt ein Auge auf Jenny haben.«

»Ich verlasse mich auf Sie.«

Silja nickt, auch wenn die andere das nicht sehen kann, und beendet das Telefonat so verbindlich wie möglich. Danach sitzt sie mit leerem Blick an ihrem Schreibtisch. Sie schämt sich. In der ganzen Aufregung wegen der neuen Wohnung hat sie die Satanisten völlig aus den Augen verloren. Sie hätte gleich nach dem Gespräch mit dem Schulleiter versuchen müssen, mit dem Mitschüler von Jenny, dessen Name ihr jetzt noch nicht einmal einfällt, zu reden. Vielleicht hätte sich damit irgendetwas verhindern lassen. Aber was? Der tote alte Mann in Munkmarsch wird doch wohl nichts mit dieser anderen Sache zu tun haben. Und dass das Ohr einem weiteren Toten abgeschnitten worden ist, von dessen

Identität sie bisher keinen blassen Schimmer haben, wissen sie schließlich auch erst seit wenigen Stunden.

Und trotzdem bleibt ein ungutes Gefühl. Die Kommissarin fürchtet, dass es eine Verbindung zwischen den Vorfällen gibt, eine geheime Formel, hinter deren Zusammensetzung sie möglichst bald kommen müssen. Oder ist alles Zufall? Natürlich ist es theoretisch möglich, dass innerhalb von vierundzwanzig Stunden zwei Menschen auf der Insel zu Tode kommen, ohne dass beides zusammenhängt. Aber wie wahrscheinlich ist das?

Freitag, 6. Oktober, 10.02 Uhr, Spielhalle Golden Goal, Westerland

Das Ladenfenster ist vollständig mit Goldfolie beklebt. Ein riesiger Regenbogen in knalligen Farben prangt darauf. Und im Inneren des Bogens purzeln die Wörter durcheinander. *Games. Flipper. Fußball. Roulette.* Die Leuchtbuchstaben über der Tür wirken dagegen matt und ausgeblichen. Bei näherem Hinsehen bemerkt Bastian, dass einige der Buchstaben ein etwas anderes Format haben. »Da hat jemand Reste zusammengekauft und gehofft, es werde nicht auffallen.«

»Wahrscheinlich leuchtet die Schrift dafür am Abend so grell wie die Sünde selbst. Da siehst du den Unterschied bestimmt nicht mehr«, antwortet Sven, während er nach einem Klingelknopf sucht.

»Aber trotzdem. Gut geht's denen sicher nicht.«

»Wenn's denen gutginge, dann hätten sie gar nicht erst diesen Schuppen hier aufgemacht. Siehst du eine Klingel?«

»Wozu? Die Öffnungszeiten stehen doch da.«

Bastian weist auf einen nachlässig beschrifteten Zettel, der neben der Tür klebt. *Montag bis Sonntag: 12 bis 02 Uhr.* Dann hebt er die Hand und lässt sie laut einige Male an die Scheibe klatschen. Das Glas vibriert, der Zettel flattert im Luftzug.

»Musst du gleich so randalieren?«

»Ich hab vor zwölf Minuten angerufen und der Frau gesagt, dass etwas mit ihrem Vater ist und wir in zehn Minuten bei ihr sind. Die weiß doch genau, dass sie keine Klingel hat. Eigentlich müsste sie längst hier auf der Straße stehen und extrem besorgt nach uns Ausschau halten. Oder wie würdest du reagieren?«

Anstelle einer Antwort zeigt Sven nach hinten ins Ladendunkel, wo sich jetzt eine Tür öffnet und eine Gestalt erscheint. Sekunden später flackern im Inneren der Spielhalle Leuchtstoffröhren auf. Das Licht zuckt, geht an und wieder aus, bis es sich endlich beruhigt. An den Wänden lehnen Flipper und Geräte wie überalterte Roboter. Ihre gläsernen Scheiben spiegeln das kalte Neon und werfen es zurück in den Raum und auf die Frau, die auf die beiden Beamten zukommt. Sie trägt eine Jogginghose und ein gelbes Sweatshirt. Ihre Füße stecken in grauen Plüschpantoffeln. Die Haare liegen ungekämmt am Kopf an und umrahmen ein abgelebtes Gesicht. Mit einem Ruck zieht die Frau die Ladentür nach innen auf.

»'tschuldigung, sie klemmt schon lange«, murmelt sie anstelle einer Begrüßung und senkt anschließend den Blick auf ihre Pantoffeln.

»Frau Töpfer, nehme ich an?«, erkundigt sich Bastian, während er mit Sven die Spielhalle betritt.

»Andrea Töpfer, geborene Menken«, antwortet sie in einer

merkwürdigen Förmlichkeit. »Klaas Menken ist mein Vater.« Dann plötzlich hebt sie die Augen und ein rührend bitterer, fast kindlich wirkender Ausdruck steht in ihrem Gesicht. »Was ist mit ihm? Ich meine, ist irgendetwas passiert?«

Bastian strafft die Schultern und sieht Andrea Töpfer direkt in die Augen.

»Ihr Vater ist tot, Frau Töpfer. Es tut mir sehr leid. Ein Jugendfreund hat ihn vor einer guten Stunde in seinem Garten gefunden.«

Ungläubig starrt Andrea Töpfer den Kommissar an. Schließlich sagt sie kopfschüttelnd: »Mein Vater hat keine Freunde.«

Bastian wartet. Er kennt solche Reaktionen. Sie sind in der Regel dem Schock geschuldet und daher weniger befremdlich, als man meinen möchte. Häufig besagen sie gar nichts, auch wenn ein Ermittler bei jedem gewaltsamen Tod natürlich auf die ersten Worte eines Hinterbliebenen besonders achten muss.

»Was hat mein Vater überhaupt im Garten gemacht?«, fragt Andrea Töpfer jetzt irritiert. »Er kommt doch kaum noch die Treppen herunter.«

»Das musste er auch nicht. Er ist aus dem Fenster gestürzt.«

»Er hat sich umgebracht? Das glaube ich nicht. Mein Vater ist ... war kein Selbstmörder.«

»Sehen Sie, da geht es Ihnen wie uns. Wir glauben auch nicht, dass er sich umgebracht hat.«

»Aber ...«

Ganz langsam begreift die Frau. Hektische Flecken erscheinen auf ihren Wangen, sie ringt in einer unecht wirkenden Gebärde die Hände, dann reibt sie sie aneinander, als wolle sie sie waschen.

»Sie meinen, er wurde ... ermordet?« Ein zweifelnder Blick trifft die Kommissare. Doch weder Sven noch Bastian antworten. Als die Frau die Stille nicht mehr aushält, flüstert sie: »Sie glauben, ich war's, stimmt's? Oder Torben. Aber da täuschen Sie sich. Wir waren hier, alle beide, das kann ich beschwören.«

»Und wann wollen Sie genau hier gewesen sein?«, erkundigt sich jetzt Sven mit unbeweglicher Miene. »Wir haben Ihnen ja noch gar nicht gesagt, wann es geschehen ist.«

Andrea Töpfer holt tief Luft. Es ist fast beschämend, zu sehen, wie sie in ihr eigenes Unglück rennt, denkt Bastian und wartet gespannt auf die nächste Bemerkung. Doch die kommt nicht. Stattdessen betritt hinter ihr ein dicklicher Mann in Plastiklatschen, Boxershorts und Unterhemd den Ladenraum. Seine Haare kleben nass an Schläfen und Nacken, auch auf den Oberarmen sind noch Tropfen zu sehen. Torben Töpfer kommt offensichtlich gerade aus der Dusche.

»Morgen.«

»Mein Mann«, erklärt Andrea Töpfer überflüssigerweise und sucht den Blickkontakt mit ihm. Etwas Warnendes steht jetzt in ihrem Gesicht und gibt ihr das Aussehen einer listigen Maus.

»Was gibt's denn so Dringendes?«, erkundigt sich Torben Töpfer mit erstaunlicher Gelassenheit. Den Blick seiner Frau ignoriert er.

»Ihr Schwiegervater ist tot. Er wurde vermutlich aus dem Fenster seiner Dachwohnung gestoßen.«

»Echt jetzt? Das glaub ich nicht!«

»Torben!«

»Sei still. Wann war das denn?«

»Wir wissen es noch nicht, Herr Töpfer. Aber wir haben gehofft, Sie könnten uns vielleicht bei der Aufklärung helfen.«

Bastian zielt ins Blaue hinein. Sein Gesichtsausdruck ist freundlich und harmlos, während Sven die Böser-Cop-Miene aufgesetzt hat. Ein altes Spiel, das immer noch erstaunlich gut funktioniert. Der eine ist lieb, der andere nicht.

Deswegen fragt Sven jetzt auch in strengem Tonfall: »Wann haben Sie Herrn Menken eigentlich zum letzten Mal gesehen?«

»Ich? Äh, da muss ich erst mal nachdenken.«

Belustigt sieht Sven zu, wie die Sicherheit im Ausdruck des anderen zerbröselt. Er blinzelt mit den Augen, und feine Tropfen bilden sich auf Torben Töpfers Stirn.

Es ist Andrea Töpfer, die ihren Mann rettet.

»Das muss Monate her sein. Torben und mein Vater, also die haben sich nicht so gut verstanden, wissen Sie, und deshalb ...«

Ein Zucken geht durch Töpfers massigen Körper. In einer unwillkürlichen Bewegung reißt er die Hand bis zur Hüfte hoch, dann hat er sich wieder unter Kontrolle. Nur sein wütender Blick verrät ihn.

»Sie mochten Ihren Schwiegervater also nicht«, stellt Sven sachlich fest. »Dabei hat Klaas Menken ordentlich was zu vererben gehabt. Und finanziell sind Sie wahrscheinlich nicht gerade auf Rosen gebettet.« Eine ausladende Geste umfasst die grelle Schäbigkeit des Raums. »Ich will ehrlich zu Ihnen sein. Das alles zusammen hört sich für mich gar nicht gut an.«

»Wenn ihr mir unterstellen wollt, dass ich den Alten umgelegt habe, dann müsst ihr aber früher aufstehen«, poltert Töpfer plötzlich los.

»Wir unterstellen Ihnen gar nichts«, unterbricht ihn Bastian. »Aber wir haben eine kleine Bitte, die Sie uns sicher nicht abschlagen werden, wenn Sie unschuldig sind.«

»Und das wäre?«, bellt Töpfer.

»Wir würden uns gern in Ihrer Wohnung umsehen. Um genau zu sein interessiert uns Ihr Kleiderschrank. Denn das hier ...«, Bastian zieht einen durchsichtigen Beweismittelbeutel aus der Tasche, der den braunen Lederknopf enthält, »... das hier haben wir in der Faust des Toten gefunden.«

**Freitag, 6. Oktober, 10.07 Uhr,
Gauklerplatz, Marrakesch**

Auf der Dachterrasse des Hotels ist es kälter als erwartet. Aber Fred Hübner will gar nicht lange bleiben. Er ist nur heraufgekommen, weil der Handyempfang hier oben besser ist als in seinem Zimmer. Er hat auf die dicke Jacke verzichtet und sich nur einen Pullover übergezogen, doch jetzt fegt der Wind fast wie an der Nordsee über die afrikanischen Häuser, Türme und Minarette. Schon einige Male hat er versucht, die Sylter Kriminalpolizei zu erreichen, aber es war immer besetzt.

Nachdem er erneut vergeblich gewählt hat, sieht Fred sich gründlich um. In der letzten Nacht sind Regenwolken aufgezogen, der Himmel ist grau und die Luft diesig, das Pflaster unten auf dem Platz feucht und glänzend. Nichts erinnert mehr an die farbig strahlende Stadt, die sich gestern noch im Sonnenlicht präsentiert hat. Und zu allem Unglück gehen diese verdammten Kommissare nicht ans Telefon. Wahrscheinlich haben die Kripo-Fuzzis einfach auf Durchzug geschaltet, um in Ruhe frühstücken zu können.

Fred ist selbst erstaunt darüber, wie unruhig er plötzlich wird. Mal ganz im Ernst, was soll schon sein? Es gibt tausend Möglichkeiten für eine junge gutaussehende Frau, sich auf Sylt die Zeit zu vertreiben. Selbst im Herbst. Vielleicht ist sie bei irgendeinem Lebemann eingezogen, oder sie hat die Schnauze voll von Wind und Regen und ist für eine Woche in die Karibik gejettet. Klar hätte sie ihm vorher Bescheid sagen können, aber sie kann ja nicht damit rechnen, dass er so eine ausgewachsene Paranoia entfalten würde. Überhaupt war es wahrscheinlich eine Schnapsidee, diese Kommissare einzuschalten. Er sollte froh sein, wenn sie ausnahmsweise einmal nicht ihre Nase in seine Angelegenheiten stecken. Und was hat er sich eigentlich von dem Anruf erhofft? Wahrscheinlich hält ihn dieser Winterberg doch längst für völlig übergeschnappt und denkt nicht im Traum daran, in Freds Wohnung nach dem Rechten zu sehen. Oder falls er doch hingefahren ist, gibt's auch nur zwei Möglichkeiten. Entweder er hat Freds unzuverlässige Mieterin aufgespürt oder eben nicht. Aber was heißt das schon? Gar nichts.

Trotzdem versucht Fred jetzt ein weiteres Mal, den Kommissar zu erreichen.

Immerhin ist der Anschluss nicht mehr besetzt, dafür läutet es endlos, und er will schon aufgeben, doch dann wird tatsächlich abgenommen. Diesmal ist die kleine Kommissarin am Apparat. Silja Blanck. Fred mag sie. Ihre einfühlsame Art ebenso wie ihr manchmal sehr burschikoses Auftreten. Sie ist keine toughe Polizistin, sondern eine Person, deren Biographie ganz bestimmt Brüche aufweist. Fred hat einen guten Riecher für solche Leute, das braucht man als Journalist.

»Hallo? Wer ist dort bitte?« Jetzt wird sie gerade ungeduldig. Er sollte sich beeilen.

»Moin, moin, Fred Hübner. Sie erinnern sich bestimmt, Frau Blanck, ich …«

»Sie schon wieder? Haben Sie einen sechsten Sinn oder was?«, unterbricht sie ihn.

»Äh wieso? Also ich meine, ja klar habe ich den. Aber ein bisschen müssen Sie mir schon auf die Sprünge helfen.«

»Netter Versuch«, kontert die Kommissarin. »Aber Sie glauben nicht im Ernst, dass ich jetzt meine Dienstgeheimnisse ausplaudere, oder? Fakt ist aber, dass ich wenig Zeit habe. Also: Worum geht's?«

»Ich hatte gestern mit Ihrem Kollegen gesprochen. Wegen der Untermieterin in meiner Wohnung.«

»Richtig, jetzt weiß ich wieder. Tja also, Herr Hübner, dazu können wir im Moment wenig sagen. Wir waren tatsächlich an Ihrer Wohnung, haben aber niemanden angetroffen …« Sie verstummt plötzlich, als sei sie nicht sicher, wie weit sie gehen will. Doch dann wird ihre Stimme wieder fest. »Aber das heißt natürlich noch gar nichts. Ihre Untermieterin kann sonstwo sein. Warum machen Sie sich eigentlich Sorgen?«

Gute Frage denkt Fred. Warum eigentlich? Er seufzt. Dann versucht er es zu erklären.

»Sie wirkte labil auf mich. Von Anfang an. War nur ein Gefühl, aber was heißt schon *nur*. Sie wissen sicher selbst, dass unsere Gefühle uns selten täuschen.«

Fred Hübner macht eine Pause, um der Kommissarin Gelegenheit zu einer Entgegnung zu geben, aber es kommt nichts. Vielleicht braucht diese Silja Blanck noch ein bisschen mehr Futter.

»Ich habe Tess Andres bei unseren ersten Gesprächen mehrmals gefragt, was sie zu dieser ungewöhnlichen Zeit eigentlich auf der Insel will. Ich meine, angeblich ist das Mädel ein hochbezahltes Model. Da müsste sie doch Besseres zu tun haben, als den ganzen verdammten Herbst lang auf Sylt herumzusitzen.«

»Herr Hübner«, Fred hört schon am Tonfall der Kommissarin, dass er sich umsonst bemüht hat, »das mag ja alles schön und gut sein, aber bevor wir nicht konkrete Hinweise darauf haben, dass Ihre Untermieterin in eine Straftat verwickelt ist, und das ist es ja wohl, was Sie mir nahelegen wollen, können wir auch nichts unternehmen.«

»Vielleicht schwebt sie in Gefahr. Oder sie hat sich selbst in Gefahr gebracht. Ich hatte das Gefühl, dass sie manchmal unter Drogen steht ...«

»Das ist eine ernste Anschuldigung. Ich bin nicht sicher, ob Sie sich das gut überlegt haben. Aber wie auch immer, wir sind nicht die Kindermädchen Ihrer Untermieterin. Und zurzeit haben wir hier wirklich andere Sorgen. Ich wünsche Ihnen noch einen schönen Tag, Herr Hübner.«

Und schwupps hat sie aufgelegt. Fred schaut entgeistert auf sein Handy. Und dann zum Himmel. Während des Telefonats hat es angefangen zu regnen. Fette Tropfen klatschen auf die billigen Tischplatten und den unebenen Betonboden der Dachterrasse. Der Wind kommt in Böen vom Atlasgebirge herüber und wirft gerade einen der leichten Stühle um, polternd rollt er unter einen Tisch.

»Scheiß Marokko«, flucht Fred leise, stopft sein Handy in die Jeanstasche und sieht zu, dass er sich ins trockene Treppenhaus flüchtet. Hier riecht es nach Kurkuma und Knoblauch, und plötzlich kann Fred den Gedanken an auch nur eine einzige weitere orientalische Mahlzeit nicht ertragen. *Ein Königreich für ein Fischbrötchen*, denkt er und wundert sich gleichzeitig über seine Sentimentalität.

Mahmut, der Betreiber des Hotels, kommt ihm auf der engen Treppe entgegen und versucht, sich mit einer großen Geste für das schlechte Wetter zu entschuldigen. Fred bleibt stehen und hält den anderen am Arm fest. Er werde abreisen und das wahrscheinlich noch heute, erklärt er zu seiner eigenen Verwunderung. Die Worte klingen energisch, als habe er den Entschluss nach gründlichem Nachdenken gefasst, dabei ist ihm die Idee eben ganz spontan gekommen. Mahmut aber zeigt keine Überraschung, sondern zuckt nur die Schultern. *Europäer*, heißt diese Geste sicher, *die wissen nie, was sie wollen. Erst erklären sie einem, sie bleiben den ganzen Winter, belegen das beste Zimmer und handeln auch noch den Preis herunter, und dann ist alles wieder anders. Doch was soll's? Und wer wird sich schon darüber aufregen?*

»In schā'allāh«, murmelt Mahmut und windet sich an Fred vorbei.

Der steht noch eine ganze Weile wie festgefroren in dem engen Treppenhaus. Soll er die Reise wirklich abbrechen? Und wenn er es tut, sollte er sich dann nicht wenigstens eingestehen, dass die Sorgen um seine Wohnung und die unzuverlässige Untermieterin nur zum Teil der Grund für diesen Entschluss wären. Zu einem ziemlich geringen Teil sogar. Ist es nicht tatsächlich eher so, dass er sich von Tag zu Tag schwerer mit seinem Romanprojekt tut? Immer gezwungener werden seine Formulierungen, und was er sich als Kreativitätsschub erhofft hat, stellt sich eher als Motivationsbremse heraus. Klar lässt sich Fred gern stundenlang durch die Souks und Basare treiben, immer wieder besucht er das

Färberviertel im Nordosten der Medina, das wegen seines Gestanks und der erbärmlichen Arbeitsbedingungen, unter denen die Marokkaner dort schuften, nicht gerade ein Touristenanziehungspunkt ist. Er hat sich viel von der Authentizität des Ortes erhofft. Die mittelalterlich anmutenden Höfe mit den großen Betonbecken für die Farben. Unzureichend geschützte Männerbeine, die in den Laugen stehen und die Felle gerben. Die frühzeitig gealterten Gesichter. Und über allem der Gestank nach Blut und Urin. Fred hat den Schweiß und die Angst gespürt, das Bemühen ums nackte Überleben. Es hat ihn berührt und ihm klargemacht, wie komfortabel sein eigenes Leben ist. Das schon. Doch als Inspiration reicht das nicht. Es wollen sich einfach keine lebendigen Figuren einstellen, und jeder Plot, der ihm abends passend erscheint, wirkt am nächsten Morgen im Licht des neuen Tages dürr und unergiebig.

Vielleicht ist er einfach zu nah an den Dingen dran, um Wichtiges von Unwichtigem unterscheiden zu können. Und möglicherweise hat er längst genug gesehen und wäre zu Hause an seinem Schreibtisch konzentrierter und kreativer.

Doch was ist, wenn er tatsächlich zurückfliegt und sich diese blöde Tess dann als putzmunter erweist und nicht gewillt ist, seine Wohnung vor dem vereinbarten Zeitraum zu räumen? Überrascht merkt Fred, dass ihm das auch schon egal wäre. Dann würde er sich für die nächsten Wochen eben ein Zimmer irgendwo in Westerland nehmen und den Differenzbetrag zu der stolzen Miete, die sie ihm zahlt, einfach einsparen.

Genau so wird er es machen.

Fred merkt, wie sich Erleichterung in ihm ausbreitet. Er

holt sein Handy aus der Tasche und geht ins Internet, um noch eines der billigen Flugtickets zu ergattern, die er gestern entdeckt hat.

Freitag, 6. Oktober, 10.43 Uhr, Kriminalkommissariat Westerland

»Und? Was hat die Tochter von Klaas Menken gesagt?«
Neugierig blickt Silja den beiden Kollegen entgegen, die gerade das Büro betreten.

»Angeblich waren sie und ihr Mann den ganzen Tag und den Abend über gemeinsam in der Spielhölle. Zeugen gibt's allerdings keine«, antwortet Bastian mit spöttischem Gesicht.

»Ihr glaubt ihnen nicht?«

»Sie sind die Einzigen mit einem Motiv für den Mord.«

»Die Einzigen, von denen wir bisher wissen«, korrigiert ihn Sven.

»Klar, es könnte natürlich auch der Makler gewesen sein.« Bastian lacht unfroh.

»Der Makler? Jetzt plötzlich doch, oder wie?«, beschwert sich Silja.

»Na ja. Ich hab's dieser Töpfer probeweise auf den Kopf zugesagt. War einfach so ein Schuss ins Ungewisse. Und was glaubst du, ist dabei herausgekommen?«

»Na?«

»Der feine René Gerkrath hat tatsächlich seine Finger im Spiel.«

»Es war also wirklich das Haus von Klaas Menken, von dem er gestern Abend so lange geredet hat?« Silja kann ihre Überraschung kaum verbergen. »Und ich dachte, wir machen nur dumme Witze.«

»Sieht nicht so aus. Aber es kommt noch besser. Die Töpfer war nämlich erst gestern Vormittag bei René Gerkrath. Wollte sich mal informieren, wie sie sagt. Und keine vierundzwanzig Stunden später ist der Vater tot. Wenn das kein Zufall ist.« Bastian klingt sarkastisch. Dann fragt er: »Hat eigentlich Bernstein sich schon gemeldet? Er wollte sich die Leiche doch gleich vornehmen.«

»Hat eben angerufen. Es ist alles so, wie wir es schon vermutet haben. Menken wurde gestoßen, jedenfalls mit großer Wahrscheinlichkeit. An seinen Oberarmen finden sich starke Druckspuren. Das Fleisch ist blutunterlaufen und gequetscht. Außerdem muss wohl jemand mit einem Tritt gegen die Hüften nachgeholfen haben. Auch da gibt's Prellungen.«

»Und Fingerabdrücke? Haben unsere Leute in der Wohnung etwas gefunden?«

Silja schüttelt den Kopf. »Die Spurensicherung ist noch nicht ganz durch, aber bisher haben sie nur Fingerabdrücke von diesem Jochen Stürmer, der ja am Nachmittag vorher zu Besuch war, gefunden. Außerdem von der Pflegerin. Sie ist gekommen, kurz nachdem wir weg waren und hat gleich ihre Fingerabdrücke bei der Tatortsicherung hinterlassen. Und dann gab's noch Abdrücke von Menken selbst. Mehr nicht. Aber was heißt das schon? Heutzutage weiß doch jedes Kind, dass man Handschuhe anzieht, wenn man jemanden umbringen will.«

»Immerhin deutet es auf eine geplante Tat hin. Kein Mord im Affekt …«, wirft Sven ein. Er will weiterreden, doch das Klingeln seines Handys lenkt ihn ab.

»… wobei wir wieder bei der Tochter und ihrem feinen Gatten wären«, vollendet Bastian den Satz.

»Und der Knopf?«, will Silja wissen.

»Ja, der Knopf. Also mal ehrlich, Süße, was erwartest du? Dass die so blöd sind und uns das Corpus Delicti freiwillig vor die Füße werfen? Diese Jacke kann sonstwo sein. Im Meer, im Müll, in irgendeinem Kamin verfeuert.«

»Es hätte auch sein können, dass sie das Fehlen des Knopfes gar nicht bemerken. Falls es überhaupt seine oder ihre Jacke war«, fügt Silja unkonzentriert hinzu. Aus dem Augenwinkel beobachtet sie, wie Svens Miene sich verfinstert. »Ist was mit Anja?«, fragt sie besorgt.

Sven schüttelt den Kopf und formt mit den Lippen das Wort *Mette*. Dann beendet er das Telefonat. »Der Lütten geht's nicht gut. Nach der großen Pause hat sie sich auf dem Schulklo übergeben, und jetzt muss sie jemand nach Hause bringen.«

»Und wer wird das sein?« Bastian zieht schon vorsorglich die Brauen hoch, doch Sven grinst nur.

»Anja ist schon unterwegs, sie wollte mir nur Bescheid sagen. Wahrscheinlich brütet Mette irgendetwas aus. Gestern Abend war sie auch schon ziemlich neben der Spur. Ist freiwillig ins Bett gegangen, das kommt sonst nie vor.«

»Solange du dich nicht ansteckst«, grummelt Bastian, setzt sich an seinen Schreibtisch und greift nach einem Notizzettel. »Lasst uns mal kurz brainstormen. Was haben wir bisher? Und wie gehen wir weiter vor?« Auffordernd blickt er in die Runde.

»Tja, alles konzentriert sich auf die letzten beiden Nächte«, beginnt Sven. »Die Satanisten feiern in der vorletzten Nacht am weißen Kliff eine schwarze Messe. Am nächsten Morgen, also gestern, liegt ein Ohr dort. Das Ohr eines Toten, um genau zu sein.«

»*Einer* Toten. Weiblich«, unterbricht ihn Silja. »Das hab ich vorhin vergessen zu erzählen. Bernstein hat das Ergebnis der Geschlechtsbestimmung. Das Ohr gehört zu einer Frau. Und die war noch nicht lange tot. Wartet mal«, sie kramt in einer Mappe auf dem Schreibtisch. »Hier steht es ja. Bernstein schreibt etwas von *hervorragendem Zustand* und *bester Erhaltung*. Damit meint er das Ohr. Das bedeutet ...«

»... dass der Tod der Dame ohne Ohr noch nicht lange zurückgelegen haben konnte«, vollendet Bastian den Satz.

»Nicht länger als achtundvierzig Stunden«, sagt Bernstein.

»Na toll. Der Tote, den wir heute früh finden, ist aber ein Mann. Außerdem hat er noch beide Ohren.«

»Es gibt allerdings eine Frau, die vermisst wird. Tess Andres. Und ihr Gaul ist auch weg«, fügt Sven hinzu.

»Hä?«

»Die Untermieterin von Fred Hübner. Ich hab euch doch von seinem Anruf erzählt. Mette reitet manchmal mit ihr aus. Und gestern Abend war ich auf der Ponyfarm, und da sagt mir die Betreiberin, dass den ganzen Tag lang weder diese Tess noch ihr Schimmel aufgetaucht sind.«

»Abgereist? Krank geworden?« Bastian lehnt sich in seinem Schreibtischstuhl zurück, hebt die Oberarme, winkelt sie an, zieht sie nach hinten und lässt die Ellenbogen knacken. »Nicht jeder, der mal weg ist, ist auch gleich tot.«

»Wenn sie krank wäre, dann wäre sie ja wohl in der Wohnung gewesen. Aber da habe ich geklingelt, und keiner hat geöffnet.«

»Vielleicht dachte sie, die Presse steht vor der Tür. Und

sicher sieht auch ein Model nicht so appetitlich aus, wenn die Nase läuft und die Haare nicht sitzen«, witzelt Bastian.

»Hört endlich auf, ihr beiden! Oder wollt ihr euch wirklich weiter an dieser Modelnummer aufgeilen?«, schimpft Silja. »Das ist doch ein absoluter Nebenschauplatz. Ich hab den Hübner vorhin am Telefon einfach abgewimmelt. Was soll diese Tess schon mit dem Mord an Klaas Menken zu tun haben? Und um den müssen wir uns als Erstes kümmern.« Als Bastian und Sven beschämt nicken, fährt sie fort: »Wisst ihr, was ich mir viel eher vorstellen kann? Dass Klaas Menken vielleicht etwas über die schwarzen Messen wusste. Vielleicht hat er die Satanisten mal beobachtet und gedroht, sie anzuzeigen. So etwas tun alte Leute doch gern.«

»Du bist gut«, unterbricht sie Sven empört. »Wenn ich beobachten würde, wie unter meinem Fenster jemand eine Leiche heranschleppt, um der ein Ohr abzusäbeln, dann würde ich aber auch einschreiten.«

»Eben. Nur dass Klaas Menken nicht einschreiten konnte. Er war zu gebrechlich. Das Einzige, was er noch konnte, war, denen zu drohen. Wahrscheinlich aus dem Fenster heraus, aus dem man ihn dann geworfen hat.«

»Dann müssten die Satanisten aber mit Sack und Pack von Munkmarsch am Strand lang nach Braderup gezogen sein. Das dauert zu Fuß mindestens eine halbe Stunde. Nicht sehr wahrscheinlich bei der Kälte«, wendet Bastian ein.

»Und außerdem: Warum sollte Menken irgendwelchen Unbekannten, über die er sich ärgert, auch gleich noch die Tür geöffnet haben? Es gab schließlich nicht die geringsten Einbruchsspuren. Er muss also seinen Mörder hereingelassen haben.«

Silja seufzt. »Ich weiß es doch auch nicht. Ich versuche ja

bloß, alle Details in irgendeinen logischen Zusammenhang zu bringen.«

Bastian nickt gönnerhaft, kneift die Augen zusammen, legt seine Tränensäcke in Falten und lässt wieder die Schultergelenke knacken. Dann springt er auf.

»Also gut. Wir machen Folgendes. Du, Sven, gehst noch einmal zu der Wohnung von Fred Hübner. Und wenn niemand aufmacht, dann holst du einen Schlosser und siehst nach, was drinnen los ist. Nicht, dass uns in dieser Bude ein totes Model verschimmelt und Hübner hinterher behauptet, er habe uns gewarnt. Vorher kannst du ja sicherheitshalber noch mal bei der Ponyfarm anrufen und nachfragen, ob Pferd oder Reiterin aufgetaucht sind.«

»Okay, Boss. Wird gemacht.« Sven steht auf, greift nach den Autoschlüsseln, deutet einen Salut an und verlässt den Raum.

»Den sind wir los.« Bastian zwinkert Silja zu. »Was hältst du von einem gemütlichen Schäferstündchen zwischen Aktenordnern. Ich wollte dich immer schon mal im Büro vernaschen.«

»Spinnst du?« Für wenige Sekunden glaubt Silja seinen Worten, dann stimmt sie in Bastians Gelächter mit ein. »Du hast mich jetzt aber echt erschreckt.«

»Ach? Ist die Vorstellung eines Quickies im Büro wirklich so grässlich für dich«, neckt er sie.

»Nicht so grässlich wie die von einer schwarzen Messe in den Dünen«, antwortet Silja humorlos. »Weißt du was? Ich würde gern mit diesem einen Schüler reden, diesem Jonas Kurland. Und wenn wir jetzt losfahren, müssten wir ihn eigentlich direkt aus dem Unterricht holen können.«

»Du meinst, du führst die Vernehmung und ich assistiere dir dabei?«

»Genauso hab ich's gemeint«, antwortet Silja, greift nach einem Paket Papiertaschentücher, das auf ihrem Schreibtisch liegt und wirft es Bastian an den Kopf.

Freitag, 6. Oktober, 11.03 Uhr, Bodils Ponyfarm, Braderup

Aufgeregtes Rufen lässt Annika Steffens aufblicken.

Das Fenster ihres kleinen Bürohauses geht direkt auf die Koppel, wo sich gerade eine Traube Menschen zusammenfindet. In ihrer Mitte steht Vicky, die Tochter eines Bauunternehmers, die ihre Stute Paloma am Zügel hält und mit der anderen Hand beruhigend den Hals eines prächtigen Schimmels streichelt. Annika muss nicht zweimal hinsehen, um zu wissen, wessen Pferd das ist.

Hektor, der Hengst von Tess Andres, ist wieder aufgetaucht.

Annika lässt sich erleichtert in ihren Bürostuhl sinken. Was hat sie sich während der letzten Nacht für Sorgen gemacht! In den langen schlaflosen Stunden gingen ihr immer wieder alle möglichen Katastrophenszenarien durch den Kopf. Hektor entführt oder gestohlen. Reiterin und Pferd verunglückt. Reiterin verunglückt und Pferd in Panik weggelaufen. Sie wusste am Schluss selbst nicht, was schlimmer wäre.

Und jetzt ist das Pferd wieder da. Und wahrscheinlich ist auch die Besitzerin nicht weit.

Annika wirft noch einen prüfenden Blick aus dem Fenster. Dort stehen die beiden Abiturientinnen, die regelmäßig den Stall ausmisten und die Einstellpferde versorgen. Sie gestikulieren aufgeregt und scheinen Vicky mit Fragen zu überschütten. Einige andere Reiter und Reiterinnen hören schweigend zu. Immer wieder lassen sie ihre Blicke über den Schimmel gleiten. Alle, die regelmäßig auf der Ponyfarm sind, kennen Hektor genau, aber sie haben ihn ganz bestimmt noch nie in einem so furchtbaren Zustand gesehen. Schon von weitem kann Annika erkennen, dass sein sonst so glänzendes Fell dunkel verkrustet und fast bis zum Hals schlammbespritzt ist. Nervös wirft Hektor den Kopf von links nach rechts und wieder zurück, seine Flanken zucken, als habe man ihn unter Strom gesetzt, und der Schweif schlägt unablässig durch die Luft.

Schnell springt Annika auf und läuft nach draußen. Nicht dass das Pferd jetzt noch durchdreht und irgendwelches Unheil anrichtet. Schon von weitem ruft sie den anderen zu: »Geht mal ein bisschen zur Seite und umdrängt das Tier nicht so. Ihr seht doch, dass es unter Stress steht.«

Mit sichtlicher Erleichterung überlässt Vicky ihr sofort die Zügel.

»Wo hast du ihn gefunden?«, will Annika wissen.

»Unten am Watt. Nicht weit von der Kupferkanne entfernt. Er stand mitten in der Heide und versuchte, einen Apfel von einem Baum zu zupfen.«

»Er hat sicher furchtbaren Durst, der Arme«, murmelt Annika und streicht beruhigend über Hektors Flanke. Ein klägliches Wiehern antwortet ihr, das so gar nicht zu dem stolzen Pferd passen will.

»Gleich, mein Guter. Gleich wird alles besser«, raunt sie dem Tier zu. Doch zunächst muss sie Vicky noch ein paar Fragen stellen.

»Du weißt, wem der Hengst gehört?«

»Ja klar, der dünnen Blonden. Wie heißt sie noch mal?«

»Tess. Aber das ist jetzt völlig egal. Viel wichtiger ist, ob du sie gesehen hast.«

»Nö. Der Schimmel stand völlig allein da rum, und als ich zu ihm gegangen bin, ist auch niemand gekommen oder so. Und du weißt ja, wie es in der Heide unter der Kupferkanne aussieht. Da ist es so flach, dass man endlos weit gucken kann. Und ich habe natürlich gerufen. So laut ich konnte und mehrmals. Ich nehme doch nicht einfach ein fremdes Pferd mit. Aber du kannst sicher sein, da war niemand. Und sieh ihn dir doch an, der war so froh, dass jemand mit ihm redete und sich kümmerte, der muss schon ewig allein gewesen sein.«

Atemlos bricht Vicky ab. Ihre Wangen haben sich gerötet, und die Augen sind weit aufgerissen. »Oder habe ich was falsch gemacht?«

»Nein, im Gegenteil. Du hast es goldrichtig gemacht. Ich hatte schon größte Sorgen um Hektor. Wir haben ihn seit vorgestern nicht mehr gesehen. Es war sicher gar nicht so einfach, mit ihm zurückzukommen, oder?«

»Na ja, am Anfang hatte ich ganz schön Bammel, aber dann ging's eigentlich ganz gut. Besser, als ich gedacht habe. Hektor war unglaublich brav und fügsam, nur einmal hat er gemuckt. Das war, als wir vom Watt weg sind und auf den Reitweg einbogen, der hier raufführt. Da hat er sich plötzlich aufgebäumt und wollte kurz nicht mehr weiter. Aber ich hab ihm gut zugeredet, und irgendwann hat's geholfen, und er kam wieder mit.«

»Du hast das toll gemacht, wirklich!«

Spontan nimmt Annika Vicky in die Arme. Dabei riecht sie den Schweiß am Körper der anderen und kann spüren, dass deren Anspannung immer noch nicht ganz nachgelassen hat.

»Ruh dich aus. Willst du vielleicht einen Kaffee oder einen Saft? Geh einfach ins Büro und bedien dich. Du weißt ja, wo der Kühlschrank steht. Ich nehme dir Hektor ab und wenn du willst, können wir auch Paloma versorgen. Du bist sicher ziemlich geschafft.«

Vicky nickt schweigend, obwohl sie sonst nie um eine Antwort verlegen ist, viel redet und noch mehr lacht. Und sie scheint tatsächlich erleichtert zu sein, als die beiden Mädchen ihr Palomas Zügel aus der Hand nehmen.

**Freitag, 6. Oktober, 11.20 Uhr,
Haus am Dorfteich, Wenningstedt**

Die gepflegte Reihenhauszeile liegt idyllisch in erster Reihe am Wenningstedter Dorfteich. Eine etwas müde Herbstsonne bescheint den Schilfgürtel am Ufer ebenso wie die alte Dorfkirche am nördlichen Ende des Teichs. Einige Enten dümpeln auf der Wasserfläche, und wenige Spaziergänger sehen ihnen dabei zu. Diese Wohngegend ist die feinste, die Wenningstedt zu bieten hat, und nur der zeitweise Ruhm Fred Hübners, nachdem er der Sylter Kriminalpolizei bei der Lösung der spektakulären Mädchenentführungen vor vier Jahren geholfen hat, konnte genug Geld in das Portemonnaie des Journalisten spülen, um sich hier einzukaufen.

Doch die neue Wohnung hat Fred Hübner kein Glück gebracht. Als Sven Winterberg auf den Eingang zugeht, überfällt ihn ein merkwürdiges Gefühl. Nur zu genau erinnert er sich an den Mord, der genau hier im Sommer vor zwei Jahren verübt wurde. Sven sieht alles vor sich, als sei es erst gestern gewesen. Das blutbespritzte Schlafzimmer, die Frauenleiche mit dem teilweise weggeschossenen Kopf. Und den Journalisten Fred Hübner, der sich damals gerade auf dem Zenit seiner Popularität befand und angesichts der Toten zusammenbrach und sich kaum fangen konnte.

Und jetzt? Im vergangenen Sommer musste sich Fred Hübner mit Honorarverträgen für die lokale Presse über Wasser halten, was ihn natürlich nicht daran gehindert hat, sich auch in den letzten großen Fall der Sylter Kriminalpolizei einzumischen. Bei dem Gedanken daran, wie die uniformierten Kollegen Hübner vor wenigen Monaten auf dem Keitumer Kirchhof überwältigt haben und wie er anschließend in seiner Zelle randalierte, muss Sven unwillkürlich grinsen. Dabei ist ihm eigentlich gar nicht nach Lachen zumute. Eher schon fühlt er sich beklommen und auf beunruhigende Weise nicht mehr als Herr der Lage.

Was er vorhat, ist am Rande der Legalität, das weiß er nur zu genau. Zumindest müsste er Hübner darüber informieren, dass er ohne Durchsuchungsbefehl in dessen Wohnung eindringen will. Andererseits hat ja gerade der Journalist die Kriminalpolizei auf die Spur von Tess Andres gesetzt. Was Sven selbst ganz gelegen kam, schließlich ist die Art, wie diese Tess seine Tochter verhext, ihm mehr als unheimlich.

Aber rechtfertigt das wirklich ein solch drastisches Vorgehen? Gegen alle Wahrscheinlichkeit hofft Sven noch immer, Tess Andres möge endlich auf sein Klingeln reagieren, ihm die Tür öffnen und sich, erkältet oder auch nicht, verwundert nach seinen Wünschen erkundigen. Doch die Tür bleibt geschlossen. Ein letztes Mal drückt Fred auf den kleinen Messingknopf, wieder hört er den Dreitongong durch die Wohnung hallen.

Bevor er weitere Maßnahmen ergreift, beschließt der Oberkommissar sich abzusichern. Er holt das Handy aus der Tasche und wählt die Nummer von Bodils Ponyfarm. Es klingelt und klingelt und klingelt, doch niemand hebt ab. Mist. Warum, zum Teufel, geht denn da keiner ans Telefon? Er kann schließlich nicht den Schlüsseldienst rufen, die Tür öffnen lassen, und hinterher stellt sich vielleicht heraus, dass Tess Andres längst wieder aufgetaucht ist und der verdammte Schimmel gleich mit.

Kurz denkt Sven Winterberg darüber nach, selbst zur Ponyfarm zu fahren und sich über den Stand der Dinge zu informieren. Aber vorher versucht er es noch einmal mit einem Anruf.

Und jetzt hat er mehr Glück.

Atemlos meldet sich Annika Steffens. Als sie seinen Namen hört, beginnt sie sofort zu erzählen. Dass der Hengst aufgetaucht sei, heute früh habe eine Reiterin ihn gefunden, unten am Watt, auf der Höhe der Kupferkanne. Und wie schmutzig und desorientiert das Pferd gewesen sei, geradezu verstört, und nein, von der Besitzerin fehle jede Spur, der Hengst habe zwar einen Sattel getragen, aber in der Nähe des Pferdes habe sich Tess Andres jedenfalls nicht aufgehalten.

Sven fragt hastig nach den Kontaktdaten der Person, die den Schimmel entdeckt hat. Langsam wird ihm ziemlich mulmig, und er deutet sogar im Gespräch die Möglichkeit an, dass Tess Andres etwas zugestoßen sein könne. Man werde in jedem Fall den Fundort des Pferdes großräumig untersuchen, denn irgendwo müsse die Reiterin ja wohl sein. Von dem gefundenen Frauenohr sagt Sven lieber nichts, schließlich weiß er genau, wie schnell Gerüchte auf der Insel die Runde machen.

Dann beendet er das Gespräch und drückt noch ein letztes Mal auf Fred Hübners Klingel. Vergeblich. Natürlich. Als Sven jetzt den Schlüsseldienst anruft, mit dem die Kriminalpolizei in solchen Fällen zusammenarbeitet, hat er kaum noch Skrupel. Das Büro des Notdienstes sitzt zum Glück im Norden von Westerland, und der Mitarbeiter verspricht, innerhalb von einer Viertelstunde zu kommen. Sven, der wenig Lust hat, die ganze Zeit vor der Tür herumzustehen und sich von den Spaziergängern neugierig mustern zu lassen, umrundet die Häuserzeile. Aufmerksam lässt er den Blick über Bäume und Sträucher wandern, sucht auch den Boden ab. Er weiß selbst nicht, was er eigentlich zu finden hofft, und er entdeckt auch nichts Ungewöhnliches.

Als er einen Wagen vor dem Haus ankommen hört, kehrt der Kommissar zum Eingang zurück. Den Mitarbeiter des Schlüsseldienstes kennt er schon länger. Lars Heinrich ist ein ebenso geschickter wie schweigsamer nicht mehr ganz junger Mann, der immer noch bei seiner Mutter wohnt. Die gute Küche der alten Frau Heinrich ist inselbekannt, und der stattliche Leibesumfang ihres Sohns bezeugt es.

»Moin, moin.« Lars hebt die Hand zum Gruß und deutet dann auf die Eingangstür. »Da soll's also reingehen?«

Sven nickt. Was wird ihn erwarten? Leere und Sauberkeit? Eine hastig verlassene Wohnung mit allen Anzeichen für ein baldiges Wiederkommen? Ein voller Kühlschrank, eine Geschirrspülmaschine, die zwar durchgelaufen, aber noch nicht ausgeräumt ist? Oder wird er einen Tatort vorfinden? Eine Frauenleiche ohne Ohr?

Während Sven noch mit diesen Überlegungen beschäftigt ist, drückt Lars bereits die Tür auf.

»Das ging aber schnell.«

Lars zuckt die Schultern. »Es war nicht abgesperrt. Da nutzt dann auch die beste Sicherheitstür nichts.« Er hält ein kleines biegsames Plastikschild in EC-Kartengröße in der Hand. »Das musst du nur geschickt zwischen Tür und Rahmen schieben, und schon geht der Schnapper auf.«
»Alle Achtung.«
»Brauchst du mich noch? Ich hätte sonst nämlich noch was anderes zu tun.«
Keine Frage nach dem Grund für die Türöffnung, kein lauernder Blick ins Innere der Wohnung. Sven und seine Kollegen schätzen Lars Heinrich auch wegen seiner absoluten Diskretion.
»Nee, passt schon. Mach's gut. Bis bald.«
Während Lars wieder in sein Auto steigt, holt Sven die Latexhandschuhe aus der Tasche, streift sie über und schiebt die Tür weit auf. Aber er betritt die Wohnung noch nicht, sondern orientiert sich erst einmal. Zunächst fällt ihm der Geruch auf. Es riecht nicht nach Verwesung, wohl aber nach Alkohol, nach kaltem Rauch und ein wenig nach Schimmel. Oder ist es doch etwas anderes?
Sven betritt die Diele und schließt leise die Tür hinter sich. Die Wohnung ist hell, durch die tiefen Terrassenfenster fallen breite Lichtstreifen herein. Es ist still, nur der Kühlschrank surrt. Langsam geht Sven durch die Diele in den großen Wohn- und Essraum, in dem sich auch die Küchenecke befindet. Er sieht sofort, dass Tess Andres die Wohnung nicht gepflegt hat. Überall liegen und stehen Dinge herum, ungewaschenes Geschirr auf dem Küchentresen, Flaschen und Gläser auf dem Sofatisch. Und daneben liegt ein Damenspiegel, er ist schlicht, rahmenlos und wahrscheinlich nicht dafür benutzt worden, das Make-up zu überprü-

fen. Sven beugt sich tief über Tisch und Spiegel. Er kann zwar kein weißes Pulver entdecken, aber dafür eine andere Auffälligkeit. Während der Tisch von einer feinen Staubschicht bedeckt ist, ist der Spiegel völlig blank. Doch Sven Winterberg ist nicht hier, um ein Drogendelikt aufzuklären. Er sucht nach der Mieterin, er will endlich wissen, wo diese verdammte Tess Andres abgeblieben ist. Nachdem er einen Blick ins Gäste-WC geworfen hat, das Waschbecken ist verschmutzt, der Klodeckel steht offen, was Sven ungewöhnlich für eine Frau findet, steigt er die Stufen in die obere Etage hinauf und geht zunächst ins Schlafzimmer. Obwohl er diesen Raum von den Ermittlungen vor zwei Jahren noch gut in Erinnerung hat, erkennt er ihn kaum wieder. Das Bett ist ausgetauscht, die Wandfarbe ist neu. Doch einen guten Eindruck macht das Zimmer trotzdem nicht. Die Luft ist abgestanden und schal, das Bettzeug liegt zerknüllt auf dem breiten und sehr hohen Bett, das Laken ist fleckig.

»Hallo«, ruft Sven laut in den leeren Raum, eine Aktion, die völlig überflüssig ist, denn hier ist definitiv niemand. Nur ein paar Handtücher, eine Jeans, eine Steppjacke und elegante Damendessous türmen sich vor dem Bett. Ein muffiger Geruch steigt von dem Haufen auf, wahrscheinlich konnten die Handtücher nicht ordentlich trocknen, überlegt Sven. Dann bückt er sich, sieht vorsichtshalber auch unter dem Bett nach, doch dort befinden sich lediglich ein paar Staubflocken von beeindruckender Größe.

Bleibt das Bad. Die Tür ist geschlossen, und bevor er sie öffnet, ruft Sven noch einmal sein *Hallo, ist hier jemand?* in die Stille. Als er keine Antwort erhält, drückt er die Klinke herunter.

Im Inneren des dunkelblau gefliesten Raums riecht es

entsetzlich. Und es ist auch sofort zu sehen, woher dieser Geruch kommt. Jemand hat sich in die Toilette erbrochen, dabei die Brille und den Boden beschmutzt und nur sehr oberflächlich aufgewischt. Überall befinden sich noch gelbliche Spritzer und Bröckchen, die wie zerkaute Möhren aussehen. Unwillkürlich reißt Sven das Dachfenster auf. Und warum auch nicht? Nichts deutet darauf hin, dass er es hier mit einem Tatort zu tun hat. Nirgends ist Blut, von einer weiblichen Leiche, der ein Ohr fehlt, ganz zu schweigen.

Tess Andres, die Mieterin, die Fred Hübner offenbar ganz zu Recht suspekt war, ist nicht hier, sie scheint gesundheitlich angeschlagen zu sein, sie konsumiert wahrscheinlich Drogen und ganz sicher Alkohol. Aber ob sie noch lebt oder nicht, ob sie gar das Opfer eines Gewaltverbrechens geworden ist, darüber gibt diese Wohnung keinerlei Auskunft.

**Freitag, 6. Oktober, 11.35 Uhr,
Gymnasium Sylt, Westerland**

Als Silja Blanck vor dem schmucklosen Flachbau, in dem sich das Westerländer Gymnasium befindet, aus dem Dienstwagen steigt, läuft ihr ein Schauer über den Rücken. Sie hätte es wissen müssen, aber sie hat einfach nicht daran gedacht. Jetzt arbeitet sie schon seit so vielen Jahren bei der Sylter Kriminalpolizei, aber noch nie haben sie ihre Ermittlungen hierhergeführt. Vielleicht hat sie es auch einfach nur geschickt vermieden. Denn Silja kennt diese Schule nur zu gut.

Schließlich ist sie auf der Insel aufgewachsen. Als ihre

Eltern mit ihr und der acht Jahre jüngeren Schwester nach Niebüll zogen, stand sie kurz vor dem Abitur hier am Westerländer Gymnasium. Natürlich hat sie die Schule hier beendet, das Lernen fiel ihr leicht, ihr Notendurchschnitt war beachtlich, vor dem Komma stand eine eins. Silja wollte Kunstgeschichte studieren, sie hatte sich schon um einen Studienplatz beworben, als das Unerhörte geschah.

Franziska, Siljas kleine Schwester, war eines Abends verschwunden. Man fand sie am nächsten Morgen in einem Gebüsch in der Nähe des neuen Elternhauses. Irgendein widerlicher Pädophiler hatte das Mädchen missbraucht und erdrosselt. Weggeworfen wie ein benutztes Papiertaschentuch. Der Täter wurde nie gefunden.

Für Silja und ihre Familie brach die Welt zusammen. Silja verzichtete auf ihr Kunstgeschichtsstudium und ging stattdessen zur Kriminalpolizei. Während ihrer Ausbildung und auch später erzählte sie lange niemandem von dem Schicksal ihrer Schwester. Alles, was sie an die gemeinsame Zeit erinnern konnte, verdrängte sie. Das war ihre Methode, mit den furchtbaren Erlebnissen fertig zu werden.

Besonders schmerzlich waren die Erinnerungen an die Zeit kurz vor dem schrecklichen Überfall, an die letzten Wochen, in denen sie, die Schwester und die Eltern noch eine glückliche Familie waren. Und in diese Zeit fielen ihr Abitur und die Abschlussfeier, bei der die stolze kleine Schwester mit den Eltern im Publikum saß. Sie trug die süße Haarspange, die Silja ihr als Geschenk gebastelt hatte und die ersten Absatzschuhe, die sie tragen durfte und sie unglaublich stolz machten.

Hätte sie diese Erinnerungen nicht verdrängt, wäre Silja verrückt geworden, ebenso wie der Vater, den der Gedanke, seine Tochter nicht beschützt zu haben, in Depressionen, Alkoholsucht und schließlich in die Psychiatrie getrieben hat. Silja hat einen anderen Weg gewählt. Sie zog einen dicken Strich unter ihre Jugend und die Schulzeit und bemühte sich, ein anderer Mensch zu werden.

Und jetzt steht sie hier. Auf dem Schulhof ihres alten Gymnasiums. Und der Tag ihrer Abiturfeier ist so nah, wie noch nie in den ganzen Jahren, die seitdem verstrichen sind. Sie hört das helle Lachen der kleinen Schwester, sie hört das laute Klacken der neuen Absatzschuhe auf dem Asphalt. Sie sieht den stolzen Blick, den Mutter und Vater angesichts ihrer beiden hübschen und klugen Töchter tauschen.

Für einige Sekunden ist Silja nicht sicher, ob sie das, was vor ihr liegt, durchstehen wird. Ihr bricht der Schweiß aus, gleichzeitig beginnt sie zu zittern. Bastian merkt nichts, noch nicht, denn er ist völlig auf das bevorstehende Gespräch fixiert.

»Wir werden diesen Typen auseinandernehmen, dass ihm Hören und Sehen vergeht«, erklärt er grimmig, während er das Auto abschließt.

»Bastian?«

»Ja? Was ist?«

»Ich ... mir geht's nicht gut. Machst du den Wagen noch mal auf, bitte? Ich muss mich einen Moment hinsetzen.«

»Himmel, du bist ja ganz blass.«

Silja lässt sich auf den Sitz fallen, schließt die Augen und atmet tief durch. Sie atmet ein, atmet aus, atmet wieder ein. Nach einer Weile spürt sie, wie sich ihr Herzschlag beruhigt. Und sie spürt die warme Hand des Mannes, den sie liebt, auf ihrer Wange.

»Deine Schwester?«

Silja nickt.

»Ist sie auch hier zur Schule gegangen? Ich dachte, der Überfall wäre in Niebüll passiert.«

»Ist er auch. Aber wenige Wochen vorher war hier meine Abiturfeier. Wir waren so fröhlich damals.«

Bastian nickt. Dann nimmt er Silja fest in die Arme.

»Soll ich dich nach Hause fahren? Ich kann das hier auch gut allein erledigen.«

»Nein, lass nur. Es geht schon. Irgendwann muss ich mich meinen Erinnerungen ja mal stellen.«

Silja windet sich aus Bastians Umarmung, legt noch einmal kurz ihre Wange an seine, verlässt dann das Auto und geht schnurstracks und entschlossen auf den Eingang der Schule zu.

Als Silja wenige Schritte hinter Bastian das Gebäude betritt, schlägt ihr der vertraute Geruch entgegen. Kreide, Schweiß und Reinigungsmittel. Silja beruhigt sich damit, dass jede Schule so riecht. Und im Inneren des Gebäudes hat sich vieles verändert. Die Wände sind jetzt nicht mehr beige, sondern grün, der Bodenbelag ist ausgetauscht und alle Türen strahlen in frischem Weiß. Im Büro des Schulleiters sitzen andere Sekretärinnen an den Schreibtischen, und dass der Rektor neu ist, weiß Silja schon seit den letzten beiden Telefonaten.

Bastian übernimmt die Vorstellung und fragt auch nach dem Kurs, in dem Jonas Kurland gerade sitzt. Die zweite große Pause steht bevor, und sie müssen sich beeilen, um noch rechtzeitig zum Biologieraum zu kommen.

Der leere Flur, die wenigen Geräusche, die hinter den verschlossenen Klassen- und Fachraumtüren hervordringen, erzeugen noch einmal einen kleinen Panikschub in Silja. Bastian stellt sich hinter sie und legt ihr beide Hände auf die Schultern.

»Ganz ruhig. Du schaffst das.«

Silja nickt. Dann schrillt die Pausenklingel durch den Flur.

Sekunden später fliegen die ersten Klassentüren auf. In dichten Pulks stürmen die Jungen und Mädchen heraus, fügen sich schwatzend und lachend zu einem breiten Strom zusammen und füllen innerhalb weniger Sekunden den grün getünchten Flur, der eben noch still und wie ausgestorben dalag.

Niemand achtet auf Silja und Bastian, die jetzt nebeneinander an einem Fenster lehnen und die Tür des Biologieraums nicht aus den Augen lassen. Gerade kommt ein schlaksiger junger Mann in schwarzer Jeans und schwarzem Rollkragenpullover aus der Tür. Sein Gesicht ist schmal und wirkt mit der stark hervorspringenden Nase, dem fliehenden Kinn und den kleinen Augen wie ein Vogelkopf. Ein recht maskuliner Vogelkopf, der von krausen dunklen Haaren umgeben ist.

Silja und Bastian wechseln einen knappen Blick, dann treten sie gleichzeitig vor, drängen sich durch die Schüler und nehmen Jonas Kurland in ihre Mitte.

»Was soll das?«, zischt Kurland und geht unwillkürlich schneller.

»Wir würden gern mit Ihnen reden«, antwortet Bastian mit kräftiger Stimme.

»Und dafür benehmen Sie sich wie amerikanische Cops? Wer sind Sie überhaupt?«

Einige neugierige Blicke treffen die drei, aber merkwürdigerweise sehen alle Schüler schnell wieder weg, und keiner der Klassenkameraden spricht Jonas Kurland direkt an.

»Wir sind von der Kriminalpolizei Westerland. Bitte kommen Sie kurz mit.«

Jonas Kurland nickt und schiebt sich quer durch das Gedränge bis zu einem der Fenster, wo er stehen bleibt. Bastian und Silja holen ihre Dienstausweise aus den Taschen, aber er sieht gar nicht richtig hin. Viel wichtiger scheint es ihm zu sein, den belebten Gang zu verlassen.

»Wollen Sie sich etwa hier mit mir unterhalten? Können wir nicht woanders hingehen?«, beschwert er sich.

»Ist es Ihnen peinlich, mit uns zu reden? Immerhin haben Sie hinterher Ihren Mitschülern etwas zu erzählen ...«, gibt Bastian amüsiert zu bedenken.

»Ich rede nicht mit meinen Mitschülern. Und außerdem: Was geht Sie das eigentlich an?«

»Gute Frage. Im Rahmen einer Ermittlung wegen Störung der Totenruhe sind wir auf Sie gestoßen. Aber lassen Sie uns doch runter ins Rektorat gehen, dort wird man uns einen Raum zur Verfügung stellen.«

Bastians Sätze klingen beiläufig, ganz als handle es sich um keine große Sache, doch die Reaktion Jonas Kurlands ist beeindruckend. Für wenige Sekunden ballt er beide Fäuste, und sein Adamsapfel hüpft beim Schlucken so stark, dass Silja es sogar unter dem Rollkragen sehen kann. Schweigend marschiert Kurland mit den beiden Kommissaren zum Rektorat. Erst als sie in einem kleinen Besprechungszimmer sitzen, scheint sich Kurland etwas zu entspannen.

»Wer hat Sie geschickt?«, fragt er in aggressivem Ton.

»Niemand. Ich sagte doch schon, wir ermitteln wegen Störung der Totenruhe.«

»Sie glauben im Ernst, ich hätte ein Grab geschändet?«

»Nein, bisher nicht. Haben Sie?«

Kurland geht nicht auf Bastians Provokation ein, sondern fragt: »Was werfen Sie mir dann vor?«

Silja weiß genau, dass sie so gut wie nichts gegen den jungen Mann in der Hand haben. Neugierig gehen ihre Blicke zwischen den beiden hin und her. Wenn es Bastian nicht gelingt, Jonas Kurland eine Falle zu stellen, können sie einpacken.

»Sie wurden beobachtet«, beginnt der Kommissar. »Sie vollführen merkwürdige Rituale mit Tierfedern, Blut und Kerzen.«

»Die Federn haben wir gefunden, und Kerzen sind nicht verboten. Von Blut weiß ich nichts.«

»Auch nicht von einem abgeschnittenen Ohr?«

»Wie kommen Sie jetzt darauf?«

Jonas Kurland verzieht keine Miene.

»Wir haben eines gefunden. In Braderup am Strand. Und am nächsten Morgen eine Leiche.«

Silja zieht scharf die Luft ein. Bastians Vorgehen ist riskant. Es suggeriert einen Zusammenhang, den es nicht gibt. Der Schüler muss denken, sie wüssten, von wem das Ohr stammt. Aufmerksam sieht die Kommissarin Jonas Kurland an. Doch entweder hat er mit allem nichts zu tun, oder er ist cooler, als sie dachten.

»Moment, Moment. Sie wollen mir jetzt aber keinen Mord anhängen, oder?«

Er lacht, spöttisch und überlegen.

»Noch befragen wir Sie nur. Und es wäre äußerst hilfreich, wenn Sie uns den Ablauf der vorletzten Nacht genau beschreiben würden.«

Bastian holt ein kleines Aufnahmegerät aus der Tasche, legt es auf den Tisch und schaltet es an.

»Dürfen Sie das?«

»Es dient nur zur Gedächtnisstütze für uns. Sie haben doch nichts dagegen?«

»Doch.«

»Okay, ganz wie Sie wollen.« Mit einer heftigen Geste nimmt der Kommissar das Gerät vom Tisch. »Dann fangen Sie mal an.«

»Machen Sie sich nicht gleich ins Hemd«, spottet Kurland, der genau spürt, dass er gerade Oberwasser hat. »Ich habe eh nicht viel zu sagen. Das können Sie sich locker auch so merken.«

Silja zieht einen Stift und einen kleinen Block aus ihrer Tasche und beginnt mitzuschreiben.

»Wir haben uns da draußen getroffen und ein paar Kerzen angezündet. Es war eine gruselige Stimmung, das hat uns gefallen. Aber nach einer halben Stunde oder so wurde es doch ziemlich kalt. Da sind wir dann gegangen. Jeder zu sich nach Hause.« Kurland macht eine Pause und wartet ganz offensichtlich auf einen Einwand des Hauptkommissars. Als nichts kommt, fügt er mit einem Schulterzucken an: »Das ist alles.«

»Wer ist *wir*?«

»Fünf Mitschülerinnen und ich.«

»Die Namen bitte.«

»Puh. Was Sie alles wissen wollen. Also Lucia war dabei. Lucia Gamander. Dann Sandra und Sylvie. Die Nachnamen weiß ich gar nicht. Und natürlich Clara und Cosima Holland, meine beiden Hexen.«

»Ihre beiden *Hexen*? Geht's noch?«

»Das ist ein Witz unter Eingeweihten.« Er grinst. »Die Mädels sind voll in Ordnung. Aber eben rothaarig. Und

Zwillinge. Sie wissen doch, im Mittelalter hätte man die glatt verbrannt.«

»Vom Mittelalter sind Sie mit Ihren satanistischen Bräuchen ja nicht so weit entfernt.«

»Wer sagt denn so was?« Unschuldig reißt Jonas Kurland die Augen auf.

»Wir haben eine Zeugin. Jenny. Sie ist in der Parallelklasse von den Holland-Schwestern, und sie fehlt in Ihrer Aufzählung«, erklärt Silja knapp. Die Kommissarin hat keine Ahnung, ob Jenny tatsächlich irgendetwas bezeugen könnte. Aber sie würde drauf wetten, dass Jennys Abkehr von der Gruppe erst nach der geheimnisvollen Nacht erfolgt ist.

Leider fällt Jonas Kurland nicht auf die Behauptung herein.

»Jenny? Jenny, Jenny, Jenny? Ach, jetzt weiß ich, das ist diese kleine Nervensäge, die uns immer hinterherläuft.« Er lacht spöttisch. »Ja, das glaube ich sofort, dass die behauptet, dabei gewesen zu sein. Das hätte sie wohl gern. Fakt ist aber, dass wir nichts mit ihr zu tun haben wollen. Wollten wir auch nie. Wahrscheinlich denkt sie sich jetzt irgendwas aus, um uns zu schaden, das würde passen.«

Silja schluckt, sie ist gar nicht in der Stimmung, eine Niederlage hinzunehmen. Also ignoriert sie Bastians warnenden Blick und prescht weiter vor.

»Jenny hat Ihre Rituale sehr genau beschrieben. Woher sollte sie das wissen, wenn sie nicht dabei war?«

»Was hat sie denn im Einzelnen beschrieben?«

»Satanistische Praktiken. Ich möchte da jetzt nicht ins Detail gehen.«

»Na toll. Und so was glauben Sie sofort? Wie naiv sind Sie eigentlich?«

»Woher sollte Jenny sonst ihre Informationen haben?«

»Internet? Schon mal gehört?« Jonas Kurland reißt die Augen auf und simuliert größte Überraschung.

»Jetzt ist aber Schluss«, unterbricht Bastian wütend den Schlagabtausch. »Herr Kurland, so kommen wir nicht weiter. Ich hatte gehofft, dass Sie sich kooperativ zeigen, aber das scheint nicht der Fall zu sein. Ich muss Sie bitten, uns zur Wache zu begleiten. Und Ihre Freundinnen nehmen wir auch mit. Und dann werden wir ja sehen, wie stichhaltig die jeweiligen Beschreibungen des Abends sind.«

»Das dürfen Sie nicht.«

»O doch, das darf ich sehr wohl. Sie stehen nämlich unter dem Verdacht, eine strafbare Handlung zu vertuschen. Also stellen Sie sich nicht an, sondern kommen Sie einfach mit. – Silja, kümmerst du dich um die Mädchen?«

Silja nickt. Dann steht sie auf, um sich wieder in den Gängen ihrer alten Schule den Erinnerungen auszusetzen.

Freitag, 6. Oktober, 13.20 Uhr, Pizzeria Toni, Westerland

»Und du willst wirklich nichts essen?«, fragt Bastian alarmiert.

»Nein, danke, ich nehme einen Ingwertee. Das reicht mir.«

Silja senkt den Blick und kaut auf ihren Lippen herum.

»Nur weil wir nach einem verschwundenen Model suchen, musst du nicht gleich eine Essstörung entwickeln«, frotzelt Sven.

»Halt die Schnauze«, fährt ihn Bastian mit ungewohnter Härte an.

»Hey, 'tschuldigung. Darf man jetzt keine Witze mehr machen? Was ist denn plötzlich los?«

Irritiert lässt der Oberkommissar seinen Blick zwischen Bastian und Silja hin und her wandern. Doch keiner von beiden reagiert darauf. Stattdessen schnauzt Bastian: »Geht dich nichts an. Sei einfach still.«

Beleidigt wendet sich Sven dem Kellner zu.

»Für mich eine Capricciosa und ein alkoholfreies Bier bitte.«

»Ich nehme das große Steak und auch ein alkoholfreies Bier.«

Nachdem der Kellner den Tisch verlassen hat, herrscht Stille. Bastian tätschelt beruhigend Siljas Arm. Sie wirkt, als würde sie gleich losheulen. Sven versucht, wenigstens ein bisschen Mitleid vorzutäuschen, aber in Wirklichkeit ärgert er sich. Wahrscheinlich hat Silja sich mit Bastian über die Wohnungssuche gestritten. Aber wenn die beiden jetzt ihre Privatprobleme hier ausbreiten wollen, dann gute Nacht. So unübersichtlich wie die Lage im Augenblick ist, müssen sie dringend über ihre Ermittlungen reden.

»Hey, hört mal. Ich weiß ja nicht, welche Laus euch über die Leber gelaufen ist, aber wenn wir uns nicht schleunigst auf ein geordnetes Vorgehen einigen, dann wird uns die geschätzte Frau Staatsanwältin demnächst die Gurgel umdrehen. Allen dreien, und zwar persönlich.«

»Ich hab vorhin mit ihr telefoniert«, seufzt Bastian und nimmt immerhin die Hand von Siljas Arm. »Sie war natürlich entzückt. Ein Mann mit Ohr, der umgebracht wurde. Eine Frau ohne Ohr, die längst tot ist, die wir aber nicht finden können. Unsere verehrte Frau Staatsanwältin aus Flensburg hat mich ganz im Ernst gefragt, ob ich mir das ausgedacht hätte.«

»Der Gaul ist übrigens aufgetaucht. Unten am Kampener Watt«, murmelt Sven anstelle einer Antwort.

»Welcher Gaul?«, schnappt Bastian.

»Der Schimmel von diesem Model, auf das uns Fred Hübner gehetzt hat. Die ist auch noch mit im Spiel. Schon vergessen?«

»Hab ich verdrängt. Schade eigentlich. Die Bispingen wäre sicher begeistert gewesen, wenn jetzt auch noch die internationale Modebranche eine Rolle in unserem Inselkrimi bekäme.«

»Bekommt sie denn eine?«, mischt sich Silja mit leiser Stimme in die Unterhaltung ein. Sie hat immer noch die Augen gesenkt und rührt mit dem Löffel gedankenverloren in ihrem Tee herum, den der Kellner gerade gebracht hat.

»Sieht verdammt danach aus«, antwortet Sven. »Ihr Pferd war gesattelt und ziemlich verstört, als man es fand. Auf der Ponyfarm hat man Pferd und Reiterin am Mittwoch zum letzten Mal gesehen. Tess Andres muss den Hengst also gestern, in der vergangenen Nacht oder auch im Lauf des heutigen Tages, was schon unwahrscheinlicher ist, irgendwo auf der Wattseite allein gelassen haben.«

»Oder auch schon in der Nacht davor«, unterbricht ihn Silja. »Das wäre dann die Nacht von Mittwoch auf Donnerstag, in der die schwarze Messe am Kliff abgehalten wurde.«

»Auch möglich. Bleibt nur die Frage, warum sie das Pferd nicht zurück auf die Ponyfarm gebracht hat. Der Gaul ist richtig wertvoll, habe ich mir sagen lassen. Es ist also nicht sehr wahrscheinlich, dass sie ihn freiwillig seinem Schicksal überlassen hat.«

»Und die Wohnung? Du warst doch dort«, erkundigt sich Bastian.

»Sie stinkt, sie ist unordentlich, sie ist vollgekotzt. So wollte Tess Andres sie vermutlich nicht ihrem Vermieter hinterlassen. Eine geordnete Abreise sieht anders aus.«

»Also es ging ihr ziemlich schlecht, trotzdem ist sie zu ihrem Pferd und losgeritten. Wohin weiß kein Mensch, oder?«

»Na ja, warte mal. Ich habe doch vorgestern Mette zum Reiten gefahren. Und da haben wir sie getroffen.«

»Du kennst die Tante?«, fragt Bastian überrascht.

»Kennen würde ich das nicht nennen, aber Mette hat sich ein bisschen mit ihr angefreundet.«

»Vielleicht weiß deine Tochter was«, schlägt Silja vor.

»Die ist krank. Ich will sie nicht auch noch aufregen. Lassen wir sie erst mal aus dem Spiel, okay? Aber mir ist gerade was Merkwürdiges wieder eingefallen. Dieses Model hatte Mette nämlich einen Vorschlag für einen Ausritt gemacht. Sie wollte zum Watt und dann durchs Wasser runter nach Munkmarsch.«

»Ja und?«

»Die Betreiberin des Ponyhofs hat dringend davon abgeraten, dort zu reiten. Es sei zu gefährlich. Und sie wollte trotzdem.«

»Und weiter?«

»In Munkmarsch haben wir zwei Tage später einen Toten gefunden.«

»Zwei Tage *später*, du sagst es. Außerdem: Wenn du jetzt anfangen willst, jeden Reiter und jeden Spaziergänger, der dort vorbeigekommen ist, zu verdächtigen, können wir gleich einpacken«, gibt Bastian zurück.

»Trotzdem müssen wir nach ihr suchen. Vielleicht ist ihr etwas im Watt passiert«, beharrt Sven.

»Wir müssen gar nichts. Wir dürfen noch nicht einmal. Schließlich ist sie erwachsen und nicht offiziell als vermisst gemeldet.«

Als Sven Einspruch erheben will, unterbricht ihn Bastian sofort.

»Lass mich ausreden.« Er hebt die Stimme. »*Aber* wir suchen nach einer Toten ohne Ohr. Und zwar gründlich und inselweit. Wenn wir dabei auf Tess Andres stoßen, umso besser.«

»Wenn du es so verpacken willst, bitte.«

»Und ob ich das will. Oder glaubst du, ich bin scharf darauf, der hochgeschätzten Elsbeth von Bispingen mit den Haaren auf den Zähnen auch noch diese Modelnummer unterzujubeln? Und was ist erst los, wenn die Presse davon Wind bekommt? Wir sollten uns freuen, dass diese Tess Andres selbst so diskret war. Stellt euch mal vor, sie wäre in einem Hotel abgestiegen und die würden sie jetzt vermissen. Dann hätten wir hier längst einen Wahnsinns-Medienrummel.«

»Ist ja gut, Bastian, reg dich ab.« Sie trinkt den ersten Schluck Tee und redet weiter. »Was ist mit den anderen Verdächtigen im Mordfall? Andrea Töpfer und ihrem Mann. Sollten wir die nicht überwachen?«

»Warum das? Der alte Herr ist tot, und egal, ob sie es waren oder nicht, jetzt haben sie vermutlich genau das, was sie wollten. Womit sollen sie sich also noch verdächtig machen? Viel wichtiger ist es, ihre Alibis zu überprüfen. Wenn einer von ihnen nämlich etwas mit dem Tod von Klaas Menken zu tun hat, muss er oder sie nach Munkmarsch gekommen sein. Ein Auto haben sie nicht. Fahrräder auch nicht, ich hab die Nachbarin gefragt und mich im Keller umgesehen. Zum Laufen ist es zu weit. Also bleiben Bus oder Taxi.«

»Oder jemand hat sie hingefahren«, wendet Silja ein.

»Glaubst du wirklich, sie würden sich mit zusätzlichen Zeugen belasten?« Bastian lacht abwertend. »Die nicht. Du hast sie nicht erlebt, aber ich kann dir sagen, die haben eindeutig etwas Verschlagenes. Die kochen ihr eigenes Süppchen und lassen bestimmt niemanden in den Topf gucken.«

»Also starten wir eine Anfrage an alle Taxiunternehmer und die Verkehrsgesellschaft. Dafür bräuchten wir Fotos von den beiden«, entscheidet Sven pragmatisch.

»Besorg dir die aus den Ausweisen, das wird reichen.« Bastian hebt den Blick, und ein Leuchten geht über sein Gesicht. »Schaut mal da hinten: Das Mittagsmahl naht. Und wie das duftet. Silja, willst du wirklich nichts?«

Die Kommissarin lässt den Blick nachdenklich über Bastians Teller wandern, den der Kellner gerade auf den Tisch gestellt hat. Appetitlich liegen Fleisch, Paprikagemüse und kross frittierte goldfarbene Pommes nebeneinander.

»Doch, sieht gut aus.« Harmlos lächelnd zieht Silja den Teller zu sich heran. »Ich nehme das gern, danke fürs Angebot. Willst du zum Ausgleich vielleicht einen Schluck von meinem Tee?«

Als Silja und Sven Bastians entsetztes Gesicht sehen, fangen sie beide gleichzeitig an loszuprusten.

»Wie? War das etwa nicht ernst gemeint?«, fragt Silja mit gespieltem Entsetzen.

»Ach Süße, für dich tue ich doch alles«, seufzt Bastian. »Zur Not sterbe ich sogar den Hungertod.«

»Meinst du, das geht so schnell?«, kichert Silja.

Bastian holt sich seinen Teller zurück. »Ich ziehe mein Angebot zurück. Vielleicht gibt dir ja Sven ein Stück Pizza ab.«

»Ich will Svens Pizza nicht. Ich will dein Fleisch«, beharrt Silja.

»Jetzt wird sie auch noch renitent«, beschwert sich Bastian und schiebt seinen Teller wieder zurück zu Silja. »Komm, jetzt iss schon, ich freue mich ja, wenn es dir wieder bessergeht.« Er hebt die Hand und bestellt noch einmal das Gleiche. Dann wird er wieder ernst. »Während ihr esst, werde ich heldenhaft weiter versuchen, unseren Fall zu entwirren. Also kaut nicht so laut, damit euch keines meiner kostbaren Worte entgeht.«

»Aye, aye, sir«, flachst Sven.

Silja, die bereits das erste Stück Fleisch im Mund hat, verdreht begeistert die Augen. »Ach himmlisch. Gute Wahl, Bastian, echt.«

»Sag mal Kumpel, was hat die heute gegen mich?«

»Willst du das wirklich wissen?«

Bastian nickt.

»Du musst ihr diese Wohnung mieten. Dann ist sie bestimmt wieder brav.«

Silja, die so getan hat, als gehe sie die Unterhaltung der beiden nichts an, hebt jetzt doch den Blick.

»Meinst du, das hilft?«

»Aber sicher.«

»Silja?«

»Ja?« Sie sieht Bastian mit großen Augen an.

»Hat Sven recht?«

»Ich fand's ganz schön da«, gibt sie zu.

»Für *ganz schön* ist es aber ganz schön teuer.«

»Lass es uns versuchen, Bastian, bitte.«

»Vorschlag zur Güte: Wir fahren nachher zu dem Makler und quetschen ihn noch ein bisschen über Andrea Töpfer und Klaas Menken aus. Und dann sehen wir ja, ob er uns noch mal auf die Wohnung anspricht.«

»Wie meinst du das?«

»Wenn er wirklich so viele Interessenten hat, wie er behauptet, wird er sich anders verhalten, als wenn wir die einzigen sind. Und falls wir die einzigen sind, hilft er uns vielleicht, noch ein bisschen an der Miete zu drehen.«

Silja nickt, ihre Wangen haben sich gerötet, sie isst jetzt mit gutem Appetit. Bastian und Sven wechseln einen Blick. In Bastians Augen steht Dank, auf Svens Miene kann der andere ganz deutlich die Worte lesen: *Dumm gelaufen, Kumpel, aber da musst du jetzt durch.* Bastian zuckt die Schultern und grinst.

»Können wir wieder zurück zu unserem Fall kommen?«, schlägt Sven nach einer kurzen Pause vor. »Ihr habt noch gar nicht erzählt, wie die Vernehmungen mit den Satanistenbräuten von diesem Jonas Kurland gelaufen sind.«

»Da gibt's auch nicht viel zu erzählen«, antwortet Bastian. »Sie haben sich ganz offensichtlich abgesprochen. Und das ziemlich gut. Blöd scheint der Junge nicht zu sein. Jedes der Mädchen gab zwar zu, am Weißen Kliff gewesen zu sein, aber sie haben angeblich nur ein paar Kerzen abgebrannt und den Mondschein betrachtet. Dann wurde ihnen kalt und sie sind wieder heim ins warme Bettchen gehüpft. Jede für sich natürlich. Und Jenny war angeblich gar nicht dabei.«

»Das ist die, mit der Silja schon mal gesprochen hat? Die, die jetzt kein Schwarz mehr trägt, richtig?«

Bastian nickt.

»Nachdem wir mit den Vernehmungen der Mädchen fertig waren und uns Jonas Kurland noch einmal vorgeknöpft hatten, haben wir versucht, sie zu erreichen. Aber in der Schule war sie nicht mehr, und zu Hause war sie noch nicht angekommen. Die Mutter ruft uns an, wenn sie auftaucht.« Er wendet sich an Silja. »Es wäre sicher gut, wenn du wieder mit ihr reden würdest. Und vielleicht am besten allein, damit sie möglichst viel erzählt.«

»Ich werde mir Mühe geben, aber besonders gesprächig war sie auch beim letzten Mal nicht«, wiegelt Silja ab.

»Du machst das schon. Und ich kümmere mich derweil um die Suchaktion. Wir können die Feuerwehr und auch die Freiwilligen um Hilfe bitten. Dann kommt zwar die Geschichte mit dem abgeschnittenen Ohr an die Öffentlichkeit, darauf freu ich mich jetzt schon ganz wahnsinnig, aber wenigstens haben die Medien dann ihre Gruselstory und sind von Menken abgelenkt. Da fällt mir ein: Gibt's eigentlich schon eine Aussage zum Todeszeitpunkt? Das wird ja wichtig, wenn wir die Alibis von den beiden Töpfers überprüfen.«

Sven schiebt das letzte Stück seiner Pizza auf die Gabel. »Stell dir vor, ausnahmsweise ist Dr. Bernstein mal ziemlich konkret geworden. Er hat die Körpertemperatur des Toten gemessen, sie natürlich mit der Außentemperatur abgeglichen und außerdem die Leichenstarre und die Leichenflecken untersucht.«

»Ja, ja. Ich weiß, wie man das macht. Du musst uns jetzt nicht den Bernstein geben und seine langatmige Art kopieren. Ergebnisse bitte.«

»Zwischen achtzehn und zweiundzwanzig Uhr ist möglich. Zwischen neunzehn und einundzwanzig Uhr ist wahrscheinlich.«

»Na, damit können wir doch arbeiten. Wenn du die Sache mit den Taxiunternehmen und den Bussen rausgegeben hast, solltest du nach Munkmarsch fahren und die Nachbarn befragen. Viele wohnen da vielleicht nicht mehr, aber es reicht ja eine oder einer, der mal in einer Fernsehwerbepause aus dem Fenster geschaut und die finstere Gestalt entdeckt hat, nach der wir suchen.«

»Ich sehe am Horizont auch eine finstere Gestalt«, unterbricht ihn Sven. »Da hinten kommt der Kellner mit deiner Nachbestellung. Der Hungertod scheint für heute gerade noch mal abgewendet zu sein.«

Freitag, 6. Oktober, 14.30 Uhr, Braderuper Heide

Zufrieden schaut Bastian Kreuzer zum Himmel.

Vor einer Stunde haben sich die letzten Wolken verzogen, eine knallige Herbstsonne lässt die blühende Heide in allen Rosa- und Lilatönen leuchten und die Gräser am Watt golden schillern. Selbst der Wind, der am Morgen noch kräftig geblasen hat, hat nachgelassen, so dass er mit den zwölf anderen Männern, die er auf die Schnelle bei der Polizei und der Feuerwehr auftreiben konnte, beste Bedingungen für die geplante Suchaktion vorfindet. Der Hauptkommissar blickt kurz in die Runde, erwartungsvoll und neugierig sehen ihn die anderen an. Bastian Kreuzer atmet tief den würzigen Geruch nach Meer und Heide ein, streckt seine Glieder und beginnt mit der Einweisung.

»Zum Glück haben wir ideales Wetter für einen ausgedehnten Heidespaziergang. Leider müssen wir dabei nach einer weiblichen Leiche suchen. Aber das haben die meisten von euch ja schon am Telefon erfahren. Ich kann bisher nichts zu Alter oder Aussehen der Frau sagen, denn es wird niemand vermisst. Der einzige Anhaltspunkt, den wir haben, ist ein einzelnes Ohr, auf das wir gestern früh eher durch Zufall gestoßen sind. Der Rechtsmediziner sagt, es gehöre zu einer Frau, die schon tot war, als das Ohr abgeschnitten wurde. Allerdings noch nicht lange. Höchstens zwei Tage. Da wir das Ohr da drüben in der Mulde gefunden haben, beginnen wir hier mit unserer Suche. Wir müssen die Heide systematisch durchkämmen und wohl auch im Watt nachsehen.«

Bastian lässt seinen Blick kurz über die Beine der Beamten und Freiwilligen wandern.

»Ich sehe, alle haben ihre Gummistiefel gefunden. Und die Flut geht auch gerade zurück. Das passt gut. Wir beginnen trotzdem hier oben. Ein Trupp durchkämmt die Heide Richtung Süden bis nach Munkmarsch, der andere nach Norden bis hoch nach Kampen. Ich sehe mich in der Zwischenzeit hier am direkten Fundort des Ohrs noch einmal gründlich um. Falls zufällig irgendwo das andere Ohr liegt, werde ich es finden. Und wenn ich jeden einzelnen Busch eigenhändig durchkämmen muss.«

Bastian Kreuzer wirft einen verzweifelten Blick auf die Gewächse, die dicht an dicht den Boden bedecken. Einzelne Lacher der Kollegen werden laut. Doch der Hauptkommissar bleibt ernst.

»In zwei Stunden sehen wir uns dann wieder. Und zwar genau hier. Natürlich nur, falls nicht vorher jemand etwas entdeckt. Leider müssen wir auch damit rechnen, dass wir auf weitere Körperteile stoßen. Also achtet auf jede Kleinigkeit. Sollten wir bis dahin nichts gefunden haben, gehen wir ins Watt. Wer auch immer der Frau das Ohr abgeschnitten hat, hat vielleicht die Leiche im Wasser entsorgt. Wenn wir

Glück haben, hat der Hubschrauber von der Küstenwache vorher schon was entdeckt. Ich habe mit den Jungs telefoniert, und sie haben mir zugesichert, dass sie in spätestens einer halben Stunde einen Rundflug starten. Vielleicht bin ich sogar dabei, das hängt davon ab, wie schnell ich hier fertig werde. Wir bleiben auf jeden Fall über Funk in Verbindung, dann wissen alle immer alles. Und jetzt: Viel Glück und haltet die Augen offen.«

Während sich die zwei Suchtrupps in Bewegung setzen, bleibt Bastian am Fundort des Ohrs zurück. Er braucht einige Momente der Ruhe, um sich über ein paar Details klarzuwerden. Er will versuchen, sich vorzustellen, was geschehen sein könnte und welche Hinweise sie vielleicht übersehen oder falsch zugeordnet haben. Vorsichtig setzt sich Bastian an den Rand der Kuhle, in der sie gestern früh die schwarzen Kerzen gefunden haben. Das Gras ist warm, aber der Sand darunter ist feucht und kühl. Nachts hat es kaum mehr als acht Grad, das ist tatsächlich nicht besonders einladend. Kann es sein, dass dieser Jonas und seine Freundinnen die Wahrheit gesagt haben? Vielleicht haben sie in der Schule bloß mächtig übertrieben, um sich wichtig zu machen. Und das andere Mädchen, Jenny, ist darauf hereingefallen. Kein Wunder, dass sie sie nicht mitgenommen haben, schließlich wäre dann alles aufgeflogen. Aber woher kämen in diesem Fall die gequälten Möwen? Und passt nicht das abgeschnittene menschliche Ohr besonders gut zu der These von einem abartigen Täter, der sich steigert? Andererseits liegen ja nicht einfach so Leichen in der Gegend herum. Es ist viel wahrscheinlicher, dass die Tote umgebracht wurde. Und da stellt sich dann die Frage, warum die Leiche beseitigt oder versteckt worden ist, aber das Ohr nicht. Und warum wird niemand vermisst? Außer diesem Model natürlich. Aber was haben selbsternannte Satanisten ausgerechnet mit der zu tun? Oder ist sie zufällig zum Opfer geworden? Und wenn er schon einmal bei den Zufällen ist: Wie groß ist die Wahrscheinlichkeit, dass auf der Insel in zwei aufeinanderfolgenden Nächten jeweils ein Mord geschieht, ohne dass ein Zusammenhang zwischen den Taten besteht? Zumal Munkmarsch, wo der alte Mann aus dem Fenster gestürzt wurde, und dieses Fleckchen Land hier gar nicht so weit voneinander entfernt sind.

Bastian seufzt, dann lässt er sich nach hinten sinken, verschränkt die Hände unter dem Kopf und starrt zum unverschämt blauen Himmel hinauf. Irgendetwas hat er übersehen. Es muss noch ein Puzzleteil geben, das ihnen weiterhelfen kann. Ist es die Drogen- und Alkoholsucht des Models? Oder vielleicht der Besuch Andrea Töpfers bei René Gerkrath? Oder hätten sie den Jugendfreund des alten Mannes genauer unter die Lupe nehmen sollen?

Und dann weiß er es plötzlich. Ihr Pferd. Das Tier hat sie als Letztes gesehen. Es kann nicht sprechen, aber vielleicht finden sich auf seinem Fell noch Hinweise auf den Aufenthaltsort der jungen Frau. Wie elektrisiert springt Bastian auf. Mist, dass sie darauf nicht schon vorher gekommen sind. Jetzt haben die Frauen vom Ponyhof wahrscheinlich schon alle Spuren beseitigt. Aber nachfragen wird er trotzdem. Es dauert nur Sekunden, bis der Kommissar die Nummer in seinem Handy gefunden hat. Und zum Glück meldet sich auch sofort jemand. Die Stimme der Frau klingt fröhlich und aufgeweckt.

»Moin, moin. Annika Steffens von Bodils Ponyfarm am Apparat, was kann ich für Sie tun?«

Bastian nennt seinen Namen und stellt seine Frage. Die andere schweigt kurz, dann antwortet sie in entschiedenem Tonfall.

»Ich war es selbst, die Hektor gestriegelt hat. Er war so nervös, dass ich die Mädchen ein bisschen von ihm fernhalten wollte. Und er war unglaublich verkrustet. Und jetzt, wo Sie so genau fragen, wird mir auch klar, was das war. Kein normaler Schmutz jedenfalls, obwohl das Fell ganz trocken war. Es war eher eine feste Kruste, so was wie Schlick vielleicht oder Schlamm. Ganz schlimm war es am Bauch und an den Beinen.«

»Könnte man sagen, dass diese Tess Andres vermutlich mit ihrem Pferd durchs Wasser geritten ist?«

»Mit ziemlicher Sicherheit ja.« Annika Steffens macht eine kurze Pause, dann redet sie, jetzt mit deutlich besorgter Stimme, weiter. »Glauben Sie, dass ihr etwas zugestoßen ist? Vielleicht ist sie gestürzt und der Hengst ist ihr durchgegangen, vielleicht ist er bis zum Land zurückgekommen, und nur sie ist draußen im Watt geblieben, dann ist die Flut gekommen, und sie ist ertrunken.« Sie stockt noch einmal, dann fügt sie an: »O mein Gott, jetzt, wo ich das sage, kommt es mir ziemlich wahrscheinlich vor. Darüber habe ich vorher gar nicht nachgedacht!«

»Frau Steffens, wir durchsuchen gerade Heide und Watt. Jetzt regen Sie sich nicht auf, wahrscheinlich wissen wir heute Abend mehr. Und vielen Dank für Ihre Auskunft.«

Nachdem er das Telefonat beendet hat, denkt Bastian grimmig, dass die These dieser Steffens gar nicht schlecht ist. Allerdings hat sie einen bedeutenden Haken: Sollte es sich so oder ähnlich abgespielt haben, dann ist es ganz bestimmt nicht Tess Andres, der man das linke Ohr abgeschnitten hat.

**Freitag, 6. Oktober, 15.17 Uhr,
Wattweg, Munkmarsch**

Sehnsüchtig blickt Sven Winterberg hinüber zum Watt. Es scheint ewig her zu sein, dass er mit Anja eine seiner geliebten Wattwanderungen unternommen hat. In hohen Gummistiefeln staksen sie dann durch den Schlick, beobachten Strandkrabben zu ihren Füßen und Silbermöwen am Himmel. Sie sehen den Häufchen der Wattwürmer beim Wachsen zu, und manchmal entdecken sie sogar einen Seeadler unter der Sonne.

Doch heute ist trotz des herrlichen Wetters nicht an einen Spaziergang zu denken. Stattdessen klappert Sven die Türen der Häuser ab und drückt allzu oft vergeblich auf eine Klingel. Und dort, wo er einen Bewohner antrifft, hat niemand etwas gesehen. Gestern Abend scheinen alle Munkmarscher in der Zeit zwischen achtzehn und zweiundzwanzig Uhr mit irgendwelchen Dingen im Haus beschäftigt gewesen zu sein. Hauptsächlich das Fernsehprogramm bekommt Sven referiert. Niemand außer den Hundehaltern ist vor die Tür gegangen, und auch von denen hat niemand irgendetwas Verdächtiges beobachtet oder gar Torben Töpfer gesehen. Nur einer der Hunde hat in der Nähe der Bushaltestelle kurz angeschlagen. Aber das kann auch wegen der vielen Kaninchen gewesen sein, die sehr zum Leidwesen der Bauern und Gärtner seit Jahren auf der Wattseite ihr Unwesen treiben.

Ein letztes Mal hält Sven das Gesicht in die Herbstsonne, atmet tief den würzigen Geruch ein und steigt dann frustriert ins Auto, um zurück zur Dienststelle zu fahren. Auf dem Weg hört er die Nachrichten, um zu kontrollieren, ob sich der Todesfall schon bis zu den Medien rumgesprochen hat. Und tatsächlich wird von einem Leichenfund in Munkmarsch berichtet, allerdings ohne Namensnennung und erst am Schluss der Nachrichten. Alte Menschen scheinen selbst im Tod nur noch geringen Aufmerksamkeitswert zu haben, denkt Sven erschüttert und stellt sich vor, was es für einen Hype geben würde, wenn dieser Tess Andres tatsächlich etwas auf der Insel zugestoßen sein sollte.

Auf dem Parkplatz des Polizeireviers checkt Sven sein Handy. In den Dünen haben Bastian und die anderen Suchenden bisher noch nichts entdeckt, sonst hätte der Kollege ihn informiert. Wahrscheinlich sitzt Bastian gerade im Hubschrauber und propellert übers Watt. Der Glückliche.

Oben im Büro fällt Sven als Erstes das Faxgerät auf. Da hat sich einiges angestaut. Neugierig nimmt er die Blätter aus der Ablage. Und tatsächlich gibt es von der Verkehrsgesellschaft nicht nur eine, sondern gleich zwei außerordentlich interessante Informationen. Torben Töpfer, der Schwiegersohn des Toten, ist nämlich am Mordtag gleich doppelt unterwegs gewesen. Dabei haben er und seine Frau doch angegeben, den ganzen Tag gemeinsam in der Spielhalle verbracht zu haben.

Einer der Busfahrer ist allerdings sicher, dass Töpfer am späten Mittag vom Bahnhof nach Munkmarsch gefahren ist. Als Sven die nüchternen Zeilen auf dem Fax liest, spürt er sofort, wie sein Herzschlag sich beschleunigt. Der Typ leugnet jeden Besuch beim Schwiegervater, und jetzt ist er so gut wie überführt! Wenn das kein deutliches Indiz ist. Aber dann sieht Sven noch einmal auf die Uhrzeit. Später Mittag ist nicht früher Abend, und egal, was Torben Töpfer bei Klaas Menken gewollt hat, umgebracht hat er ihn nicht, denn nach seinem Besuch muss ja noch dieser Jugendfreund bei dem ganz und gar lebendigen Klaas Menken gesessen haben. Aber vielleicht hat Töpfer von dieser Verabredung Wind bekommen und irgendwo gewartet, bis Jochen Stürmer gegangen und die Bahn für seinen finsteren Plan frei war. Doch das kollidiert mit den Aussagen eines anderen Busfahrers, der Torben Töpfer tatsächlich am frühen Abend wieder ab Bahnhof Westerland als Fahrgast befördert hat. Kurz vor achtzehn Uhr, wie er versichert, es sei seine letzte Tour gewesen und danach habe er Feierabend gemacht. Allerdings sei Töpfer diesmal nicht nach Munkmarsch, sondern nach Keitum gefahren.

Sven pfeift anerkennend durch gespitzte Lippen. Sauber ausgedacht. Von Keitum nach Munkmarsch ist es nur ein längerer Spaziergang. Wahrscheinlich hielt Töpfer das für unauffälliger. Aber trotzdem: Den Kerl werden sie sich kaufen. Die Jungs von der Verkehrsgesellschaft haben sich ein großes Lob verdient. Allerdings hat auch die Jahreszeit etwas mit dem guten Erinnerungsvermögen der Busfahrer zu tun. Solch präzise Beobachtungen wären im Sommer kaum möglich. Bei den vielen Touristen, die die Inselbusse bevölkern, würde niemand sich an einzelne Personen erinnern. Da müssten die Leute schon mit Karnevalsmasken oder splitterfasernackt in die Busse steigen.

Sven greift zum Telefon, um Bastian gleich von den guten Neuigkeiten zu berichten, doch ausgerechnet jetzt klingelt sein Handy. Silja.

»Hey, wo bist du gerade?«, fragt sie mit einem leichten Beben in der Stimme.

»Im Kommissariat, wieso?«

»Ich bin hier um die Ecke, am Haus von Familie Liebherr.«

»Das sind die Eltern von dieser Jenny?«

»Exakt. Und sie ist verschwunden, stell dir vor.«

»Och nee, die nicht auch noch«, seufzt Sven und verdreht die Augen. »Sie ist ein Teenager, vergiss das nicht. Vielleicht ist sie nach der Schule einfach noch mit zu einer Freundin gegangen. Oder sie macht einen spontanen Wattspaziergang bei diesem tollen Wetter.«

»Das hättest du wohl gern«, giftet Silja, was Sven zu einem spontanen Nicken veranlasst, das die Kollegin zum Glück nicht sehen kann. »Die Mutter macht sich größte Sorgen, und ich muss sagen, dass ich das verstehen kann. Jenny geht nämlich auch nicht an ihr Handy. Und du als Vater einer Tochter müsstest eigentlich am besten wissen, dass das selten etwas Gutes bedeutet.«

»Vielleicht ist der Akku alle?«, gibt Sven zu bedenken.

»Vielleicht ist sie aber auch in Gefahr«, erwidert Silja humorlos. »Ich habe keine Lust, morgen früh das nächste Ohr in der Heide zu finden.«

»Jetzt mach mal halblang. Lass uns noch ein paar Stunden warten, ehe wir etwas unternehmen. Und in der Zwischenzeit sollten wir dringend bei Torben Töpfer vorbeischauen. Sein Alibi ist nämlich geplatzt.«

»Echt jetzt?«

»Jepp. Er ist am Nachmittag und am Abend zweimal im Bus erkannt worden. Einmal direkt nach Munkmarsch und einmal nach Keitum.«

»Von wo aus es zu Fuß ja auch nicht besonders weit bis Munkmarsch ist.«

»Du sagst es.«

»Ich kann in zehn Minuten an der Spielhalle sein. Treffen wir uns dort?«

»Mit dem größten Vergnügen!«

**Freitag, 6. Oktober, 15.22 Uhr,
Kirche St. Niels, Westerland**

Jenny Liebherr friert. Dabei hat sie die weiße Steppjacke gar nicht ausgezogen. So gemütlich fand sie den Kirchenraum nun auch wieder nicht. Fast ist es schon gruselig, ganz allein auf einer der Holzbänke zu sitzen. Kein Gerutsche und Getuschel drumherum, kein leises Beten und lautes Singen, wie sie es von den Weihnachts- und Ostergottesdiensten her kennt, die sie früher immer mit den Eltern besucht hat. Mittlerweile fühlt sich Jenny seltsam fremd in der alten Dorfkirche, in der sie immerhin getauft und konfirmiert worden ist. Aber sie wusste einfach nicht, wohin sie sonst hätte flüchten sollen. Nur hier fühlt sie sich vor Jonas sicher. Seit knapp zwei Stunden kauert sie jetzt auf der harten Bank und überlegt, wie es weitergehen soll.

Bestimmt sucht die Mutter schon nach ihr, aber Jenny hat Angst vor ihren Blicken, denen ganz bestimmt bald Fragen folgen werden. Wenn sie nur wüsste, wie sie die beantworten soll. Man läuft nicht monatelang in schwarzen Klamotten rum und ändert dann ganz plötzlich seine Meinung, ohne dass Eltern etwas erklärt haben wollen. Und was sollte sie dann sagen?

Ich hab's mir anders überlegt. Das ganze schwarze Zeug hat mir ohnehin nie gestanden.

Außerdem ist Jonas blöd – und ich bin noch blöder, sonst wäre ich schon längst selbst darauf gekommen.

Oder soll sie einfach die Wahrheit sagen?

Ich habe Angst, eine solche panische, tierische Angst, dass ich mir in die Hose machen könnte, dass ich am ganzen Körper zittere und der Schweiß meine Hände schon ganz und gar rutschig und eklig gemacht hat.

Als Jenny nach der vierten Stunde aus dem Zeichenraum kam, hat sie zufällig Jonas gesehen, obwohl sie extra einen Umweg genommen und einen weiten Bogen um den Biologieraum gemacht hatte. Doch dann lief er wenige Meter vor ihr direkt auf das Sekretariat zu und neben ihm gingen ein bulliger Mann und die schmale Kommissarin, die neulich bei den Eltern war. Obwohl das erst vorgestern Abend war, kommt es Jenny so vor, als seien seit dem Gespräch in ihrem Zimmer Jahre vergangen. Vorgestern war sie noch verliebt und glaubte sich wiedergeliebt, vorgestern hat sie dem Abend so ungeduldig entgegengefiebert wie früher nur Weihnachten oder den Kindergeburtstagen, so fest war sie davon überzeugt, dass sich an diesem Mittwoch alles ändern würde. Dass Jonas und sie endlich ein Paar werden würden.

Wieder läuft ein Kälteschauer Jennys Rücken hinunter, und sie verdrängt mühsam die Erinnerungen an die schreckliche Nacht und vor allem an Jonas' unmissverständliche Drohungen am nächsten Vormittag. Und jetzt war die Polizei bei ihm. Natürlich wird er denken, sie habe ihn verraten. Und die anderen Bräute Satans werden es auch glauben. Und außer Lucia, Clara und Cosima redet ja keiner mehr mit ihr. Die alten Freundinnen halten sie längst für völlig durchgeknallt und würden sich bestimmt sehr wundern, wenn Jenny plötzlich wieder angekrochen käme.

Jenny spürt, wie ihr die Tränen in die Augen steigen. Und dann knackt es auch noch hinter dem breiten goldenen Flügelaltar, den Jenny als Kind immer maßlos bewundert hat. Es ist ein hohles und lautes Geräusch, das Jenny wie ein Paukenschlag erscheint und die nachfolgende Stille besonders bedrohlich wirken lässt. Jenny lauscht mit angehaltenem Atem. Doch nur das Schlagen ihres eigenen Herzens ist jetzt zu hören. Hat sie sich das Knacken vielleicht nur eingebildet? Nein, das kann nicht sein. Also versteckt sich dort vorn jemand. Hat vielleicht Jonas sich doch hier hereingewagt und beobachtet sie schon die ganze Zeit? Wird er gleich hervorkommen und sie bestrafen?

Jenny springt auf, hektisch drängt sie sich aus der engen Bank heraus, dreht dem Altar den Rücken zu, hetzt an den wuchtigen Predigertafeln vorbei, die an beiden Seiten des Kirchenschiffs hängen, läuft zur Eingangstür, greift nach der verzierten Fischklinke, deren blankes Messing plötzlich kühl und beruhigend in ihrer Hand liegt. Gleich ist sie draußen im Sonnenlicht, gleich ist sie in Sicherheit.

Jenny drückt die Klinke herunter und stößt die Tür auf. Die Helligkeit blendet sie, und sie macht blinzelnd die ersten Schritte. Dann geht sie beherzt auf das weiße Friesentor zu, das den Kirchhof von der Straße trennt. Sie öffnet die Tür und will gerade den Weg nach Hause einschlagen, da entdeckt sie Jonas.

Er sitzt auf der Bank, die genau gegenüber der Kirche auf der kleinen Grünfläche steht. Jenny spürt, wie sie taumelt. Ihr ist, als seien die Beine aus Gummi, als könne sie keinen Schritt mehr machen, ohne hinzufallen. Dabei müsste sie doch jetzt weglaufen. Rennen, so schnell sie kann, und am besten gleich zur Polizei, damit die sie schützt. Aber es ist längst zu spät. Mit wiegenden Schritten kommt Jonas auf sie zu. Jenny steht wie gelähmt im Sonnenlicht und blickt ihm entgegen. Starr vor Schreck und Angst. »Woher wusstest du, dass ich hier bin?«, stammelt sie und erschrickt über den flehenden Klang ihrer Stimme. *Tu mir nicht weh, tu mir bloß nicht weh.*

»Vielleicht hat Satan es mir geflüstert«, raunt ihr Jonas ins Ohr, während er mit fester Hand nach ihrer Kehle greift, den Hals von vorn umschließt und so kräftig zudrückt, dass Jenny fast sofort die Luft wegbleibt.

»Du hast geplaudert, kleine Braut«, zischt er und steht dabei so dicht vor ihr, dass winzige Spucketropfen ihr ins Gesicht springen wie haarfeine Nadeln.

Jenny schüttelt den Kopf, so gut das in Jonas' Klammergriff geht. Sie reißt die Augen auf und versucht, so viel Wahrhaftigkeit wie möglich in ihren Blick zu legen. Und tatsächlich erscheint für Sekunden ein Zögern auf seinem Gesicht. Die Augen flackern, und der Mund verliert seine entschlossene Härte. Doch dann drückt die Hand an ihrer Kehle noch fester zu. Jenny muss würgen, sie muss husten, aber das geht nicht, weil die Luft jetzt knapp wird, weil sie gleich umfallen wird, weil sie nur noch von dieser Hand gehalten wird, die ihr Böses will und hinter der jetzt das Gesicht von Jonas verschwimmt, erst unscharf wird, dann seine Farben verliert und sich schließlich auflöst in Licht und Nebel und nichts.

**Freitag, 6. Oktober, 15.27 Uhr,
Spielhalle Golden Goal, Westerland**

Als Sven und Silja aus dem nachmittäglichen Sonnenschein in die dämmrige Spielhalle treten, fühlt sich die Kommissarin, als würde sie die Unterwelt betreten. Alles ist anders als draußen. Nicht nur das Licht, auch die Geräusche, der Geruch und selbst die Gesichter der Menschen.

Es riecht nach Schweiß, Staub und Bier, ungelüftet und abgestanden. Ein seichter Schlager tönt scheppernd aus bulligen Boxen, deren Größe mehr verspricht, als der Klang hergibt. Zumal über der Schlagermelodie das ständige Klingeln und Rattern der Spielautomaten liegt. Dabei sind nur drei von ihnen besetzt.

Ganz links neben der Tür hat ein Typ in Ledermontur beide Hände an die Seite des Flippers gelegt und sich weit über die schräge Fläche gebeugt, in der die Flipperkugel ihren irren Kurs verfolgt. Er sieht nicht auf, als die Eingangstür hinter den Ermittlern ins Schloss fällt, und scheint ganz in sein Spiel vertieft. Die langen strähnig wirkenden Haare hat er am Hinterkopf zu einem nachlässigen Zopf gebunden, so dass Silja sein konzentriertes Gesicht gut erkennen kann. Ab und an knallt der Ledermann die Hüften an die Vorderfront des Geräts und bringt auf diese Weise den ganzen Automaten zum Vibrieren. Silja stellt sich vor, dass die Haut über seinen Hüftknochen heute Abend grün und blau sein und den Spieler noch tagelang an seine gewaltsamen Versuche erinnern wird, das Glück zu zwingen.

Auf der anderen Seite des Raums versuchen sich zwei sehr

junge Männer, deren Gesichter selbst im Profil noch verdächtig kindlich aussehen, an einer Maschine, deren goldene Front den verheißungsvollen Titel *Eldorado Jackpot* trägt. Offensichtlich können sie zu zweit daran spielen, und ihre Blicke hängen so gebannt an dem Display, dass sie das Eintreffen der Beamten gar nicht zu bemerken scheinen. Zu ihren Füßen stehen zwei Rucksäcke, die verdächtig nach Schule aussehen.

Dass sich hinter dem schmalen Bartresen noch ein vierter Mensch befindet, registriert Silja erst, als Torben Töpfer sich aus der Hocke erhebt und zu seiner vollen Größe aufrichtet. Seine Augen werden groß, fast schreckhaft, als er die Kommissare erkennt, und sein Blick gleitet unwillkürlich zu den beiden Eldorado-Jungen.

»Kriminalpolizei Westerland. Aber lassen Sie sich nicht stören, wir haben Zeit«, erklärt Sven mit einer Stimme, der man die Ironie anhört. »Vielleicht wollten Sie ja gerade die Ausweise ihrer jungen Kunden kontrollieren.«

»Hab ich schon«, raunzt Töpfer zurück. »Sind beide achtzehn, aber Sie können gern auch noch mal nachsehen.«

»Nicht nötig. Wir vertrauen Ihnen.«

»Na das freut mich doch. Kann ich sonst noch was für Sie tun?«

»Wir würden gern über den gestrigen Abend mit Ihnen sprechen. Möglichst in Ruhe, wenn es geht.«

»Ich kann hier jetzt nicht weg, das sehen Sie doch.«

»Ist Ihre Frau nicht da?«, erkundigt sich Silja mit sanfter Stimme.

»Nee, die hat mächtig zu tun. Wollte zum Bestatter und zum Makler.«

Silja schluckt. Immer wieder schockiert es sie, wie unsensibel Hinterbliebene reagieren können. Vor vierundzwanzig Stunden hat Klaas Menken noch gelebt, und jetzt bietet seine Tochter die Immobilie, in der ihr Vater sein gesamtes Leben verbracht hat, bereits dem Makler zum Verkauf an.

»Ist das nicht ein bisschen voreilig?«, fragt sie scharf. »Die Leiche ist noch nicht mal freigegeben, und die Regelung von Erbschaftsangelegenheiten kann Monate dauern.«

Kaum ist das Wort *Leiche* gefallen, fahren alle drei Spieler herum. Neugierig heften sich die Blicke der Männer auf die Ermittler, was Sven mit einem kurzen Nicken quittiert. »Machen Sie ruhig weiter, meine Herren, wir führen nur Routineuntersuchungen durch. Lassen Sie sich von uns nicht stören.«

Während sich der Ledermann wieder seinem Spiel zuwendet, beenden die beiden Jungs hektisch das ihre und greifen nach den Rucksäcken. Mit einem gemurmelten *Ciao* verlassen sie eilig die Spielhalle. Noch in der Tür fallen beide gleichzeitig in einen hastigen Laufschritt und verschwinden Sekunden später aus Siljas Blickfeld. Die Kommissarin kann sich des Gedankens nicht erwehren, dass die angebliche Ausweisüberprüfung durch Töpfer nur eine schlagfertige Schutzbehauptung war, auf die Sven und sie reingefallen sind. Doch Sven reagiert nicht auf ihre hochgezogenen Augenbrauen, sondern setzt sich an einen der beiden Bistrotische, die vor den Tresen stehen.

»Also reden wir hier miteinander?«, fragt er provokant.

»Nee, schon gut«, wiegelt Torben Töpfer ab. »Sie können auch mit nach hinten kommen. Der Kuno ist ein alter Kunde, der wird mir den Laden schon nicht verwüsten.« Er nickt dem Mann in der Ledermontur kurz zu und führt die Kommissare dann durch einen schmalen und stockdunklen Flur in einen engen Wohnraum. Neben einer alten Ledercouch stehen zwei unterschiedliche Lehnstühle und ein Fußhocker. Alle Möbel sind auf den übergroßen Fernseher ausgerichtet. Durch das einzige Fenster des Raums fällt fast kein Tageslicht, obwohl die Scheiben glänzen wie frisch geputzt. Torben Töpfer lässt sich ächzend auf das Sofa fallen und kratzt nervös an seinem Arm, der von einem bunten Tattoo geziert wird.

»Und? Was wollen Sie wissen?«

»Wir wüssten gern, warum Sie heute früh gelogen haben«, antwortet Sven mit verbindlichem Lächeln und butterweicher Stimme.

»Hab ich das?« Torben Töpfer sieht wenig schuldbewusst aus.

Entweder ist er ein besserer Schauspieler, als wir erwartet haben, überlegt Silja, oder er ist tatsächlich unschuldig. Aber dann gäbe das Verschweigen seiner beiden Ausflüge nach Munkmarsch und Keitum wenig Sinn. Während Sven den Schwiegersohn des Toten mit den Aussagen der Busfahrer konfrontiert, achtet Silja genau auf dessen Hände. Häufig schaffen es die Verdächtigen nämlich gerade noch, ihre Gesichtszüge zu kontrollieren, aber dafür verraten sie dann ihre Bewegungen. Auch die Hände Torsten Töpfers beginnen jetzt zu flattern. Gleichzeitig windet er sich auf dem Sofa, als habe jemand eine allzu heiße Sitzheizung angestellt.

»Ich dachte, es kommt vielleicht nicht besonders gut, wenn ich zugebe, dass ich bei dem Alten war – ausgerechnet ein paar Stunden, bevor ihn jemand umgelegt hat«, nuschelt er jetzt mit gesenktem Kopf.

»Wusste Ihre Frau von diesem Besuch?«, erkundigt sich

Sven und erntet ein Kopfschütteln. »Wundert mich nicht. Was wollten Sie eigentlich bei Ihrem Schwiegervater?«

»Ich dachte, ich rede mal mit ihm, sozusagen von Mann zu Mann. Andrea ist schließlich seine einzige Tochter, und wir sind im Moment nicht so ganz flüssig. Na ja, was soll's, vielleicht hätte er sich ja erweichen lassen.«

»Sagte Ihre Frau nicht, dass Ihr Schwiegervater nicht besonders gut auf Sie zu sprechen war? Da wäre es doch sicher besser gewesen, wenn Ihre Frau sich an ihn gewandt hätte.«

»Ich wollte mich mit ihm versöhnen.« Torben Töpfer verzieht den Mund zu einer Grimasse und zuckt die Schultern. »Vielleicht hätte es ja geklappt, und dann hätte ich Andrea überraschen können.«

»Und? Hat es geklappt?«, will Silja jetzt wissen.

»Er hat mir gar nicht aufgemacht. Hat mich aus dem Fenster heraus beschimpft. Das haben bestimmt auch die Nachbarn gehört, fragen Sie die doch!«

»Und dann sind Sie unverrichteter Dinge abgezogen und am Abend noch einmal wiedergekommen, um die Sache ins Lot zu bringen?« Sven hat sich weit vorgebeugt und fixiert das Gesicht Töpfers mit angespanntem Blick.

»Nein! Wer sagt denn so was?«, wehrt er sich.

»Man hat Sie noch einmal beobachtet. Diesmal zur Tatzeit.«

»Tatzeit, Tatzeit. Wann soll das denn gewesen sein?«

»Gegen sechs sind Sie aufgebrochen«, antwortet Sven nüchtern.

»Ja, aber doch nach Keitum zu meinen Kumpels. Die können Sie gern fragen. Wir haben was getrunken und später sind wir wieder hergekommen.«

»Heute früh hat sich das aber noch ganz anders angehört. Da hieß es, Sie seien die ganze Zeit hier gewesen. Da hatten Sie wohl noch nicht mit den Kumpels über Ihr Alibi geredet, oder was?«

Nicht nur Silja sieht, wie Sven die Geduld verliert. Seine Stimme klingt jetzt aggressiv, und er spricht deutlich lauter als nötig. Auch Torben Töpfer bekommt es plötzlich mit der Angst zu tun.

»Bitte, jetzt lassen Sie mich doch mal ausreden. Ich weiß nämlich, dass der Alte am Nachmittag, bevor er umgebracht wurde, nicht allein war. Da kam ein ganz komischer Typ zu Besuch. Älter, aber ziemlich rüstig. Der trug so eine schlammgrüne Jacke, wie sie die Schnösel immer anhaben und …«

»Barbour«, fällt ihm Sven ins Wort.

»Ja meinetwegen. Ich kenn mich da nicht aus. Aber ich weiß, dass er reinkam. Der stand kaum vor der Tür, da konnte er sie schon aufdrücken.«

»Vielleicht war es ein Freund Ihres Schwiegervaters«, wirft Silja ein.

»Der Alte hatte keine Freunde, das hat Ihnen meine Tochter doch schon erklärt. Außerdem ist mir das ein schöner Freund, wenn der Alte den Besuch nicht überlebt.«

»Herr Töpfer, wir wissen, wer der Besucher war. Wir haben längst mit ihm gesprochen. Und ich kann Ihnen sagen, dass dieser Mann ganz bestimmt kein Motiv hatte, um Klaas Menken zu töten. Ganz im Gegensatz zu Ihnen und Ihrer Frau.«

»Na, dann wird es wohl Andrea gewesen sein, die ihn kaltgemacht hat«, schnappt Töpfer. »Ich war's jedenfalls nicht.«

Freitag, 6. Oktober, 16.51 Uhr, Watt vor Munkmarsch

Die Sonne steht so tief, dass Bastian Kreuzer sich auf gleicher Höhe mit ihr glaubt. Wäre das beharrliche Surren der Rotorblätter über seinem Kopf nicht, dann könnte er sich fühlen wie Ikarus, der Segler über dem Meer. Nur dass das Wasser unter ihm natürlich nicht das Ägäische Meer ist, sondern das Watt zwischen Sylt und dem Festland. Die Ebbe ist mittlerweile fast auf ihrem Tiefpunkt, so dass das dunkle Braun des feuchten Sandes weite Flächen dominiert. Erschreckend gut kann Bastian von hier oben die vielen gefährlichen Priele erkennen, die immer wieder wagemutigen und leichtsinnigen Wattwanderern die Rückkehr abschneiden und in besonders unglücklichen Fällen zu deren Tod führen. Im Moment sind die meisten von ihnen flach und wirken eher wie harmlose Teiche. Einige führen überhaupt kein Wasser mehr und sehen wie matschige Straßen aus, die ein untalentierter Baumeister ins Watt gesetzt hat. Aber jeder auf der Insel weiß, dass sich mit einsetzender Flut dieses heimtückische Wassernetz zu einer tödlichen Falle entwickeln kann.

Bastian lässt das Fernglas sinken, das er die ganze Zeit vor den Augen hatte, und wendet sich an den Piloten, der immer neue Schleifen über dem schlickigen Boden dreht.

»Kannst du noch tiefer und vielleicht mal diesem Priel hier folgen?«

»Klar doch«, murmelt der andere, und kurz darauf senkt sich der Hubschrauber beängstigend nah auf Wasser und Sand herunter.

»So recht?«

»Ja, das reicht völlig.« Sie fliegen jetzt so dicht über dem Watt, dass der Kommissar auch ohne Fernglas den reißenden Strom in dem Hauptpriel erkennen kann.

»Ach du Schande«, entfährt es ihm. »Der hier scheint sein Wasser auch bei Ebbe nicht zu verlieren. Wenn die anderen bei Flut auch so aussehen, na dann gute Nacht.«

»Ist bannig gefährlich, das Wasser. Der da unten ist an dieser Stelle besonders wild. Weiter hinten beruhigt er sich wieder. Wird breiter und harmloser. Trotzdem ziehe ich im Schnitt so drei bis vier Leute pro Jahr hier raus.«

»Lebend, hoffe ich.«

»Logisch, sonst wüsstet ihr schließlich davon. Die meisten sind wenigstens so schlau, ihr Handy mitzunehmen, wenn sie sich heimlich rauswagen. Natürlich wollen sie es nicht benutzen, aber wenn es dann eng wird, sind sie heilfroh.«

»Kannst du da unten landen, oder holst du sie hoch?«

»Meistens reicht ein Seil, an dem ein Rettungsring befestigt ist. Den stülpen sich die Leute dann über und klammern sich fest.«

Mit einer knappen Geste weist der Pilot nach hinten, wo auf einer Winde Seil und Ring bereit zum Einsatz sind.

»Heute werden wir den mit ziemlicher Sicherheit nicht mehr brauchen. Sollten wir die Frau finden, dann müsste sie schon mit übermenschlichen Kräften ausgestattet sein, um so lange überlebt zu haben.«

»Woher wisst ihr überhaupt, dass sie im Watt ist?«, will der Pilot wissen.

»Ihr Pferd war voller Schlick. Gesattelt, aber reiterlos. Und der Schlick war knochentrocken. Das heißt, es war schon heute Vormittag, Stunden her, dass das Tier aus dem Watt gekommen ist.«

Während die Männer sich unterhalten, schlängelt sich unter ihnen der Priel in einer Reihe von merkwürdigen Kurven einem anderen, noch breiteren entgegen. Fast hat der Hubschrauber schon die Mündung erreicht, da verringert der Pilot plötzlich das Tempo.

»Hey, Bastian, hast du das gesehen?«

»Was?«

»Da hinten. Warte, ich drehe kurz. Da hängt irgendwas fest.«

»Im Ernst jetzt? Ich habe ja immer noch gehofft, dass wir hier vergeblich unterwegs sind«, murmelt Bastian und merkt erst in dem Moment, in dem er die Worte ausspricht, wie sehr sie stimmen. »Aber wenn du ... ist es das da hinten? Der helle Fleck?«

»Exakt. Ich gehe so tief wie möglich runter, dann müsstest du erkennen können, was es ist. Kann ja auch ein Schaf sein, oder ein größerer Vogel, so was gibt's auch schon mal. Irgendwo müssen die auch sterben, und manchmal ist es eben das Watt.«

Bastian, der wieder das Fernglas vor den Augen hat, hört kaum noch zu, er sieht fürs Erste nur die regelmäßigen Ebbewellen im Sand und konzentriert sich ganz darauf, den Priel zu finden. Doch kaum dass er ihn entdeckt hat, schiebt sich etwas trübes Weißes in sein Blickfeld. Es wirkt wie ein Schleier, der schwingend und strudelnd im Wasser treibt. Und dann entdeckt Bastian das Bein. Es ragt unter dem Weißen hervor und über den Rand des Priels hinaus.

»Heiliger Strohsack«, murmelt er. »Das sieht aber gar nicht gut aus.«

Bastian beugt sich aus dem Fenster und hält die Linsen vor die Augen. Es dauert etwas, bis er das weiße Gewand wiedergefunden hat. Es wirkt wie ein Brautkleid. Oder ein Totenhemd. Die Gestalt, die es umhüllt, ist lang und schmal. Ihre hellblonden Haare sind als Strahlenkranz um ihren Kopf gebettet und haben sich den sandigen Wellen des Watts angeschmiegt.

»Kannst du noch tiefer, bitte?«

»So recht?«

»Ja super, perfekt. – Ach du Scheiße!«

»Was ist denn?«

»Guck dir mal den Kopf an. Die schmale Wunde an der linken Seite. Das ist die Stelle, an der normalerweise das Ohr sitzt. Aber ihr fehlt es. Und weißt du, was das heißt? Doppelgoal. Wir haben nicht nur das vermisste Model, sondern wissen auch, woher das Ohr stammt«, stößt Bastian aus.

»Aber warum trägt sie ein weißes Kleid?«, erkundigt sich der Pilot verwundert.

»Das ist die eine Frage, Kumpel. Die andere ist: Wie kommt sie ins Watt, wenn sie schon tot war, als man ihr in der Heide das Ohr abgeschnitten hat?«

»Tja, das müsst *ihr* rausfinden«, antwortet der Pilot mit unangemessener Fröhlichkeit. »Mich interessiert jetzt nur eines: Wollen wir sie gleich mitnehmen, oder sollen wir später wiederkommen?«

»Nach Spuren brauchen wir hier ja wohl nicht mehr zu suchen. Und wer weiß, was die nächste Flut mit dem Körper macht. Es bleibt uns kaum was anderes übrig, als sie irgendwie hochzuholen«, antwortet Bastian und blickt den Piloten ratlos an.

»*Irgendwie* ist gut. Landen kann ich hier nicht. Viel zu

gefährlich. Aber du kannst dich runterlassen, die junge Dame in den Arm nehmen, und dann zieh ich euch beide wieder hoch.«

»Na toll. So habe ich mir meinen Feierabend ehrlich gesagt nicht vorgestellt«, mault Bastian und erntet nur ein erneutes Lachen des Piloten.

Freitag, 6. Oktober, 17.10 Uhr, Braderuper Weg, Kampen

Stöhnend wirft sich Mette in ihrem Bett von einer Seite zur nächsten. Ihr Mund ist trocken, und der Kopf schmerzt. Das Nachthemd ist vom Schweiß schon ganz nass, und trotzdem friert sie unter der Decke. Sie müsste aufstehen und das Nachthemd wechseln, sie sollte draußen auf dem Flur nach der Mutter rufen und um etwas zu trinken bitten. Doch sie ist nicht kräftig genug dafür, und außerdem sind da diese Nebelbilder, die sie in immer neuen Gruppierungen heimsuchen. Matt sinkt Mette zurück auf das verschwitzte Laken, bohrt den Kopf ins Kissen und fällt sofort wieder in einen unruhigen Schlaf, mit dem die Albträume kommen.

Sie fliegt aus dem Fenster über Felder und Weiden. Fahl leuchten die Dünenkuppen im Mondlicht und scheinen jede für sich ein Geheimnis zu bergen. Verbotene Gedanken, die niemand erraten soll. Doch dann brechen die Köpfe auf, aus einigen lodert Feuer, Rauch steigt zum Himmel. Schwarze Gestalten tanzen um die brodelnden Vulkane, ein Hexentreffen ist im Gange, immer wieder singen sie die gleichen Verse, Worte, die Mette nicht versteht, merkwürdige Buchstabenreihen, deren Rhythmus ihr aber nur allzu vertraut ist. Mette ist längst des Reitens müde, zu gern würde sie vom Pferd gleiten, sich auf den Boden rollen lassen und einschlafen, nur schlafen und diesem ganzen Getümmel entfliehen. Doch sie ist mit dem Pferd verwachsen, das Weiß ihres Kleides fließt an dem Tier herab wie ein zweites Fell, nur dass es plötzlich nicht mehr weiß ist, sondern rot leuchtet im Licht des Feuers. Es wird heiß um Mette herum, sehr heiß und dann sieht sie, dass sie brennt. Es tut nicht weh, nur die Wärme ist unangenehm, schweißtreibend, feucht. Hilfesuchend dreht sich Mette zu Tess um, aber Tess ist nicht mehr da. Weder Tess noch Hektor sind zu sehen. Die weiße Reiterin und ihr Schimmel, die doch eben noch neben ihr gewesen sind, haben sich aufgelöst, so scheint's, oder sind sie es etwa, die dort hinten am Horizont galoppieren? Wehendes Haar, golden beschienen vom Feuer, das jetzt abzuheben und hinüberzufliegen scheint, ein glühender Pfeil, der dem hellstrahlenden Pferd immer näher kommt, es schließlich erfasst, mit seinen Flammen übergießt und Reiterin und Hengst in eine Fackel verwandelt, die über dem Watt schwebt wie ein leuchtender Ball, wie die aufgehende Sonne, wie das Licht, das nun von der Zimmerdecke kommt. Plötzlich beugt sich die Mutter sorgenvoll über das Bett.

»Mette, um Gottes willen, was ist los? Du hast geschrien. Ganz laut. Wach doch auf. Hattest du einen Albtraum?«

Mette murmelt Unverständliches. Ihre Zunge ist schwer und der Mund ausgedörrt. Ihr Hals ist trocken und wund gleichzeitig. Alle Glieder tun ihr weh. Sie schließt die Augen und konzentriert sich aufs Sprechen. Mühsam gelingen ihr einige Worte.

»Wasser, Mami. Ich hab solchen Durst.«

»Ich gehe schnell runter und koche dir einen Tee. Und in der Zwischenzeit messen wir Fieber, und wenn es jetzt nicht gesunken ist, dann hole ich den Arzt.«

Mette nickt. Dabei will sie gar keinen Tee. Sie hätte lieber Wasser, klares, kaltes Wasser. Aber das Sprechen ist ihr zu anstrengend, und sie kann sich auch schon nicht mehr konzentrieren, denn wieder lodern die Flammen auf den Dünenkuppen. In den Tälern ist alles dunkel, nur oben erscheint dieses flackernde Licht. Tess und Mette sind noch im Watt, die Pferde zittern in der Kälte, der Wind schlägt ihnen feuchte Schwaden ins Gesicht. Da entdeckt Tess das Feuer, stößt einen Jubelschrei aus und tritt den armen Hektor mit aller Kraft in die Flanken. In rasendem Galopp geht es zurück an den Strand und die Dünen hinauf. Mette kommt kaum hinterher. Sie friert, und sie hat Angst. Ihre Füße triefen vor Nässe, das Haar hängt in Strähnen vor ihren Augen, und sie klammert sich verzweifelt am Hals ihres Pferdes fest. Sie liegt bäuchlings auf dem zuckenden Tierkörper und weiß nur eines: Wenn sie herunterfällt, ist alles verloren.

Als plötzlich das Tier sich wie wild bewegt und Mette schüttelt und schüttelt, stößt sie einen verzweifelten Schrei aus.

»Hilfe, ich falle, ich falle. Ich will nicht, das Wasser ist kalt.«

Schreckstarr krümmt sie sich zusammen, hält den Körper mit den Armen und zieht die Beine so hoch es geht. Gleich wird sie unten aufschlagen, und die Kälte wird sie umfangen. Der Kopf ist zuerst im Wasser, Tropfen laufen Mette an der Stirn entlang und die Wangen hinunter. Mette nimmt jeden einzelnen von ihnen wahr, als handle es sich um gefährliche Kristalle, die sie jederzeit eineisen könnten.

Doch da ist wieder die Stimme der Mutter. Zunächst weit entfernt, dann ganz nah an ihrem Ohr.

»Ganz ruhig, meine Kleine. Ganz ruhig. Ich habe dir einen Lappen für die Stirn mitgebracht. Und kalte Wickel. Die lege ich jetzt um deine Beine und dann wollen wir doch mal sehen, ob wir das Fieber nicht runterkriegen können.«

Mette stöhnt. Mühsam löst sie ihren Arm vom Körper, zieht ihn unter der Bettdecke hervor und tastet mit der Hand bis zum Kopf hinauf. Tatsächlich, da liegt ein Waschlappen auf der Stirn, und jetzt schlägt auch die Mutter die Bettdecke zurück, greift mit energischen Händen nach dem rechten Bein, hebt es an und schlingt in schneller Bewegung ein nasses Handtuch darum. Der Kälteschock verschlägt Mette fast den Atem, sie keucht und will sich freistrampeln, doch die Mutter hält mit festem Griff das Bein umfasst. Und schon Sekunden später fühlt Mette, wie der kühle Wickel sie beruhigt, willig überlässt sie der Mutter auch das linke Bein. Und als beide wie feuchtschwere Pakete nebeneinander unter der Decke liegen und der heiße Tee durch ihre Kehle fließt, hat sie zum ersten Mal seit der furchtbaren Nacht das Gefühl, dass vielleicht doch noch alles gut werden kann, wenn sie es nur schaffen würde, den Eltern von dem Schrecken zu erzählen.

Mette schlägt die Augen auf, zunächst ist alles verschwommen, doch dann kann sie die Mutter klar erkennen und setzt vorsichtig zum Sprechen an. Nuschelnd kommen die Worte aus ihrem Mund.

»Mamich mussir wasrzähln.«

»Nicht jetzt, meine Kleine, nicht jetzt«, beruhigt die Mutter sie und streicht ihr sanft über die Wange. »Jetzt ruhst du dich erst mal aus. Mach die Augen wieder zu und versuch zu schlafen. Ich bleibe hier sitzen und passe auf dich auf. Und wenn du wieder einen Albtraum hast, dann bin ich da und wecke dich sofort. Ist das okay?«

Mette nickt. Ja, das ist okay. Nicht reden, sondern schlafen. Nicht träumen, nur weg sein, betäubt sein, ohne zu denken. Das ist genau das, wonach sie sich die ganze Zeit gesehnt hat. Und wenn die Mutter ihr dabei hilft und auf sie aufpasst, dann wird sie es schaffen. Mette seufzt, schließt die Augen und fühlt die tröstliche Kühle an Beinen und Stirn. Dann sinkt sie zurück in dankbaren Schlummer.

Freitag, 6. Oktober, 17.30 Uhr, Maklerbüro Gerkrath, Westerland

Atemlos lässt Silja die Tür hinter sich ins Schloss fallen. Es war ihr wichtig, pünktlich zu sein, und es war ihr noch wichtiger, trotz aller Aufgaben, die heute anstanden, den Maklerbesuch nicht zu verschieben, auch wenn sie es nicht gewagt hat, Bastian zu einem weiteren Besichtigungstermin zu überreden. Ihr schlechtes Gewissen beruhigt die Kommissarin damit, dass immerhin eine lose Verbindung zu dem Fall Klaas Menken besteht. Und tatsächlich hat die Berufung auf eine dringend nötige Zeugenaussage, die der Makler machen müsse, Silja zu dem spontanen Termin verholfen.

Entsprechend wortkarg empfängt sie René Gerkrath jetzt auch. Er hält es noch nicht einmal für nötig, hinter seinem gläsernen Schreibtisch aufzustehen, sondern wedelt nur knapp mit einer Hand, während er sich mit der anderen nervös durch die sorgsam geföhnten Haare fährt.

»Moin, moin. Für Sie habe ich extra zwei Termine abgesagt. Ich sehe zwar nicht, wie ich Ihnen helfen soll, aber wenn's der Wahrheitsfindung dient. Setzen Sie sich doch.«

Silja bemüht sich um ein verbindliches Lächeln und reicht dem Makler über den Schreibtisch hinweg die Hand.

»Danke, dass es so spontan geklappt hat. Vielleicht können wir nachher ja noch über die Dreizimmerwohnung in Wenningstedt reden, die ich gestern gemeinsam mit Bastian Kreuzer angesehen habe.«

René Gerkrath stutzt kurz. »Ach, Sie waren das? Ja klar. Ich hab mich gleich gewundert, warum Sie mir so bekannt vorkommen.« Die Miene des Maklers hellt sich sichtbar auf. »Wollen Sie einen Kaffee, einen Saft oder vielleicht ein Glas Wasser?«

Silja schüttelt den Kopf.

»Nein danke. Ich würde Ihnen lieber gleich ein paar Fragen stellen. Es geht um Andrea Töpfer. Sie erinnern sich sicher daran, dass sie bei Ihnen war …«

»Ja klar. Das war die Tochter, die die Villa ihres alten Herrn veräußern wollte. Habe ich Ihnen nicht sogar noch davon erzählt?«, fügt der Makler leutselig hinzu.

Silja nickt knapp und fährt mit ernster Stimme fort: »Leider ist genau dieser alte Herr gestern Abend aus dem Fenster seiner Villa gestoßen worden und dabei zu Tode gekommen.«

»Nein, das ist doch aber …«, ereifert sich Gerkrath und weiß sichtlich nicht, wie er weiterreden soll.

»Unglaublich, oder?«, hilft ihm die Kommissarin.

»Genau, Sie nehmen mir das Wort aus dem Mund. Unglaublich ist das.«

»Und jetzt wüsste ich ganz gern von Ihnen, was für einen Eindruck Sie von Andrea Töpfer hatten.«

Gerkrath lässt sich in seinem dicken Ledersessel zurücksinken und beginnt, nervös vor und zurück zu wippen. Plötzlich wirkt er, als müsse er jedes einzelne Wort sorgfältig abwägen.

»Angespannt wirkte sie«, beginnt er vorsichtig und denkt noch einmal kurz nach. »So, als stände sie ziemlich unter Strom. Wahrscheinlich war die Geldnot größer, als sie zugeben wollte.« Er verdreht die Augen und hebt entschuldigend die Arme. »Na ja, ging mich ja auch nichts an.«

»Was haben Sie ihr eigentlich geraten?«

»Das Übliche. Ich hab ihr gesagt, dass man eine Immobilie durchaus auch schon verkaufen kann, wenn man beabsichtigt, weiter drin zu wohnen. Gerade hier auf der Insel gibt's das öfter. Die alten Herrschaften brauchen Geld und wissen ganz genau, dass ihre Erben die Hütte nach ihrem Tod ohnehin auf den Markt werfen.«

Er lacht verlegen, als wolle er sich für seine saloppe Sprachwahl entschuldigen.

»Und wie hat Frau Töpfer auf diesen Vorschlag reagiert?«

»Eigentlich gar nicht.« René Gerkrath zuckt hilflos mit den Schultern. »Oder besser gesagt, sie hat angedeutet, dass mit ihrem alten Herrn nicht so besonders gut Kirschen essen ist. Ich musste ihr hoch und heilig versprechen, mir die Immobilie auf keinen Fall anzusehen.«

»Und? Haben Sie sich dran gehalten?«

Aufmerksam beobachtet Silja das Gesicht des Maklers.

»Na ja, nicht ganz.« Er zwinkert ihr kumpelhaft zu. »Ich meine, man wird doch wohl noch neugierig sein dürfen. Und immerhin hat sie mir das Objekt quasi zur Vermittlung angeboten.«

»Wann genau waren Sie da?«

»Lassen Sie mich nachsehen.« Fahrig beginnt Gerkrath, in seinem altmodischen Pultkalender zu blättern. Dabei murmelt er: »Donnerstag, Donnerstag. Was war denn da alles? Ja richtig, hier haben wir's ja.« Ruckartig richtet er sich auf und blickt Silja geradewegs in die Augen. »So zwischen vier und fünf am Nachmittag hatte ich eine Lücke im Terminkalender. Und da hab ich gedacht, ich schau mir das Haus doch mal von nahem an. Das war übrigens direkt bevor ich den Termin mit Ihnen und Ihrem Mann hatte.«

Eine unerwartete Wärme breitet sich in Siljas Brust aus. *Ihr Mann* hat er gesagt. Und für Silja hat sich das gut angehört. Aber für Wärme ist in diesem Gespräch kein Platz, daher fragt sie mit undurchdringlicher Miene:

»Und?«

»Was und?«

»Haben Sie dort in Munkmarsch jemanden angetroffen? Haben Sie vielleicht sogar mit dem Eigentümer gesprochen oder irgendetwas Ungewöhnliches beobachtet?«

Ohne auch nur eine Sekunde nachzudenken, schüttelt Gerkrath den Kopf. Er tut es so heftig, dass seine sorgfältig geföhnten Haare durch die Luft fliegen und ziemlich durcheinandergeraten.

»Nee, hab ich nicht. Allerdings bin ich in den Garten geschlichen. Also widerrechtlich eingedrungen, wenn Sie das so sehen wollen. Aber wie gesagt, ich musste mir ja ein Bild machen.«

Er macht eine Pause und wartet auf ein Zeichen der Zustimmung seitens der Kommissarin. Aber Silja schweigt und fordert ihn lediglich mit einer stummen Geste zum Weiterreden auf.

»Ich hab aber nichts Besonderes beobachtet. Unten im

Haus war alles dunkel, das weiß ich noch. Aber oben war Licht. Und da wohnte der alte Herr ja wohl auch. Ich hab noch überlegt, ob ich klingeln soll, das muss ich zugeben, aber schließlich hab ich's gelassen. Und dann war ich ja auch schon mit Ihnen verabredet. Haben Sie denn noch einmal über die Wohnung nachgedacht?«

»Sie hat mir im Prinzip gefallen, ist aber ein bisschen zu teuer für uns. Vielleicht könnte ich sie bei Gelegenheit noch einmal ansehen«, antwortet Silja knapp. »Aber um noch einmal auf Herrn Menken zurückzukommen: Sie haben nicht durch Zufall irgendjemanden dort beobachtet?«

Wieder schüttelt Gerkrath den Kopf. Dann beginnt er in seinem Pultkalender zu blättern. »Also ich könnte Ihnen morgen Vormittag gegen elf noch einen Termin anbieten, danach allerdings erst wieder am Montag.«

Als Silja gerade antworten will, klingelt ihr Handy. Sie entschuldigt sich und sieht aufs Display. Die Nummer sagt ihr gar nichts, sie nimmt den Anruf an.

»Hier ist Katharina Liebherr. Die Mutter von Jenny«, kommt es aufgeregt aus dem Apparat. »Wir hatten doch verabredet, dass ich mich melde, sobald Jenny wieder auftaucht.«

»Ja natürlich«, antwortet Silja verbindlich, muss sich aber eingestehen, dass sie die Vereinbarung zwischenzeitlich ganz vergessen hat. Doch anstatt sich zu entschuldigen, klingt ihre Stimme plötzlich besonders streng. »Es ist jetzt aber schon kurz vor sechs. So spät ist Ihre Tochter erst aus der Schule gekommen?«

»Nein, nein, sie ist schon länger hier. Ich glaube, es war kurz nach vier, als sie kam. Aber sie ist sofort an mir vorbei, hoch in ihr Zimmer und hat sich dort eingeschlossen. Ich habe immer wieder geklopft und gerufen, und vorhin hat sie mir erst aufgemacht.«

Irgendetwas an der Stimme von Katharina Liebherr gefällt Silja ganz und gar nicht. »Ist alles in Ordnung?«, erkundigt sich die Kommissarin besorgt.

»Nicht wirklich. Jenny ist komisch. Sie redet kaum. Also noch weniger als sonst. Und wenn doch, dann klingt ihre Stimme so seltsam. Sie krächzt, als wäre sie furchtbar heiser. Immerhin trägt sie schon einen Rollkragenpullover, das hilft ihr bestimmt.«

»Einen Rollkragenpullover«, echot Silja und denkt kurz nach. »Hat sie gesagt, warum sie nicht direkt nach der Schule gekommen ist?«

»Nein, hat sie nicht.« Hilflos bricht Jennys Mutter ab.

»Lassen Sie sie nicht weg, ich bin in zwanzig Minuten bei Ihnen«, sagt Silja energisch, dann unterbricht sie die Verbindung und wendet sich wieder dem Makler zu. »Morgen Vormittag geht es leider nicht. Aber der Montag ließe sich vielleicht einrichten.«

»Na schön. Falls die Wohnung dann noch nicht vermietet ist ...«

»Bei dem Preis wird das schon nicht so schnell gehen«, unterbricht ihn Silja und steht auf. »Ich muss los, Sie haben's ja gehört. Wann ginge es denn am Montag?«

»Gleich morgens um neun?«, schlägt Gerkrath vor.

»Okay. Treffen wir uns dort?«, antwortet Silja und denkt, dass der Andrang ja nicht sehr groß sein kann, wenn der Makler ihr gleich den ersten Frühtermin anbietet. Dann grüßt sie kurz zum Abschied und verlässt das Büro mit dem festen Vorsatz, Bastian noch heute Abend von der Verabredung zu erzählen.

Freitag, 6. Oktober, 18.45 Uhr, Kriminalkommissariat Westerland

»So viel zu meiner heldenhaften Bergungsaktion«, beendet Bastian Kreuzer seinen Bericht von dem nachmittäglichen Leichenfund im Watt. Die drei Kommissare haben sich gerade im Kommissariat zusammengefunden. Sie haben sich noch nicht einmal die Zeit genommen, die Jacken auszuziehen und stehen immer noch um den Garderobenständer herum.

»Und die Tote ist jetzt schon bei Bernstein?«, will Silja wissen, während sie sich aus ihrer Steppjacke schält.

Bastian nickt und hängt seine Lederjacke auf. »Er wollte sie sich gleich ansehen. Hat zur Abwechslung noch nicht mal gemault.«

»Vielleicht hat sie ihm gefallen«, wirft Sven ein. Er behält Jacke und Schal an, als wolle er gleich wieder aufbrechen, setzt sich aber an seinen Schreibtisch. »So ein Model kriegt man ja auch nicht alle Tage unters Messer. Oder war sie schon sehr hinüber?«

Bastian räuspert sich, während er langsam durch den Raum geht. Die Erinnerung an den eiskalten schlaffen Körper in seinen Armen macht ihm zu schaffen. Er weiß genau, dass ihn diese Erfahrung noch lange verfolgen wird. Es ist ein gewaltiger Unterschied, ob man einen Leichnam findet und die nähere Beschäftigung damit sogleich anderen überlässt, egal ob es die Fotografen und Spurensicherer sind oder der Rechtsmediziner ist. Oder ob man eine Tote selbst hochhebt, gewissermaßen umarmt, festhält und schließlich sogar mit ihr durch die Luft schwebt, hinaufgezogen von einer Winde.

Und selbst als Bastian mit der Toten oben am Hubschrauber angekommen war, bestand diese enge körperliche Nähe weiter. Es war nämlich gar nicht so einfach, den Leichnam der jungen Frau ins Innere des Hubschraubers zu wuchten.

Und dann hockte Bastian den restlichen Flug neben ihr und blickte in ihr weißes Gesicht, das an einigen Stellen angefressen war. Bis zur Landung blieb ihm noch genügend Zeit, um die milchig gewordenen Augäpfel zu mustern, die breiten Brauen darüber und den offen stehenden Mund, in dem die Zähne wie kleine Muscheln wirkten, winzige Meeresbewohner, die sich heimlich in dieser Menschenkörperhöhle angesiedelt hatten. Doch abgesehen von der Verwesung trug die eigenartige Bekleidung des Models erheblich zu Bastian Kreuzers Verunsicherung bei. Es war tatsächlich ein Hochzeitskleid. Mit seinen Rüschen, Perlen und Schleifen und einem Spitzeneinsatz am Dekolleté wirkte es rührend altmodisch, zumal der lange Rock an einigen Stellen zerrissen war und der gesamte Stoff eher schlammig gelbgrau als weiß aussah.

Tief in seine Erinnerungen versunken plumpst der Hauptkommissar auf seinen Stuhl, schließt die Augen und fährt sich mit beiden Händen übers Gesicht.

»Bastian?«

Die Stimme Siljas reißt ihn aus seinen Gedanken. Er blickt sich verwirrt im Raum um, fast als habe er erwartet, immer noch neben der Frauenleiche zu sitzen und übers Watt zu fliegen.

»Entschuldige. Was hast du gesagt?«

»Ich nichts. Aber Sven wollte wissen, in welchem Zustand die Tote war. Hast du Fotos?«

»Fotos?« Bastians Stimme klingt so überrascht, als habe ihn

Silja nach der Internetadresse eines Eingeborenenstamms in Neuseeland gefragt.

»Na ja, vielleicht hast du wenigstens mit dem Handy ein paarmal abgedrückt, damit wir uns auch ein Bild machen können.«

»Nee, daran hab ich wirklich nicht gedacht.« Bastian sieht die verständnislosen Blicke seiner Kollegen und hebt entschuldigend die Schultern. »Ich wäre mir vorgekommen wie ein Spanner. Ihr müsst euch das mal vorstellen. Da liegt so eine junge Frau in einem Hochzeitskleid vor euch und ist völlig aufgequollen und ...«

»Hochzeitskleid?«, fragen Silja und Sven wie aus einem Mund.

»Habe ich das nicht vorhin schon gesagt?«

Beide schütteln wortlos die Köpfe. Seufzend zieht Sven seine Jacke aus.

»Ich sehe schon, das wird heute bestimmt länger dauern«, murmelt er und greift nach seinem Handy. »Ich sag schnell Anja Bescheid, dass es später wird. Wahrscheinlich gibt's wieder Ärger, schließlich sitzt sie mit dem kranken Kind allein zu Hause.«

»Ich frage mich die ganze Zeit, wie das alles zusammenpasst«, überlegt Bastian, ohne auf Svens Bemerkung einzugehen. »Bisher schien zumindest einiges ganz logisch zu sein. Wir dachten, Tess Andres habe sich im Watt verirrt, sei vom Pferd gefallen und schließlich ertrunken. Aber das können wir jetzt knicken. Jede Wette, dass Bernstein feststellt, dass sie schon tot war, als sie ins Wasser kam. Irgendjemand wird ihr schließlich dieses Kleid angezogen haben. Ich meine, sie hat ihr Pferd gesattelt und ist ausgeritten, da trägt man ja wohl keine langen weißen Kleider, oder?«

»Aber der Hengst muss auch im Watt gewesen sein, er hatte doch Schlickspuren am Körper«, wundert sich Sven.

»Tja, das kann ich dir auch nicht erklären. Im Moment glaube ich einfach, dass es folgendermaßen ablief. Man hat Tess Andres auf der Insel getötet, wie genau, werden wir wissen, wenn Bernstein mit ihr fertig ist. Dann hat man ihr das Ohr abgeschnitten, bitte fragt mich jetzt nicht, warum. Anschließend wurde ihr dieses komische Kleid angezogen. Damit sollte bestimmt irgendetwas ausgesagt werden. Aber anstatt die Leiche, wie sonst in solchen Fällen üblich, sorgsam an einem geschützten Ort zu deponieren, immerhin war sie ja pompös hergerichtet, wurde sie ins Watt geworfen, wo die Flut sie prompt mitgenommen hat.«

»Vielleicht hatte der Mörder die Hoffnung, dass sie spät genug gefunden wird, damit niemand mehr feststellen kann, dass das Ohr gewaltsam entfernt worden ist«, überlegt Silja.

»Und dann schmeißt er das Ohr einfach so in die Dünen? Ich weiß nicht«, gibt Sven zu bedenken.

»Trotzdem wäre das eine Erklärung«, murmelt Bastian. »Wenn Fred Hübner uns nicht aufgescheucht hätte, wäre sicher auch erst viel später nach ihr gesucht worden. Und ihr wisst ja, wie das mit der Verwesung von Wasserleichen ist. Geht schnell und gründlich, und auf verwertbare Spuren kannst du nach ein paar Tagen kaum noch hoffen.«

»Und warum dann das Brautkleid? Das passt doch nicht zusammen«, wirft Sven ein.

»Was ist mit den Satanisten«, will Silja wissen. »Schließlich haben wir das Ohr ziemlich genau dort gefunden, wo sie ihre Kerzen angezündet haben. Feiern die nicht manchmal Teufelshochzeiten?«

»Wie meinst du das?«

»Jedes weibliche Mitglied dieser Sekten ist ja gewissermaßen eine Braut Satans. So nennen die sich doch, oder? Das ist im Grunde genommen wie im Christentum, wo auch jede Nonne eine Braut Christi ist.«

»Also mal langsam.« Bastian steht auf und stößt seinen Schreibtischstuhl so schwungvoll nach hinten, dass er scheppernd gegen die Wand knallt. »Du willst mir sagen, dass auch Tess Andres zu dem Zirkel gehörte und darum freiwillig dieses Kleid getragen hat?«

»Wäre zumindest logischer als alles andere. Überleg mal. Sie kommt im Kleid zum Watt, vielleicht ist sie vorher sogar noch durchs Wasser geritten und dabei hat ihr Pferd sich eingesaut. Vielleicht hat sie das Kleid auch nur dabeigehabt und erst nach dem Ritt angezogen. Was weiß ich. Jedenfalls macht sie bei einer schwarzen Messe mit, kommt irgendwie zu Tode, die anderen schneiden ihr ein Ohr ab und anschließend entsorgen sie sie im Wasser.«

»Das kommt mir aber ziemlich kaltblütig vor«, gibt Sven zu bedenken.

»Wenn du wüsstest, wo ich gerade herkomme, würdest du das anders sehen«, wirft Silja ein.

»Dann klär uns auf«, fordert Bastian ungeduldig.

Silja seufzt. »Ich war bei Jenny Liebherr. Dem Mädchen, das noch vorgestern in Schwarz rumlief und mir was von Blut und Schmerz und Tod vorgeschwärmt hat ...«

»Das ist die, die angeblich nie bei den Messen dabei gewesen ist, stimmt's?«, fällt ihr Sven ins Wort.

»Wenn wir Jonas Kurland glauben wollen, jedenfalls«, murmelt Bastian.

»Exakt. Seit gestern trägt sie wieder ihre normalen Klamotten, und alles spräche eigentlich dafür, dass sie tatsächlich nur angegeben hat. Leider hat sie mir vorhin aber zwei eindrucksvolle Würgemale an ihrem Hals gezeigt. Und die sind nicht ausgedacht, das kann ich euch flüstern.«

»Hat sie dir auch verraten, wer sie ihr beigebracht hat? Doch nicht etwa dieser Kurland, damit sie die Klappe hält?«

»Du triffst den Nagel auf den Kopf, Bastian. Aber verwenden dürfen wir diese Information leider nicht. Jenny Liebherr bebt vor Angst und hat mir deutlich zu verstehen gegeben, dass sie nicht zu einer Aussage bereit ist und im Zweifelsfall alles abstreiten wird.«

»Sie war bei der Messe dabei und will uns jetzt nicht sagen, was genau passiert ist? Das gibt's doch nicht!« Bastian Kreuzer springt auf, hechtet durch den Raum und greift nach seiner Jacke. »Die kauf ich mir.«

»Warte bis morgen, sei so gut«, bittet Silja mit sanfter Stimme. »Ich hoffe, dass sie es sich noch einmal überlegt, wenn sie in Ruhe drüber schlafen kann. Aber wenn du sie jetzt überfällst, dann kriegt sie nur noch mehr Angst.«

Freitag, 6. Oktober, 20.17 Uhr, Haus am Dorfteich, Wenningstedt

Mit einem sanften Plopp fällt die Wohnungstür hinter Fred Hübner ins Schloss. Bisher wusste er gar nicht, dass man auch Geräusche liebgewinnen kann. Fred stellt den Trolley ab, lässt die Reisetasche zu Boden sinken, schließt die Augen und atmet tief durch. Endlich ist er wieder zurück.

Doch die Erleichterung ist nur von kurzer Dauer. Es riecht nicht gut. Eigentlich stinkt es sogar. Fred öffnet den

Mund zum Atmen und ruft anschließend nach seiner Untermieterin, allerdings ohne große Hoffnung. Natürlich antwortet niemand. Sie hat auch den ganzen Tag schon nicht auf seine Anrufe reagiert.

Dafür hat sie seine Bude in einen Saustall verwandelt. Halbvolle Gläser und Flaschen auf dem Couchtisch, Staubflocken auf Boden und Möbeln und in der Küchenecke ein Chaos aus schmutzigem Geschirr und Müll. Fred flucht laut. Am liebsten würde er gleich ans Aufräumen gehen, denn so merkwürdig sich das für ihn auch immer noch anfühlt, seit er diese Wohnung besitzt, ist er zum Ordnungsfanatiker geworden. Die Maisonette in feiner Lage ist für den Journalisten von Anfang an mehr als eine Unterkunft gewesen. Sie ist das Zeichen dafür, dass er es geschafft hat, auf seine alten Tage noch einmal aus dem Dreck zu kommen. Im wahrsten Sinne des Wortes. Denn noch vor vier Jahren hauste er in einem abbruchreifen Schuppen in List, trank sich täglich fast ins Koma und war auf Gedeih und Verderb seiner spießigen Vermieterin ausgeliefert. Dann klärte er das erste Verbrechen auf, vertickte die Story gewinnbringend an ein großes Magazin, bekam später sogar Geld für die Filmrechte und kaufte davon diese Wohnung. Mit tatkräftiger Hilfe der Halunken aus der Kreditabteilung seiner Bank. Aber egal. Fakt ist jedenfalls, dass die Maisonette sein Ein und Alles ist und deshalb ordentlich und aufgeräumt zu sein hat. Sauber. Adrett. Im Moment sieht die Wohnung allerdings eher so aus, wie er sich selbst gerade fühlt. Schmutzig, verschwitzt und stinkend. Fred beschließt, die untere Etage fürs Erste zu ignorieren und sich oben frisch zu machen.

Doch im Schlafzimmer ist es nicht besser als im Wohnraum, eher noch übler.

»Fuck, fuck, fuck«, tobt Fred, während er das Fenster aufreißt und die Bettwäsche von der Daunendecke zerrt. Wenn er diese Tess Andres zwischen die Finger kriegt, dann kann sie was erleben! Mit dem Arm voller Schmutzwäsche geht Fred ins Badezimmer. Der Gestank, der ihm entgegenschlägt, ist bestialisch und die Pfütze aus Erbrochenem neben dem Klo lässt leider wenig Spielraum für Spekulationen über seine Herkunft zu. Fred flucht noch einmal, diesmal länger, lauter und erheblich unflätiger. Dann reißt er den Wischeimer aus dem Wandschrank und beginnt damit, die Schweinerei zu beseitigen.

Anderthalb Stunden später herrscht wieder Ordnung in der Bude. Im Bad ist jeder Winkel geputzt, das Bett ist frisch bezogen und die untere Etage leidlich aufgeräumt. Die Spülmaschine läuft, Fred hat geduscht und es sich in seinem Bademantel auf dem Sofa bequem gemacht.

Endlich.

Sein Tag hatte es in sich. Der überstürzte Aufbruch, nachdem er eines der letzten Flugtickets ergattern konnte, die menschenunwürdige Enge in dem Billigflieger, das Warten am Bahnhof und die nervige Zugfahrt ohne Platzkarte. Und zu guter Letzt noch diese entwürdigende Putzaktion.

Aber jetzt ist Schluss, jetzt ist endgültig Feierabend. Er wird diesen ganzen Scheiß einfach vergessen, hinter sich lassen, abhaken. Der Ausflug nach Marokko war überflüssig, das Vermieten der Wohnung dämlich und die spontane Rückkehr ganz offensichtlich das einzig Richtige.

Und jetzt?

Fred atmet tief durch. Nein, das was er gerade denkt, ist ganz bestimmt nicht das Richtige. Aber trotzdem kann er den Gedanken nicht vertreiben. Der ist nämlich ziemlich konkret, hat die Form einer Cognacflasche und die Farbe eines goldenen Spätsommertages. Vom Duft ganz zu schweigen.

Natürlich hat der trockene Alkoholiker Fred Hübner keinen Stoff im Haus. Nie, nicht einen einzigen Tropfen. Ein Umstand, der ihn schon häufig vor Rückfällen bewahrt hat. Nur hat sich die schlampige Untermieterin nicht an das Alkoholverbot gehalten. Warum sollte sie auch? Beim Aufräumen ist dem Journalisten etliches Hochprozentige untergekommen. Bourbon, Campari und auch Cognac. Natürlich hätte er den ganzen Dreck sofort ins Klo schütten müssen. Hat er aber nicht. Stattdessen stehen die Flaschen ordentlich aufgereiht auf der Küchentheke und grinsen ihn hinterhältig an. Sie haken sich unter und stimmen gemeinsam ein fröhliches Liedchen an.

Komm doch, wenn du dich traust. Nimm uns, wenn du dich traust. Greif zu und sei glücklich, du hast es dir verdient.

Fred beißt die Zähne zusammen und schüttelt den Kopf, bis ihm schwindlig wird. Dann steht er auf. Es sind vielleicht acht Schritte bis zum Küchentresen, vielleicht auch zehn. Er kann es sich immer noch überlegen. Aber insgeheim weiß Fred Hübner längst, dass die Würfel gefallen sind. Heute Nacht oder nie. Er hat es sich verdient. Oder nicht? Doch, keine Frage, er hat.

Als Fred schon die Hand nach der Cognacflasche ausgestreckt hat, lässt ihn ein Geräusch an der Wohnungstür innehalten. Erst ein Schaben, dann ein Knacken. Schau mal einer an, seine Untermieterin kriecht in ihre Höhle zurück. Na, die wird sich wundern. Fred dreht sich um. Dieser kleinen Schlampe wird er aber gehörig die Meinung geigen.

Mit vor der Brust verschränkten Armen steht Fred Hübner in der Diele seiner Wohnung und wartet darauf, dass sich die Tür öffnet. Zwar dreht sich der Knauf nicht, was ihn kurz wundert, stattdessen wird die Tür einfach aufgedrückt. Doch es ist nicht Tess Andres, die im Treppenhaus steht.

Ein ziemlich korpulenter junger Mann in Monteurkluft glotzt ihn verdattert an.

»Oh, sorry, ich dachte, hier sei niemand.«

»Und da wolltest du gerade mal nachsehen, was es hier so alles Schönes zu holen gibt, oder wie?« Fred hechtet nach vorn und fasst den Dicken am Kragen. »Pass mal auf, du Arschloch, dich werd ich gleich bei den Bullen abliefern, dann kannst du …«

Verdattert hält Fred Hübner inne. Denn der Dicke ist nicht allein. Hinter ihm stehen die beiden Kommissare, die er besser kennt, als ihm manchmal lieb ist. Jetzt zum Beispiel.

»Könnt ihr mir vielleicht freundlicherweise erklären, was hier gespielt wird?«, fährt er sie an. Dann lässt er den Dicken los.

»Wir wussten nicht, dass Sie schon wieder zurück sind«, erklärt der kräftigere der beiden Polizisten und hält ihm seinen Dienstausweis unter die Nase. Bastian Kreuzer. Jetzt erinnert sich Fred auch wieder an den Namen.

»Und da dachtet ihr, ihr seht mal bei dem guten alten Freddy nach dem Rechten, oder wie?«

»Moment, Moment«, mischt sich der schmalere Polizist ein. »*Sie* waren es doch, der mich angerufen und darum gebeten hat, dass wir ein Auge auf Ihre Untermieterin haben.«

»Ja klar. Aber jetzt ist sie weg und ich bin wieder da. Und ich hätte, verdammt nochmal, jetzt meine Wohnung gern für mich allein.«

»Leider wird das nicht gehen.« Wieder der Bullige. »Wir

müssen uns noch einmal hier umsehen und ein paar Dinge mitnehmen.«

»Seid ihr jetzt irre, oder was?«

Fred überlegt kurz, ob er den Alkoholrückfall vielleicht schon hinter sich hat und alles, was er gerade erlebt, sich nur in seinen vernebelten Phantasien abspielt. Doch dafür sind die Burschen vor ihm zu real. Und zu energisch. Leider. Sie schieben ihn einfach beiseite und marschieren in den Wohnraum. Dort allerdings bleiben sie nach wenigen Schritten stehen.

»Was ist denn hier los?« Die Stimme des Schmalen klingt ziemlich fassungslos. Mit einer fragenden Gebärde deutet er auf Couchtisch, Küchentheke und Geschirrspüler.

»Was soll hier los sein? Ich hab aufgeräumt«, kontert Fred. Doch Sekunden später begreift er. »Sagt bloß, ihr wart schon mal in meiner Wohnung?«

Die Kommissare antworten nicht auf seine Frage. Stattdessen will der Bullige jetzt wissen: »Haben Sie oben auch geputzt?«

Fred nickt.

»Die Kotze neben dem Klo ist also weg?«

Fred nickt wieder.

»Scheiße!«

»Also jetzt reicht's mir aber. Wenn Sie nicht gleich ...«, setzt Fred an, wird aber von der Stimme des Schmalen unterbrochen. Er redet leise und langsam, dabei sieht er dem Journalisten direkt in die Augen.

»Hören Sie. Ihre Untermieterin ist tot. Wir haben sie heute Nachmittag aus dem Watt geborgen. Im Moment beschäftigt sich der Pathologe mit ihr. Unter anderem muss er den Todeszeitpunkt bestimmen, was bei Wasserleichen ziemlich schwierig ist. Der Mageninhalt kann dabei hilfreich sein, vor allem, wenn man das, was noch im Magen ist, mit dem vergleicht, was der Körper offensichtlich kurz vor seinem Tod von sich gegeben hat.«

»Sie wollten die Kotze einsammeln«, stöhnt Fred.

»Genau«, antwortet der Kommissar freundlich.

»Und jetzt?«

»Kommt drauf an, wie gründlich Sie waren.«

»Sehr gründlich.«

»Na dann, gute Nacht.«

**Freitag, 6. Oktober, 21.33 Uhr,
Braderuper Weg, Kampen**

Als Sven Winterberg die Eingangstür seines Wohnhauses aufschließt, steht Anja schon in der Diele und wartet auf ihn. Sie hat beide Hände auf ihren kleinen Bauch gelegt, dessen Wölbung sich kaum unter der weiten Bluse abzeichnet. Unter Anjas Augen liegen tiefe Schatten, die die Blässe ihres Gesichts noch betonen, und ihre Haare wirken ungekämmt und strohig. Mit drei Schritten ist Anja bei ihrem Mann und klammert sich an ihn, ohne ihm die Zeit zu geben, erst seine Jacke auszuziehen.

»Ich bin so froh, dass du endlich hier bist.«

»Es ging keine Sekunde früher, tut mir echt leid.«

Er streicht ihr langsam über das wirre Haar und drückt ihren Kopf fest an seine Schulter. Anja schluchzt.

»Ich hab gedacht, ich werd wahnsinnig.«

»Geht es der Lütten so schlecht? Soll ich nicht lieber mit ihr in die Nordseeklinik fahren?«

Anja schüttelt den Kopf, ohne ihn von Svens Schulter zu heben.

»Das Fieber ist schon ein bisschen runter«, murmelt sie in seine Jacke. »Aber ich hatte solche Angst – und ich hab mich so allein gefühlt.«

Er hört den Vorwurf in ihren Worten und verflucht nicht zum ersten Mal in den letzten Wochen seinen Beruf.

»Wir haben vorhin die Leiche von diesem Model gefunden. Tess Andres, du weißt schon.«

»Das ist doch die, die Mette so bewundert hat.« Anja richtet sich auf und blickt ihren Mann aus tränenfeuchten Augen an. »Sie ist tot?«

Sven nickt. »Lass mich erst mal die Jacke aufhängen. Dann setzen wir uns aufs Sofa, und ich erzähl dir alles. Das ist eine Geschichte, die wirst du nicht glauben.«

»Ich will deine blöde Geschichte jetzt nicht hören. Ich will mir nicht immer nur dein Zeug anhören müssen!« Anjas Stimme wird plötzlich schrill. »Ich sitze hier den ganzen Abend und sorge mich um unsere Tochter, ich messe Fieber, ich rede Mette gut zu, ich höre, wie sie phantasiert, ich mache ihr einen kalten Wickel nach dem nächsten, ich habe tierische Angst um sie, und niemand ist da, mit dem ich darüber reden kann – und dann kommst du und willst mir deine Dienstgeschichten erzählen! Ich glaub's nicht.«

»Entschuldige, das war dämlich. Kann ich irgendetwas für dich tun? Willst du einen Tee oder eine heiße Milch?«

Anja zieht geräuschvoll die Nase hoch und reibt sich die Tränen aus den Augen. Dann räuspert sie sich und flüstert: »Ich will, dass du mit hoch kommst. In Mettes Zimmer. Ich trau mich noch nicht, sie länger als ein paar Minuten allein zu lassen. Und außerdem muss ich dir etwas zeigen.«

Als Sven Winterberg kurz darauf seine Tochter in ihrem Bett unter einem Berg von Decken sieht, ihr schmales Gesicht mit den unnatürlich roten Wangen und den zuckenden Augenlidern, durchfährt ihn eine Welle von Zärtlichkeit. Er legt einen Arm um Anja und geht mit ihr ganz nah an Mettes Bett heran. Sven denkt, dass er einfach immer so stehen bleiben will. Neben sich die Frau, die er liebt, und vor sich das gemeinsame Kind, dessen Wohl ihnen beiden auf dieser Welt am meisten am Herzen liegt. Neben dem zweiten Kind natürlich, das gerade in Anjas Bauch wächst. Sven ist plötzlich sehr froh darüber, dass Anja ihn rechtzeitig in seine Schranken gewiesen und es nicht zugelassen hat, dass er den dienstlichen Kram bei ihr ablädt. Doch als er ihr gerade dafür danken will, deutet sie mit einem Arm zur Zimmertür, wo für gewöhnlich an einem Haken Mettes Bademantel hängt.

»Kannst du mal kurz gucken. Hast du das schon gesehen?«

Sven folgt ihrer Geste mit den Augen und erstarrt.

»Das ... das ist doch nicht möglich. Ist das ... ein Brautkleid?«, stammelt er.

»In Kindergröße? Wohl eher ein Firmungskleid oder so ähnlich. Aber woher hat Mette diesen Fummel? Und dann ist er auch noch so schmutzig, dass sie ihn unter ihrem Bademantel versteckt. Ich hab das Kleid nur entdeckt, weil sie so entsetzlich fror und ich sie mit allem zugedeckt habe, was ich greifen konnte.«

Sven verzichtet auf jede Antwort, lässt Anja los und geht sehr nah an das weiße Kleid heran, das an dem Türhaken hängt. Es hat einen keuschen Rüschenkragen und einen weiten Rock, der mehrfach gerafft ist. Das Kleid ist bis zur Taille schlammbespritzt und an einigen Stellen haften Tangfäden an ihm.

»Hast du es angefasst?«, will Sven von Anja wissen.

»Natürlich habe ich es angefasst. Ich konnte einfach nicht glauben, was ich da sehe. Ich meine, woher hat Mette das Kleid, und was hat sie damit angestellt?«

»Haben wir noch einen Plastikbezug aus der Reinigung oder irgendetwas in der Art?«, unterbricht sie Sven.

»Was willst du denn damit?«

»Wir müssen es in die Spurensicherung geben.«

»Also Sven, das ist doch Quatsch. Was willst du die denn damit behelligen? Glaubst du wirklich, dass die uns sagen werden, was Mette damit gemacht hat? Warum fragen wir sie nicht erst mal selbst? Morgen früh geht's ihr ja vielleicht schon besser und dann ...«

»Anja, sei mal kurz still, bitte.« Sven dreht sich zu seiner Frau um und sieht ihr ernst in die Augen. »Das sind mir hier plötzlich alles ein bisschen zu viele Zufälle. Erst freundet sich dieses Model mit Mette an und macht unsere Kleine ganz verrückt. Schlägt ihr Reitausflüge ins Watt vor, die so gefährlich sind, dass die Leiterin der Ponyfarm sie strikt verboten hat. Dann verschwindet die Andres plötzlich, und wir finden erst ihr Ohr in den Dünen und danach sie selbst tot im Watt. Und einen Tag später wird unsere Mette fieberkrank, fröstelt und phantasiert, als habe sie sich eine schwere Bronchitis oder was weiß ich geholt.«

»Ja und?«

»Ich bin noch nicht fertig. Dieses Model, Tess Andres, trug keine gewöhnliche Kleidung, als wir sie gefunden haben, sie hatte ein Hochzeitskleid an, ähnlich verziert wie dieses hier. Und ihr Pferd war komplett schlammbespritzt, als es unten an der Kupferkanne auftauchte.«

»O Gott!« Anja Winterberg lässt sich stöhnend auf Mettes Bettkante sinken. Das Kind seufzt im Schlaf und dreht sich schwerfällig auf die andere Seite. »Ich war so froh, dass sie endlich eingeschlafen ist. Dabei wollte sie mir eigentlich noch was erzählen. Sollen wir sie jetzt wecken?«

»Besser wäre es vielleicht«, überlegt Sven. Sein Blick liegt zärtlich auf dem feinen Gesicht des Kindes, er geht hinüber zum Bett und streichelt Mette sanft über die Wange. Sie seufzt im Schlaf, mehr nicht. Sven wiederholt sein Streicheln, worauf sich Mettes Kopf vertrauensvoll in seine Hand schmiegt. Der Kriminalkommissar streicht seiner Tochter die verschwitzten Haare aus der Stirn und küsst sie. Dann steht er auf und schüttelt den Kopf.

»Lassen wir sie schlafen, Anja. Das ist bestimmt besser für sie. Was immer sie erlebt hat, muss sie ziemlich mitgenommen haben, sonst hätte sie es uns längst erzählt. Und jetzt würden wir sie nur noch mehr verwirren. Lieber fragen wir Mette morgen ganz in Ruhe. Vielleicht gibt es ja eine ganz normale Erklärung für alles.«

»Das glaubst du doch selbst nicht«, wendet Anja ein.

Sven verzichtet auf jeden Widerspruch.

Freitag, 6. Oktober, 23.12 Uhr, Haus am Dorfteich, Wenningstedt

Unruhig tigert Fred Hübner durch seine Wohnung. Nach dem Intermezzo mit den Kriminalbeamten, deren spöttische Blicke wegen der Flaschenparade auf der Küchentheke ihm natürlich nicht entgangen sind, hat er kurzen Prozess gemacht und tatsächlich den gesamten Alkohol ins Klo gekippt. Danach ging es ihm gut – etwa zehn

Minuten lang. Inzwischen hält er sich selbst für den größten Hornochsen unter der Sonne. Fast zwanghaft muss er sich vorstellen, in welch paradiesischem Zustand er sich mittlerweile befinden könnte, leicht wie eine Feder und hochgestimmt wie ein Kind zwei Tage vor Weihnachten.

Mit jeder Minute wird ihm seine Bedürftigkeit bewusster, und seine Zwangslage ärgert ihn mehr.

Fred Hübner beschließt, auf die Suche zu gehen. Alle Flaschen, die er ausgeschüttet hat, waren schließlich angebrochen. Es spricht also einiges dafür, dass es noch Nachschub in der Wohnung geben könnte. Nur, wo ist er versteckt?

Die Küchenschränke sind clean, ebenso die Anrichte im Wohnraum und die Kleiderschränke im Schlafzimmer. Fred sieht sogar im Putzmittelschrank nach, obwohl er vor sich selbst zugeben muss, dass es schon ziemlich crazy von seiner Untermieterin wäre, den frischen Sprit so artfremd zu verstecken, wenn man doch allein in einer Wohnung ist. Aber ist es nicht genauso crazy, einfach den Löffel abzugeben, obwohl man erst Mitte zwanzig, erfolgsverwöhnt und ohne Zweifel ziemlich wohlhabend ist?

Blöderweise haben die Bullen sich nicht zu den Todesumständen von Tess Andres geäußert, sie haben sogar ein mächtig großes Geheimnis daraus gemacht. Aber ein Anruf morgen früh beim Sylter Kurier wird Fred sicher aufs Laufende bringen. Doch vorher würde er gern noch einen heben. Als Schlummertrunk, besänftigt er sich, nur als winzige Belohnung für das Durchstehen dieses wirklich irrsinnigen Tages. Dabei hat er das Schlimmste gerade noch verhindern können. Denn fast hätten die Kriminalbeamten ihm noch die gesamte Wohnung auseinandergenommen. Sie hofften wohl, Näheres über die Tote zu erfahren. Aber eine stundenlange Wühlaktion hätte Fred nicht auch noch ertragen. Und die Kommissare hatten keinen Durchsuchungsbefehl. Dumm gelaufen für die Jungs. Allerdings werden sie morgen Vormittag sicher mit dem Wisch vor seiner Tür stehen, da macht sich Fred wenig vor. Und ganz bestimmt werden sie dann vor lauter Freundlichkeit auch besonders sorgfältig mit seiner Einrichtung umgehen. Wenn das kein Grund ist, sich schon mal vorab zu trösten ...

Da auch hinter dem ausziehbaren Mülleimer und zwischen den leeren Pfandflaschen kein Sprit zu finden ist, geht Fred jetzt dazu über, unter den Möbeln zu suchen. Auf allen vieren krabbelt er in Küche und Wohnraum herum und späht zwischen Tisch-, Schrank- und Sofabeinen hindurch. Lächerlich entwürdigend und vermutlich komplett aussichtslos ist das, aber es sieht ihn ja niemand. Und ist da hinten unter dem Sofa nicht ein verheißungsvoller Schatten? Freds Herz klopft plötzlich schneller, und der Triumphlaut steht schon auf seinen Lippen, als seine rechte Hand das Objekt der Begierde ertastet.

Keine Flasche. Es ist nur eine alte Kladde, vergilbt und voller Flecken, die er unter dem Sofa hervorzieht.

Enttäuscht wirft Fred das Teil quer durchs Zimmer. Es knallt gegen die gegenüberliegende Wand und zerfällt in seine beiden Deckblätter und lauter Doppelseiten. Die Bindung war wohl schon ziemlich morsch, aber was soll's. Er ist ohnehin nicht an der Vergangenheit fremder Leute interessiert. Sagt er sich jedenfalls, aber dann liest er aus Neugier doch ein paar Sätze.

Morgen gehe ich ins Watt, steht da. Und: *Soll er nur zusehen, wie er mit dieser Schuld leben kann.*

Sofort erwacht der Spürsinn des erfahrenen Journalisten.

Für die nächsten Minuten vergisst Fred Hübner sogar seine Gier nach Alkohol. Es dauert eine ganze Weile, bis er anhand der Textübergänge die richtige Reihenfolge der Seiten wiederhergestellt hat. Aber dann liest er sich schnell fest.

Vor ihm liegt ein Tagebuch. Es beschreibt die Zeit zwischen November 1954 und Oktober 1955. Eine junge, wahrscheinlich sogar sehr junge Sylterin hat in diesem Tagebuch ihren leidvollen Weg von einer ungewollten Schwangerschaft über mehrere vergebliche Versuche, das Kind auf eigene Faust abzutreiben, bis hin zu einer schmerzhaften Geburt in einem kleinen Hamburger Krankenhaus und der anschließenden Adoptionsfreigabe des Säuglings aufgezeichnet. Die Schilderungen sind knapp und sehr eindringlich, so dass die repressiven fünfziger Jahre in all ihrer Doppelmoral vor Fred auferstehen. Das Verbergen der Schwangerschaft innerhalb der engen Inselgemeinschaft, die entwürdigende Anmeldung im Krankenhaus als alleinstehende minderjährige Mutter und die anschließende Weigerung der Schwestern, ihr das Kind zu zeigen, da es ja ohnehin adoptiert werden solle. Immerhin konnte die Schreibende in Erfahrung bringen, dass sie ein Mädchen zur Welt gebracht hatte. Eine der Schwestern hatte sich verplappert.

Besonders drastisch findet Fred die Schilderung der Zeit nach der Geburt. Er liest von einem in vielerlei Hinsicht gescheiterten Versuch, sich wieder ins normale Inselleben einzufügen, nicht aufzufallen und das Vergangene zu vergessen. Doch der Körper einer jungen Mutter ohne Kind hat ein ganzes Arsenal von Maßnahmen vorrätig, die das Vergessen unmöglich machen.

Wie konnte die junge Frau gegen das Einschießen der Milch in die Brüste, gegen den ständigen Druck und

Schmerz, gegen die schließlich einsetzende Infektion und Entzündung vorgehen, wenn sie sich keinem Arzt anvertrauen durfte? Wie sollte sie mit einer Depression umgehen, deren Ursache sie niemandem erklären konnte? Immer wieder schreibt sie über ihren älteren, dominanten und harten Bruder, der nach dem Tod der Eltern ihre Erziehung übernommen hatte und ganz offensichtlich wenig von der Aussicht auf einen in Schande gezeugten Bastard gehalten hatte. Er war es, der sie gezwungen hatte, ihren Zustand geheim zu halten und das Neugeborene zur Adoption freizugeben.

Die Wochen und Monate nach der heimlichen Geburt müssen für die junge Frau die Hölle gewesen sein. Bald gab sie sich selbst auf und hatte nur noch ein einziges Ziel: Sie wollte in Erfahrung bringen, wohin man ihre kleine Tochter gegeben hatte. Es gelang ihr mit Hilfe eines Privatdetektivs, den sie von dem Geld bezahlte, das sie heimlich im Betrieb ihres Bruders aus der Kasse genommen hatte. Der Eintrag, in dem sie die Nachricht feiert, ist der einzige in der ganzen Kladde, der so etwas wie Freude enthält. Doch aus einer solchen Freude kann keine Zuversicht entstehen, zumal der Bruder den Diebstahl schnell entdeckte. Der Detektiv war auch nicht gerade billig gewesen.

Der Bruder setzte die junge Frau vor die Tür. Endlich hatte er eine Rechtfertigung für sein Verhalten. Sie war inzwischen volljährig geworden, und sie war eine Diebin, mit der er nichts mehr zu tun haben wollte.

Die Tagebuchschreiberin war mittellos und verzweifelt. Sie dachte an Selbstmord. Und dann hat sie wahrscheinlich wirklich ihr Leben beendet, der Satz *Morgen gehe ich ins Watt* blieb jedenfalls unwidersprochen.

Ihm folgten nur noch hastig hingekritzelte Einträge, die

sich an das Kind richteten, an diese der Schreibenden völlig unbekannte Tochter, der sie nur das Beste auf ihrem Weg ins Leben wünschte – und deren Adoptiveltern sie dieses Tagebuch zusenden wollte.

Fred Hübner rührt sich lange nicht, nachdem er die letzten Seiten gelesen hat. Sogar seine Sehnsucht nach Alkohol ist verschwunden. Vielmehr denkt er angestrengt über drei Fragen nach.

Wie ist dieses Tagebuch in die Hände von Tess Andres gelangt?

Warum hat sie es unter dem Sofa versteckt?

Und kann sein Inhalt etwas mit ihrem mysteriösen Tod zu tun haben?

Samstag, 7. Oktober, 07.53 Uhr, Nordseeklinik, Westerland

Während Bastian seinen Privatwagen auf eine der Parkbuchten der Nordseeklinik stellt, gähnt Silja auf dem Beifahrersitz ausführlich.

»Ich weiß auch nicht, warum ich heute Morgen so schlecht aus dem Bett gekommen bin«, murmelt sie und wirft ihrem Freund einen verschmitzten Blick zu. Bastian grinst, verzichtet aber auf jede Antwort. Stattdessen weist er nach Osten, wo gerade jetzt hinter den Häusern die Morgensonne auftaucht und ihre ersten Strahlen auf die Insel wirft.

»Hab ich extra für dich bestellt. Als Wachmacher sozusagen.«

Dann küsst er Silja leicht auf die Wange und vergräbt für Sekunden das Gesicht in ihrem Haar.

»Oh, danke, jetzt geht's mir schon viel besser.« Silja umarmt ihn kurz, anschließend öffnet sie die Autotür und steigt aus. »Ich bin so gespannt auf das Gespräch mit Bernstein. Der muss ja wirklich Feuer gefangen haben, dass er sogar freiwillig eine Nachtschicht einlegt.«

»Wahrscheinlich hat er schon seit Jahren auf eine solche Herausforderung gewartet. Gegen eine echte Wasserleiche kommt ein banaler Schädelbruch natürlich nicht an.«

Im Vorbeilaufen winkt Bastian zwei Krankenschwestern zu, als seien sie alte Bekannte. Die beiden lächeln erfreut zurück.

»Hab ich da was verpasst?«, will Silja wissen.

Bastian grinst nur und wechselt schnell das Thema. »Hab ich dir schon von Svens Anruf erzählt?«

»War er das vorhin auf deinem Handy?«

Bastian nickt. »Er kommt heute später. Will erst noch mit seiner Tochter reden.«

»Mit Mette? Ist die nicht krank?«

»Gerade drum. Sven meint, sie könnte irgendetwas über die Andres wissen, das uns weiterhelfen kann. Offenbar sind die beiden manchmal miteinander ausgeritten.«

»Das fällt ihm aber spät ein.«

»Besser spät als nie.«

Mit einem lauten Klopfen macht sich Bastian an der Bürotür des Gerichtsmediziners bemerkbar. Sofort werden er und Silja hereingebeten. Dr. Olaf Bernstein sitzt sehr aufrecht hinter seinem Schreibtisch, hat die Arme angewinkelt und presst beide Hände gegen seine Nieren. Er drückt das Kreuz durch und stöhnt ausführlich.

»So eine Nachtschicht über dem Stahltisch ist auch nichts mehr für alte Männer«, verkündet er vorwurfsvoll.

»Jetzt machen Sie mal halblang«, unterbricht ihn Bastian. »Sie sind fit, sportlich und schlank. Außerdem im besten Mannesalter. 50? 55? Doch nicht älter, oder?«

Der Gerichtsmediziner verzichtet auf eine Antwort und steht auf, um die beiden Kommissare zu begrüßen. Nachdem sie sich gesetzt haben und dankend den angebotenen Kaffee angenommen haben, räuspert er sich vielsagend. Auf seinem Schreibtisch liegt ein ganzer Stapel von eng beschriebenen Blättern.

»Interessanter Fall, den Sie mir da beschert haben«, beginnt er leise. »Vor allem, weil eigentlich nichts so war, wie ich zunächst erwartet habe.«

»Geht's auch ein bisschen präziser?«, fällt ihm Bastian ins Wort.

»Gemach, gemach. Und immer der Reihe nach. Zunächst das Wichtigste: Unsere Wasserleiche ist nicht ertrunken. Sie war schon tot, als sie ins Wasser kam.«

»Das haben wir uns fast gedacht. Das Ohr haben wir schließlich noch an Land gefunden, und das ist ihr erst nach ihrem Tod abgeschnitten worden«, sagt Bastian.

»Außerdem muss ihr jemand das Brautkleid angezogen haben«, fügt Silja hinzu.

Dr. Bernstein nickt unkonzentriert. Er wirkt plötzlich leicht verärgert, und seine Stimme bekommt einen gereizten Tonfall.

»Es wäre wirklich freundlich, wenn Sie mich nicht ständig unterbrechen würden. Also noch einmal. Der Tod trat an Land ein, wahrscheinlich durch eine Gewalteinwirkung am Kopf. Es gibt zwar keine äußeren Verletzungen, aber es ist zu extremen inneren Blutungen im Hirnbereich gekommen, die innerhalb von wenigen Minuten zum Exitus geführt haben.« Dr. Bernstein lehnt sich in seinen Stuhl, wippt ein paarmal aufreizend langsam hin und zurück und mustert die beiden Kommissare mit einem forschenden Blick. Bastian muss schwer an sich halten, um den Mediziner nicht noch einmal zur Eile anzutreiben. Aber da er aus Erfahrung weiß, wie ungünstig sich eine solche Ermahnung auf die Verständlichkeit von Bernsteins Erklärungen auswirkt, hält er den Mund.

Der Gerichtsmediziner schmunzelt und streicht sich mehrmals nachdenklich über seinen Backenbart, der ihm das Aussehen einer Figur von Spitzweg gibt. Dann redet er weiter.

»Unsere Wasserbraut hat ein schweres Schädel-Hirn-Trauma erlitten, das vermutlich von einem Sturz ausgelöst wurde. Jedenfalls gibt es keinen Anhaltspunkt für einen Schlag oder Ähnliches.«

»Woher wollen Sie das wissen?«, wirft Bastian ein.

»Die Art der Verletzung ist eine andere, wenn jemand beispielsweise von einer Stange, einem Hammer oder Ähnlichem getroffen wird. Dann hätte man eine äußerliche Wunde. Natürlich ist das alles durch den Aufenthalt des Körpers im Wasser schwerer zu diagnostizieren, aber ich denke doch, dass wir da sicher sein können.«

»Also ein Sturz«, überlegt Silja jetzt laut. »Vom Pferd vielleicht?«

Dr. Bernstein zuckt die Schultern. »Kann ich nicht sagen. Aber die Schwere der Verletzungen deutet entweder auf höhere Geschwindigkeit wie beim Ski- oder Autofahren oder eben auf eine gewisse – nun, wie soll ich sagen – Fallhöhe hin. Beim Reiten hätten wir beides vereint.«

»Also gut, sie fällt vom Pferd. Und dann?«

Bastian kann sich jetzt doch nicht zurückhalten. Neugierig beugt er sich weit nach vorn.

»Dann hilft ihr niemand, das ist schon mal klar. Das Pferd konnte schlecht Hilfe holen. Vielleicht war es Nacht, vielleicht war es auch tagsüber, und es kam trotzdem niemand vorbei. Jedenfalls durchleidet sie beide Phasen des Traumas, ohne dass eingegriffen wird.«

»Was passiert in diesen Phasen?«

»Am Anfang steht die akute Verletzung, die natürlich die neuronalen Strukturen schädigt. Häufig irreversibel. Die zweite Phase, in der das Gehirn posttraumatisch weitergeschädigt wird, kann man medizinisch verhindern oder zumindest lindern. Dazu fährt man alle Körperaktivitäten herunter, um eine möglichst große Ruhe und die optimalen Bedingungen für ein Abschwellen der Hirnregionen herzustellen. In unserem Kopf ist es eng, müssen Sie wissen, und jede noch so kleine Schwellung kann wichtigste Nerven abdrücken und für immer erledigen.«

»Aber die Frage ist doch jetzt: Warum ist sie gestürzt?«, unterbricht Silja den Mediziner.

Und Bastian fügt an: »Nach allem, was wir gehört haben, muss Tess Andres eine sehr sichere und geübte Reiterin gewesen sein. Und sie war auf ihrem eigenen Pferd unterwegs, die beiden kannten sich also, waren ein eingespieltes Team sozusagen.«

»Sie greifen vor.« Dr. Bernstein mustert die Kommissare missbilligend. Aber schließlich redet er in gönnerhaftem Tonfall weiter. »Wir untersuchen bei der Leichenschau ja nicht nur Knochen, Haut und Gewebe, sondern auch die Körperflüssigkeiten. Aufgrund des Mageninhalts kann man in der Regel ganz gut den Todeszeitpunkt bestimmen. Hier war das allerdings schwieriger, weil die Verhältnisse im Wasser alles verkompliziert haben. Aber ich habe mir auch den in der Blase verbliebenen Urin angesehen und dort bin ich auf ein unerfreuliches Detail gestoßen, das aber hilfreich für uns sein könnte.«

»Ja?«

»Kokain. Unsere Wasserbraut muss ziemlich viel davon konsumiert haben. Ihre Haare sind gerade im Labor, es dauert zwar noch ein bisschen, bis wir ein Ergebnis haben, aber dafür ist es zuverlässig. Im menschlichen Haar ist Kokain noch nach Monaten nachweisbar. Kommt natürlich auf die Haarlänge an.«

»Und warum sind Sie sich jetzt schon so sicher?«, fragt Bastian. »Übrigens hat mein Kollege, der ja kurz in der Wohnung war, dort auch verdächtige Spuren gefunden.«

»Die der eigentliche Mieter mittlerweile weggeputzt hat, das sagten Sie gestern Abend schon am Telefon. Ich erinnere mich nur ungern«, wirft Bernstein naserümpfend ein. »Wie auch immer. Kokain ist kurzfristig auch im Blut und im Urin nachweisbar. Und das ist eigentlich unser stärkster Anhaltspunkt für die Todeszeit. Denn im Blut habe ich nichts mehr gefunden. Das heißt, unsere Wasserbraut war gestern Abend schon seit mehr als vierundzwanzig Stunden tot.«

»Gestern war Freitag, also ist sie auf jeden Fall vor Donnerstagabend gestorben«, sagt Bastian leise.

Bernstein nickt. »Und da ich im Urin noch Spuren des Rauschmittels nachweisen konnte, kann sie nicht länger als vier Tage tot sein. Eher weniger, denn nach spätestens vier Tagen ist auch im Urin alles abgebaut, und ich bin auf eine ziemlich ordentliche Konzentration gestoßen.«

»Zwei Tage?«, erkundigt sich Silja. »Dann könnte sie also

in der Nacht gestorben sein, in der die Satanisten am weißen Kliff ihre schwarze Messe gefeiert haben.«

»Gut möglich. Das Kokain könnte auch erklären, warum sie vom Pferd gefallen ist. Bei einer zu hohen Dosierung reagiert der menschliche Körper mit erhöhtem Blutdruck und stark beschleunigtem Herzschlag. Durch die Übererregung sind auch Krampfanfälle möglich, die sich bis zu fast epilepsieähnlichen Zuckungen steigern können. Jetzt stellen Sie sich das mal auf einem Pferd vor. Zumal wir davon ausgehen müssen, dass unter Kokaineinfluss die Selbstwahrnehmung ohnehin übersteigert ist.«

»Man traut sich mehr zu und ist leichtsinniger als sonst?«, fragt Silja.

Bernstein nickt. »Und das ist noch harmlos ausgedrückt. Die Leute halten sich plötzlich für unbesiegbar, sie kennen ihre Grenzen nicht mehr.«

»Und Alkohol?«, will Bastian jetzt wissen.

»Macht alles nur noch schlimmer«, kommentiert Bernstein lakonisch.

»Mein Kollege hat in der Wohnung ziemliche Vorräte entdeckt.«

»Dann haben wir es bei unserer Wasserbraut vermutlich mit einem eindeutigen Drogentod zu tun. Was allerdings die eigentümliche Kostümierung ebenso wenig erklärt wie den Verlust des Ohrs post mortem. Aber das ist Ihr Bier und nicht meins. Zum Glück.«

Das Lächeln, mit dem Dr. Olaf Bernstein die beiden Kommissare verabschiedet, ist eindeutig schadenfroh.

Samstag, 7. Oktober, 08.10 Uhr, Braderuper Weg, Kampen

Sven und Anja Winterberg stehen nebeneinander an Mettes Bett und lauschen den regelmäßigen Atemzügen ihrer Tochter. Mettes Gesicht ist nicht mehr ganz so rot wie noch gestern Abend, ihre Züge sind entspannt und die Stirn ist deutlich kühler als noch vor zwölf Stunden.

»Machst du oder soll ich?«, fragt Anja leise.

Anstelle einer Antwort beugt sich Sven über das Kind und fasst es sanft an der Schulter.

»Mette? Mette, aufwachen.«

Mette seufzt im Schlaf und dreht sich auf den Bauch. Ihr Vater setzt sich neben sie auf die Bettkante und streicht ihr mehrmals über das Haar.

»Komm, wach auf, bitte. Du musst etwas essen und …«, er macht eine kleine Pause, zögert und redet schließlich weiter, »… und ich möchte mit dir reden.«

Mette schnieft ins Kissen, dreht sich dann aber um. Die Augen hat sie immer noch geschlossen.

»Ich will weiterschlafen, Papi.«

»Schon klar, Kleines. Das kannst du auch gleich. Aber vorher muss ich dich kurz was fragen.«

»Was denn?« Mette blinzelt ins Licht. Die Morgensonne scheint direkt auf ihr Bett und malt das Fensterkreuz auf Laken und Bettzeug. »Was willst du denn fragen?« Das Mädchen wirkt plötzlich ganz wach und gar nicht mehr krank.

»Alles in Ordnung bei dir? Geht's dir besser? Lass mich mal Fieber messen«, schaltet sich Anja Winterberg ein und schiebt dem Kind das Thermometer unter die Achsel.

»Na ja weißt du, wir haben da einen schwierigen Fall in der Dienststelle.« Sven zögert, er will seine Tochter nicht unnötig beunruhigen, aber letztendlich geht es nicht anders. »Wir haben schon seit zwei Tagen nach deiner Freundin gesucht – deiner Reitfreundin.«

Sven bricht ab und beobachtet Mette genau.

Ihre Wangen färben sich rot, ihr Atem geht plötzlich schneller.

»Tess?«, fragt sie mit banger Stimme.

»Genau. Tess Andres. Sie war verschwunden, aber gestern Abend haben wir sie gefunden.«

»Wie geht es ihr?« Wieder dieser bange Tonfall.

»Wieso fragst du? Ging's ihr schlecht, als du sie das letzte Mal gesehen hast?«

»Nein, also ... ich weiß nicht.«

Mettes Blick flackert, sie sucht nach einem Fixpunkt, nach einer Stelle, an der sich ihr Blick beruhigen kann. Doch die Gesichter ihrer beiden Eltern sind das nicht.

»Wann hast du sie denn zuletzt gesehen?«, bohrt Sven nach.

Mette schluckt, sie schlägt die Augen nieder, als müsse sie über etwas Wichtiges nachdenken, dann setzt sie sich sehr langsam in ihrem Bett auf. Sven kennt dieses Verhalten genau, allerdings eher von Verdächtigen als von seiner Tochter. Wenn sich der Körper strafft und die Bewegungen sparsam und konzentriert werden, ist ein Geständnis meist nicht mehr weit.

»Ich wollte es euch nicht erzählen, weil ihr bestimmt schimpft.«

Mettes flehender Blick hängt jetzt an der Mutter.

Anja schüttelt den Kopf und antwortet mit fester Stimme: »Nein, das werden wir nicht tun. Versprochen.«

»Auch Papi nicht?«

»Schätzchen, wir sind froh, dich hier gesund und heil bei uns zu haben. Nur bitte, tu uns den Gefallen und erzähle uns, wo du dieses Kleid da drüben an der Tür her hast.«

Mette schaut nicht zur Tür. Sie murmelt: »Von Tess. Sie wollte, dass ich es anziehe.«

»Aber es ist so schmutzig«, unterbricht Anja ihre Tochter.

»Als Tess es mir gegeben hat, war es noch sauber, aber dann …« Mette schluchzt, redet aber gleich darauf tapfer weiter. »Aber dann sind wir damit geritten und der Schlamm ist hochgespritzt, und es war doch dunkel, und ich konnte mich nicht vorsehen, und dabei ist das dann passiert.«

»Es war dunkel? Du bist mit Tess im Dunkeln geritten?«

Vollkommen überraschend duckt sich Mette, als erwarte sie, geschlagen zu werden. Sven kann nicht glauben, was er da sieht. Niemals, nicht ein einziges Mal seit sie auf der Welt ist, hat er die Hand gegen seine Tochter erhoben und trotzdem hat sie diesen Schutzreflex.

»Kind, wir haben dir doch versprochen, dass wir nicht schimpfen, aber du musst uns jetzt wirklich die Wahrheit sagen.«

Mette nickt. Nickt und schweigt. Sven hätte nicht erwartet, dass es ihr so schwerfallen würde, ihr Geheimnis zu verraten.

»Bitte«, fügt er mit leiser Stimme an.

»Tess und ich haben uns abends getroffen. Auf dem Ponyhof. Ihr habt ferngesehen und ich hab mich rausgeschlichen. Ich weiß, dass ich das nicht darf, aber ich hab doch gewusst, dass ihr es mir nicht erlauben würdet.« Mette redet jetzt immer hastiger. Ihre Sätze kommen stakkatoartig, als habe sich gerade eine Barriere gelöst. Oder als wolle sie ihre Beichte möglichst schnell hinter sich bringen. »Und Tess hat immer wieder gesagt, es ist besonders toll nachts im Watt. Und sie wollte mir etwas zeigen. Und sie hat mir ein Geschenk versprochen.«

»Ein Geschenk«, kommt es als ratloses Echo aus beiden Elternmündern. Gleichzeitig tauschen Anja und Sven einen besorgten Blick.

»Ich wusste doch nicht, dass sie damit dieses blöde Kleid meint. Ich wollte es auch erst gar nicht anziehen. Aber Tess hat gesagt, dass wir jetzt Gespenster sind und alle anderen erschrecken und dass das Spaß macht.«

»Tess hat also auch so ein Kleid angehabt?«, fragt Sven und klingt dabei nicht halb so überrascht, wie Mette es vielleicht erwartet hat. Sie nickt irritiert.

»Und wohin seid ihr geritten?«, will ihr Vater wissen.

»Erst zum Watt und dann am Ufer lang und später auch durchs Wasser.«

»Nach Norden oder nach Süden?«

»Nach Süden«, antwortet Mette kleinlaut. »Bis nach Munkmarsch, glaube ich.«

»Glaubst du oder weißt du?«

»Ich weiß es.« Ihre Stimme ist nur noch ein Hauch. »Ich hab das Hotel erkannt. Das große weiße mit der schönen Veranda.«

»Das Fährhaus«, fällt Anja ein.

»Ja genau. Daran sind wir vorbeigeritten. Aber dann sind wir auch bald umgekehrt.«

Mettes Stimme wird wieder etwas lauter, und sie sieht ihre Eltern an, lässt ihren Blick prüfend hin- und herwandern. Offenbar beruhigt sie, was sie dort sieht, denn ihr Körper strafft sich noch einmal. Sie sitzt jetzt kerzengerade in ihrem Bett. Doch anstatt weiterzureden, zieht Mette das Thermometer aus ihrer Achsel hervor und mustert die Anzeige.

»Achtunddreißig Komma zwei. Das ist doch gut, oder?«, will sie wissen.

»Ja, das ist schon viel besser als gestern Abend«, antwortet Sven. »Aber können wir bitte noch einmal auf die Nacht zurückkommen.«

»Du redest jetzt wie die im Fernsehen.«

Mette lacht, vielleicht in der Hoffnung, die Situation zu entspannen. Doch sie verstummt schnell, als sie sieht, dass die Eltern nicht in ihr Lachen einfallen.

»Was ist genau geschehen, nachdem ihr am Fährhaus vorbeigeritten seid?«, fragt Sven leise.

Mette schüttelt den Kopf und schluckt mehrmals. Trotzdem kann sie die Tränen nicht zurückhalten. Schluchzend wirft sie sich ihrem Vater an die Brust.

»Sie ist irgendwann stehen geblieben und hat so komisch an ihrem Stiefel herumgefummelt. Und dann war alles ganz doof. Tess ist plötzlich umgekehrt, hat immer wieder gerufen und gejubelt, und sie ist auch immer schneller geritten, so dass ich kaum hinterherkam. Ich hatte wirklich Angst, dass ich ganz allein zurückfinden muss. Und dann war mir furchtbar kalt, und meine Beine waren nass, und alles war so unheimlich…«

»Und Tess hat nichts gesagt oder erklärt oder so?«, will Sven wissen.

»Nein. Kein Wort. Deswegen war ich auch so erleichtert, als das Weiße Kliff von weitem geleuchtet hat. Obwohl die Klippen eigentlich voll gruselig im Mondlicht ausgesehen haben.«

»Und am Weißen Kliff seid ihr wieder hoch in die Heide geritten?«

Sven wechselt einen kurzen Blick mit seiner Frau.

Mette nickt.

»Tess war unheimlich schnell, ich konnte kaum hinterher und hatte furchtbare Angst, dass ich sie im Dunkeln verliere. Oder dass ich vom Pferd falle.«

»Und dann, Kleines, was ist dann passiert?«, flüstert Sven und drückt seine Tochter fest an sich.

»Sie ist runtergefallen«, schluchzt Mette. »Erst hat sie so komisch gezuckt und sich verrenkt, ich weiß auch nicht. Ich dachte, sie macht vielleicht Spaß, aber dann lag sie auf der Erde und zuckte weiter, und Hektor, also ihr Pferd, stand daneben und guckte auf Tess runter. Hektor sah aus, als ob es ihm leidtut, dass er sie abgeworfen hat, dabei hatte er gar nichts gemacht.«

Sven hält seine Tochter immer noch fest, er streichelt ihr übers verschwitzte Haar und wartet auf mehr. Mette holt schnappend Luft, so als habe sie vor lauter Reden vergessen zu atmen. Schließlich spricht sie weiter.

»Und dann war Tess plötzlich ganz still. Das Zucken hat aufgehört und überhaupt alles. Ich hab mich furchtbar erschrocken und wollte ihr auch ganz bestimmt helfen, wirklich, das müsst ihr mir glauben, ich wollte absteigen, aber dann kamen auch schon die schwarzen Leute, und ich hab Angst gekriegt.«

»Angst vor den schwarzen Leuten?«

»Ja, das auch. Sie sahen voll gruselig aus in ihren komischen Kitteln.« Mette stockt und überlegt sichtbar, ob sie weiterreden soll. Doch sie gibt sich einen Ruck. »Aber vor allem hatte ich Angst davor, dass die mich sehen und mich vielleicht erkennen und euch alles erzählen. Und außerdem hab ich gedacht, dass die Tess ja viel besser helfen können, die waren schließlich schon groß, und die wissen doch ganz bestimmt, was man da machen muss ...«

Mette bricht ab, löst sich vorsichtig aus der Umarmung ihres Vaters und blickt ihn fragend an.

»Die haben ihr doch geholfen, oder?«

Sven räuspert sich. Selten ist ihm das Aussprechen der Wahrheit so schwergefallen. Aber es muss sein.

»Vielleicht haben sie es versucht, Mette, das werden wir noch herausfinden. Aber leider konnte man deiner Freundin gar nicht mehr helfen. Wir wissen noch nicht genau, wann sie gestorben ist. Aber es kann schon sein, dass es wirklich war, kurz nachdem sie vom Pferd gefallen ist. Dann hättest du ihr wahrscheinlich auch nicht helfen können. Du nicht – und auch niemand sonst.«

»Als sie aufgehört hat zu zucken, ist sie vielleicht gerade gestorben?«, fragt Mette fassungslos. »Ich habe zugeguckt, wie Tess gestorben ist?«

»Wir wissen es noch nicht, Liebes«, mischt sich Anja ein. »Aber Papi und seine Kollegen werden es herausfinden, das weißt du doch.«

Mette nickt schweigend. Sie runzelt die Stirn und blickt angestrengt auf ihre Bettdecke, als stünde dort die Erklärung für die rätselhaften Vorgänge. Die Tränen rinnen ihr über das Gesicht. Vorsichtig greift Sven nach der Hand seiner Tochter und streichelt sie. Nach einer ganzen Weile fragt Mette leise, ohne den Blick von der Bettdecke zu heben: »Ist Tess denn jetzt im Himmel?«

»Ganz bestimmt«, flüstert Sven Winterberg.

Samstag, 7. Oktober, 08.57 Uhr, Haus am Dorfteich, Wenningstedt

Hastig wirft Fred Hübner seinen Wohnungsschlüssel auf die Anrichte in der Diele und streift die Schuhe von den Füßen. Noch im Gehen schlägt er die Morgenzeitung auf, wobei ihm die Tüte mit den Croissants aus der Hand gleitet und zu Boden fällt. Achtlos lässt Fred die Tüte liegen, breitet die Zeitung auf dem Küchentresen aus und beugt sich angespannt darüber.

Natürlich ist der Tod von Tess Andres der Aufmacher des Tages. Ausführlich werden die Umstände des Leichenfunds geschildert, unterstützt von etlichen allerdings ziemlich unscharfen Fotos der aufsehenerregenden Rettungsaktion. Ein Hubschrauber über dem Watt, ein langes Seil mit einem Rettungsring, in dem der stämmige Kommissar hängt. Und auf dem nächsten Bild sieht man ein weißgewandetes Etwas in seinen Armen, das ja wohl der tote Körper von Freds ehemaliger Untermieterin sein muss. Fred wundert sich über das Weiße. Es wirkt wie ein verschmutztes Bettlaken, aber er kann beim besten Willen nichts Näheres erkennen. In der Hoffnung, dass der Artikel ihm Einzelheiten verraten wird, liest er weiter.

Zwar habe man die Tote gestern im Watt entdeckt, aber über den Todeszeitpunkt herrsche immer noch Unklarheit. Ebenso wie über die Umstände des Todes. Erst nach der Obduktion könne man mehr sagen. Fred wirft dem zerfledderten Tagebuch, das seit gestern Abend drüben auf dem Couchtisch liegt, einen irritierten Blick zu. Vorsichtig, als handle es sich um kontaminiertes Material, hebt er die Papiere vom Couchtisch und trägt sie hinüber zum Tresen. Dann schlägt er die letzten beiden Seiten auf und legt sie neben die Zeitung von heute.

Sofort erhärtet sich sein Verdacht.

Der letzte Eintrag im Tagebuch ist auf den 3. Oktober 1955 datiert. Dort geht es um den beabsichtigten Selbstmord. Da die restlichen Seiten leer sind, nimmt Fred an, dass die verzweifelte Schreiberin ihren Plan am 3. oder 4. Oktober ausgeführt hat. Und am Dienstag und Mittwoch haben sich diese Daten gejährt.

Gestern hat man die Leiche von Tess Andres gefunden. Könnte also der 4. Oktober nicht auch ihr Todestag gewesen sein? Und was würde das bedeuten, wenn man bedenkt, dass Tess Andres das Tagebuch nicht nur besessen hat, sondern ziemlich wahrscheinlich auch noch eine sehr komplizierte Beziehung zu seinem Inhalt hatte? Warum sonst hätte sie die alten Aufzeichnungen verstecken sollen?

Fred Hübner weiß es nicht. Er holt eine Espressotasse aus dem Schrank, geht zu seiner Kaffeemaschine und betätigt den Brühmechanismus. Sofort füllt der aromatische Duft nach frisch gemahlenen Bohnen den Raum. Fred atmet tief durch, dabei fällt sein Blick auf die Reihe leerer Schnapsflaschen am Boden. Er erinnert sich an seine hastige Aktion der letzten Nacht, an den Geruch des Alkohols, als er die Flaschen ins Spülbecken entleerte, an das befriedigende Triumphgefühl, das allzu schnell einem heftigen Bedauern und schließlich dieser übergroßen Wut gewichen ist.

Jetzt ist Fred Hübner froh darüber, wie sich die Dinge entwickelt haben. Letztendlich ist er standhaft geblieben. Und ist er nicht sogar durch den Fund des Tagebuchs umgehend belohnt worden? Außerdem fühlt er sich nun außerordentlich fit und allem gewachsen. Nicht auszudenken, wie es ihm gehen würde, wenn er gestern Nacht seinem Verlangen nachgegeben hätte. Fred kippt den stark gesüßten Espresso hinunter.

Die Welt leuchtet plötzlich und das nicht nur, weil eine klare Morgensonne ihren Weg durch die entsetzlich trüben Fensterscheiben findet. Fred hebt die Brötchentüte vom Boden auf, brüht sich einen zweiten Espresso und setzt sich auf einen der Hocker an der Küchentheke. Während er die Zeitung zur Hand nimmt, um in Ruhe den ganzen Artikel zu lesen, beißt er in ein köstlich buttriges Croissant. Splitternd fallen einzelne Bröckchen zu Boden, andere kleben an Freds Mundwinkeln. Er schiebt den nächsten Bissen nach und kaut genussvoll. Wie hat er dieses Gebäck im Orient vermisst!

Eine makabre Dankbarkeit überfällt Fred Hübner. Wäre seine Untermieterin nicht so ein verrücktes Huhn gewesen, säße er vermutlich immer noch in Marrakesch und würde an seiner schriftstellerischen Unfähigkeit verzweifeln. Und jetzt bietet sich ihm diese unglaubliche Chance zur Recherche.

Doch noch kann alles schiefgehen. Es bräuchten nur die Bullen mit dem gefürchteten Durchsuchungsbefehl vor der Tür zu stehen. Ein Griff und das Tagebuch wäre verloren, jedenfalls für ihn. Und damit auch jeder Informationsvorsprung.

Da hilft nur eins. Er muss hier raus. Und zwar mit dem Tagebuch. Fred Hübner knallt die Espressotasse auf den Tresen, schiebt sich das letzte Stückchen Croissant in den Mund und greift nach Zeitung und Papierstapel. Schnell stopft er beides in einen Stoffbeutel, steckt sich Handy und Portemonnaie in die Jackentasche und die Schlüssel für Wohnung und Fahrradschloss gleich dazu.

Er wird das Tagebuch gut verstecken müssen. Trotzdem muss er selbst möglichst schnell und unkompliziert darauf zurückgreifen können. Ein Bankschließfach oder ähnlicher Unsinn kommen also gar nicht in Frage.

Während Fred sein Rennrad die Kellertreppe hinaufträgt, denkt er angestrengt nach. Und als er vor der Tür das Rad besteigt und die ersten Tritte in die Pedale ihn der alten Dorfkirche und dem danebenliegenden Friedhof näher bringen, hat er eine Idee, die so ungewöhnlich und gleichzeitig so naheliegend ist, dass sie vielleicht all seine Probleme auf einmal lösen wird.

Er steigt direkt vor der Kirche vom Rad und schließt es an.

Samstag, 7. Oktober, 09.00 Uhr, Kriminalkommissariat Westerland

Angespannt sitzen Silja Blanck und Bastian Kreuzer vor Sven Winterbergs Schreibtisch. Außerordentlich konzentriert lauschen sie seinen Ausführungen. Danach herrscht Stille im Raum. Silja streicht sich nervös die Haare aus dem Gesicht und dreht sie im Nacken so lange um sich selbst, bis sie sich zu einem kleinen Dutt kringeln. Bastian schüttelt mehrere Sekunden lang stumm den Kopf, als könne er immer noch nicht glauben, was er gehört hat. Schließlich ist er es, der das Schweigen bricht.

»Du hast uns gerade erzählt, dass deine eigene Tochter

dabei war, als Tess Andres gestorben ist? Also jetzt mal ehrlich. Das kann doch nicht sein.«

Sven seufzt. »Ich fürchte, doch. Alles passt, das Brautkleid, die Uhrzeit, die Anwesenheit der schwarzgekleideten Leute. Das kann sich Mette bei aller Phantasie unmöglich ausgedacht haben. Woher sollte sie die Details kennen, die wir ja noch nicht mal an die Presse gegeben haben.«

»Wir müssen mit denen reden, und zwar dringend«, entfährt es Silja.

»Mit wem jetzt?«, fragt Bastian.

»Na mit den Satanisten. Jenny muss auspacken, da hilft gar nichts«, antwortet sie energisch. Dann denkt sie kurz nach und fragt vorsichtig: »Und wenn wir diesen Jonas Kurland erst mal aus dem Verkehr ziehen? Nur kurzfristig, damit Jenny beruhigt ist.«

»Du meinst, wir sollen ihn verhaften?«

»Wegen Verdunkelungsgefahr, das ginge doch, oder?«

Bevor Bastian antworten kann, schaltet sich Sven ein.

»Da müsste allerdings die Bispingen mitspielen, unsere verehrte Frau Staatsanwältin. Und du weißt ja, wie sie ist.« Schmunzelnd wendet er sich an seinen Kollegen. »Bastian, bist du bereit für ein Duell?«

»Ich habe für zwölf Uhr mittags ohnehin einen Telefontermin mit ihr. Auf den freue ich mich schon wahnsinnig. High Noon, das ist bestimmt die Zeit, in der sie gern mal einen Bullen erlegt«, antwortet Bastian gequält

»Bis dahin sind es aber noch drei Stunden«, wendet Silja ein. »Wenn Jenny jetzt schon ihre Aussage offiziell machen würde, könnten wir uns auf Gefahr im Verzug berufen. Sie müsste um Leib und Leben fürchten, und wir könnten uns diesen Kurland greifen, ohne dass du vorher die Bispingen um Erlaubnis fragen musst.« Sie macht eine Pause und runzelt nachdenklich die Stirn. »Und wenn ich Jenny genau das in Aussicht stelle, dann redet sie vielleicht sogar.«

»Okay.« Bastian schlägt unvermittelt mit der flachen Hand auf Svens Schreibtisch, dass die Büroklammern fliegen. »Dann konzentrieren wir uns jetzt darauf. Die Spurensicherung bei Hübner können wir uns ja wohl schenken, nachdem der noch den letzten Zahnputzbecher blank gewischt hat. Und mit einer Hausdurchsuchung müssen wir sowieso warten, bis die Bispingen uns grünes Licht gegeben hat. Oder was meint ihr?«

Sven und Silja nicken. Dann fragt Silja leise: »Und was ist mit dem Mord an Klaas Menken? Irgendwie gerät der völlig in Vergessenheit, das kann doch nicht sein.«

»Warten wir mal das Wochenende ab«, murmelt Bastian. »Oft verraten sich gerade Angehörige, die sich in Sicherheit wiegen, durch irgendwelche unbedachten Taten.«

»Na, ich weiß nicht.« Silja verzieht zweifelnd das Gesicht. »Was ist eigentlich aus der Befragung dieser Kumpels von Torben Töpfer geworden? Hat jemand überhaupt überprüft, ob sie das neue Alibi bestätigen können?«

»Ich. Gestern Abend, als du beim Makler warst. Hast du das schon vergessen?«, antwortet Sven. »Und leider sieht es so aus, als habe Töpfer ein lückenloses Alibi, jedenfalls, wenn Menken zwischen achtzehn und zweiundzwanzig Uhr aus dem Fenster geworfen wurde. Er muss gegen sechs in Keitum angekommen sein und danach etwa drei Stunden lang mit seinen Kumpels in einer Kneipe gezecht haben. Dafür gibt es mehrere Zeugen, nicht nur die beiden Kumpels. Anschließend sind die drei mit dem Wagen des Dachdeckers, das war der, der die anderen beiden eingeladen hat, zurück nach Westerland ins *Golden Goal* gefahren und haben dort weitergetrunken.«

»Hat Andrea Töpfer die Abwesenheitszeiten bestätigt?«, will Silja wissen.

Sven nickt. »Im Großen und Ganzen ja. Ich hab sie abends noch abgepasst, bevor ich nach Hause gefahren bin. Sie war noch nicht mal besonders besorgt, weil das falsche Alibi aufgeflogen ist, das sie ihrem Mann gegeben hat. Jetzt behauptet sie allerdings, sich nicht genau erinnern zu können, wann Töpfer zu Hause war.«

»Vielleicht will sie ihm was in die Schuhe schieben«, überlegt Silja.

»Das ist die Frage«, gibt Bastian zu bedenken. »Sie hat nicht unbedingt das stärkere Motiv. Es ist zwar *ihr* Vater, und *sie* erbt das Haus. Aber andererseits ist es eben auch ihr *Vater*, und sie wird ja wohl irgendeine Art von emotionaler Beziehung zu ihm haben. Außerdem haben die Busfahrer nur Torben Töpfer erkannt. *Sie* ist von niemandem gesehen worden.«

»Was noch nicht heißt, dass sie nicht zur Tatzeit in Munkmarsch war.« Silja trommelt mit den Fingern ungeduldig auf die Tischplatte. »Es gibt so viele Möglichkeiten, die wir noch nicht überprüft haben. Sie könnte gelaufen sein. Sie könnte sich ein Fahrrad geliehen haben.«

»Allerdings müssen wir bedenken, dass der Mord dann eine spontane Tat gewesen sein müsste. Andrea Töpfer konnte nicht ahnen, dass ihr Mann den Abend in Keitum verbringen würde. Sie müsste also die Gelegenheit sofort ausgenutzt haben«, überlegt Sven.

»Wieso spontan? Vielleicht hatte sie den Plan schon lange und hat nur auf so eine Gelegenheit gewartet«, wendet Silja ein. »Dazu würde es auch passen, dass sie blöderweise gerade vorher beim Makler war. Da ahnte sie nämlich noch nichts von dem unerwartet freien Abend.«

»Apropos Makler!« Bastian wendet sich mit einem überraschten Gesichtsausdruck an Silja. »Du hast mir gar nicht erzählt, dass du noch mal mit ihm geredet hast.«

Sie zuckt die Schultern. »Das war, bevor du die Leiche von Tess Andres gefunden hast. Beziehungsweise bevor ich davon erfahren habe. Da hatte ich noch den Nerv, über die Wohnung nachzudenken, die er uns angeboten hat.«

»Und?«

Sie windet sich ein wenig, rückt dann aber mit der Sprache heraus.

»Wenn wir wollen, können wir sie am Montagmorgen um neun noch mal ansehen.« Sie wartet einen Moment, und als Bastian nicht gleich antwortet, fügt sie hinzu: »Der Makler war übrigens auch am Haus von Klaas Menken. Und zwar noch am gleichen Tag, an dem Andrea Töpfer ihm von der Immobilie erzählt hat.«

»Also am Todestag von Klaas Menken?«

Silja nickt. »Zwischen vier und fünf Uhr nachmittags ist er außen ums Gebäude herumgeschlichen. Sagt er. Geklingelt hat er angeblich nicht. Und gesehen hat er angeblich auch nichts.«

»Hat er für abends ein Alibi?«, fragt Bastian plötzlich scharf.

»Na ja, wenn du es genau wissen willst, sind wir sein Alibi. Um siebzehn Uhr hatten wir unseren Termin mit ihm.«

»Aber wir sind nicht bis zweiundzwanzig Uhr geblieben. Hast du ihn gefragt, was er danach gemacht hat?«

»Nein. Hab ich nicht. Ehrlich gesagt, glaube ich auch

nicht, dass sein Motiv ausreicht, um den alten Mann zu töten.«

»Sieben Prozent Provision von einem Objekt, dessen Marktwert in die Millionen geht? Da haben Menschen schon für ganz andere Beträge getötet.«

»Er hatte mir auch einen Termin für heute Vormittag angeboten«, antwortet Silja leise.

»Na dann wissen wir doch, was zu tun ist. Es ist ja noch früh am Tag.« Bastian steht auf und nimmt seine Jacke vom Garderobenständer. »Du, Silja, redest erst mit Jenny. Sven und ich setzen zeitgleich diesen Kurland ein bisschen unter Druck. Und sowie du eine Aussage hast, sagst du Bescheid, und wir buchten ihn ein. So ein kleiner Wochenendausflug in eine unserer Zellen kann ja vielleicht Wunder wirken. Und wenn wir das alles geschafft haben, dann knöpfen wir uns den Makler noch einmal vor.«

Silja nickt und murmelt. »Danach vermietet der uns bestimmt keine Wohnung mehr.«

»Was hast du gesagt?«, erkundigt sich Bastian zerstreut. Er ist bereits im Aufbruch begriffen.

Silja seufzt und bleibt die Antwort schuldig.

Samstag, 7. Oktober, 09.22 Uhr, Wattweg, Munkmarsch

Andrea Töpfer steht vor der verschlossenen Eingangstür ihres Elternhauses. Sie hat zwar den Zweitschlüssel in der Hand, aber noch traut sie sich nicht, das Polizeisiegel zu durchtrennen. Nervös blickt sie sich um. Auf der Straße ist niemand zu sehen, aber natürlich könnte hinter jedem der Fenster ein neugieriger Nachbar stehen, der sie umgehend verpfeift. Doch letztendlich ist das egal. Sie ist schließlich die Tochter des Toten und wird sich einfach mit ihrer Trauer und ihrer Verwirrtheit nach dem unerwarteten Verlust herausreden. Und vielleicht hat sie ja ausnahmsweise einmal Glück, und es beobachtet sie niemand.

Mit einer entschiedenen Bewegung von oben nach unten durchtrennt Andrea Töpfer das Siegel an der Türspalte. Der feste Klebestreifen reißt fast sofort, und wenige Sekunden später ist Klaas Menkens Tochter im Inneren ihres Elternhauses verschwunden. Sie ignoriert den Eingang zu der abgeteilten Ferienwohnung im Erdgeschoss und hastet die Treppe hinauf. Handschuhe hat sie nicht mitgebracht, denn bestimmt hat die Polizei längst ihre Fingerabdrücke gefunden. Das ist kein Drama, schließlich hat sie alle paar Wochen ihren Vater besucht. Auch wenn er dabei regelmäßig jedes Gespräch über das Erbe verweigert hat.

Doch jetzt gehört der alte Kasten ihr.

Die Tür zur Wohnung des Vaters ist weder versiegelt noch abgeschlossen, was Andrea irritiert. Nach den ersten Schritten bleibt sie stehen und sieht sich aufmerksam um. Noch nie ist ihr aufgefallen, wie ordentlich es hier ist. Zwar liegt die Wolldecke zusammengeknüllt auf seinem Sessel, und ein paar Zeitungen türmen sich auf der Anrichte, aber in den Regalen stehen die Bücher in Reih und Glied, die Küche ist aufgeräumt und sogar in dem alten Sekretär, den Andrea jetzt öffnet, herrscht Ordnung. Ob die Polizeibeamten das alles schon durchgesehen haben?

Alte Fotos, vergilbt und ausgeblichen, fallen Andrea entgegen. Neugierig nimmt sie einige zur Hand. Andrea kann sich nicht erinnern, diese Fotos jemals betrachtet zu haben.

Sie wusste bisher auch nicht, dass ihr Vater ein so ungewöhnlich attraktiver junger Mann gewesen ist. Und ebenso wenig, dass er genauso attraktive Freunde hatte. Immer wieder tauchen drei junge Leute auf den Fotos auf. Zwei Männer, eine Frau. Einer der Männer ist eindeutig ihr Vater. Die anderen beiden Personen kennt Andrea nicht. Aber alle drei scheinen sich bestens zu verstehen. Sie lachen und umarmen sich.

Die meisten der Aufnahmen sind im Garten des Elternhauses gemacht worden, und Andrea sieht mit Erstaunen, wie klein die Bäume und Büsche damals noch waren. Fast gegen ihren Willen vertieft sie sich lange in die Betrachtung der Bilder, und als sie sie endlich beiseitelegt, erfasst sie eine ungewohnte Reue. Vielleicht hätte sie ihren Vater ausführlicher befragen und ihn nachdrücklicher zum Erzählen auffordern sollen, als noch Zeit dafür war. Vielleicht wäre es gut gewesen, wenn sie jetzt, da er tot ist, mehr über seine Vergangenheit wissen würde. Aber andererseits hat er früher, als sie sich noch gelegentlich erkundigt hat, immer unwirsch reagiert und sich selten zu einer umfassenden Antwort herabgelassen.

Andrea steckt eines der Fotos in ihre Tasche. Es ist keine bewusste Entscheidung, sondern eher ein Reflex, über den sie nicht nachdenkt. Vielleicht will sie ein Andenken an diesen anderen Vater haben, der so glücklich aussieht, wie sie ihn selbst nie gekannt hat. Die restlichen Fotos verstaut Andrea wieder in einer Schublade und schiebt sie zurück in den Sekretär. Sie hatte gar nicht vor, in dieser Lade zu stöbern, denn sie kann nicht ewig hier bleiben. Ihrem Mann hat sie erklärt, sie müsse noch etwas besorgen. Natürlich hat er ihr nicht geglaubt. Überhaupt sind die misstrauischen Blicke Torbens in den letzten Tagen schwer zu ertragen gewesen. Aber was hätte sie schon sagen können? Die Wahrheit? Wohl kaum. Außerdem geht es ihn gar nichts an, dass sie lieber allein sein will, wenn sie das Testament ihres Vaters öffnet. Falls es dieses Testament noch gibt. Und falls die Polizei es nicht schon vor ihr gefunden hat.

Aber das glaubt Andrea eigentlich nicht. Der winzige Spalt in der Schubladenfront, hinter der sich der Riegelmechanismus für die doppelte Rückwand verbirgt, ist auch dann kaum zu sehen, wenn man bewusst nach ihm sucht. Und wer sollte das tun? Niemand weiß schließlich von der Vorliebe ihres tischlernden Großvaters für geheime Plätze, die er überall in seinen Möbeln zu verstecken pflegte. Auch Andrea hat erst beim Tod ihrer Großtante, der einzigen Schwester des Großvaters, davon erfahren. Die alte Frau verwahrte ihr Bargeld in der doppelten Rückwand und bat die Großnichte, die damals eher zufällig allein an ihrem Sterbebett saß, das Geld an sich zu nehmen und an deren Neffen Klaas Menken weiterzugeben.

Als die junge Andrea sah, welche Summe die Großtante angespart hatte, beschloss sie, das Geld zu behalten. Zu gern hätte sie beobachtet, wie ihr Vater nach dem Tod seiner Tante in der doppelten Rückwand nachgesehen hat und nichts entdecken konnte. Aber natürlich hielt sie sich lieber fern, um keinen Verdacht zu erregen. Es ist also davon auszugehen, dass ihr Vater nie erfahren hat, dass Andrea den geheimen Ort auch kennt. Andrea weiß allerdings, dass der Vater das Versteck ebenfalls benutzt hat.

Vor einigen Jahren, Klaas Menken lag gerade wegen einer schweren Bronchitis in der Nordseeklinik, hat Andrea nämlich schon einmal hier herumgestöbert. Damals befanden sich die alten Fotos noch nicht in dem Sekretär, aber dafür lag tatsächlich ein Briefumschlag hinter der falschen Wand. Der Umschlag war prall gefüllt, fast sprengte sein Inhalt den Klebestreifen auf der Rückseite. Doch noch war er zugeklebt, und natürlich war Andrea nicht so dumm, ihn zu öffnen. Es reichte ihr, die Aufschrift zu lesen. *Eigenhändiges Testament* stand da mit der alterszittrigen Handschrift ihres Vaters.

Im Gegensatz zu damals wird sie jetzt nicht zögern, den Inhalt des Umschlags anzusehen. Auch wenn sie eigentlich so schnell wie möglich von hier verschwinden sollte. Aber dann müsste sie den Umschlag zu Hause öffnen, womöglich unter den neugierigen Augen Torbens. Das hat ihr gerade noch gefehlt. Dann schon lieber hier. Allerdings ist es gar nicht so einfach, an den verborgenen Spalt zu gelangen. Der Riegelmechanismus klemmt und will sich partout nicht bewegen. Erst nach langem Schieben und Klopfen gibt die Feder nach. Als Andrea die falsche Wand umklappt, macht sich ein banges Gefühl in ihr breit. Wenn der Vater gerade mal wieder wütend auf sie und den Schwiegersohn war, hat er oft damit gedroht, seinen Besitz einem Waisenhaus zu vermachen. Natürlich bliebe ihr immer noch der Pflichtteil, aber wer gibt sich schon freiwillig mit einem halben Haus zufrieden, wenn er ein ganzes erben kann?

Andrea spürt, wie ihr Herz schlägt. Heftig und unrhythmisch. Es geht um viel. Gleich wird sich entscheiden, wie ihr weiteres Leben verlaufen wird.

Doch was ist das? Die verborgene Kammer ist leer.

Unendlich enttäuscht lässt sich Andrea Töpfer auf den Lehnstuhl ihres Vaters fallen. Eigentlich hätte sie sich das denken können. Wer versteckt schon ein Testament, das ja gerade nach dem eigenen Tod gefunden werden soll, in einer geheimen Kammer? Unlogisch wäre das und ziemlich naiv.

Doch andererseits hat das Schriftstück vor Jahren genau dort gelegen. Wie passt das zusammen? Wahrscheinlich wollte der Vater es erst hervorholen, wenn er wirklich mit seinem Tod rechnete. Und mit einem Mord konnte er schwerlich rechnen. Das Testament hätte also immer noch hier liegen müssen. Schließlich war der Vater nicht todkrank. Es muss demzufolge einen anderen Grund für die Entfernung des Schriftstücks aus der Schublade gegeben haben. Nur welchen? Was ist passiert in dem so völlig ereignisarm scheinenden Leben ihres Vaters? Und warum hat sie von dieser Veränderung nichts mitbekommen? Weiß vielleicht der ominöse alte Freund des Vaters mehr, von dem die Polizei geredet hat?

Samstag, 7. Oktober, 09.30 Uhr, Möwenweg, Rantum

Wie erstarrt sitzt Jochen Stürmer an seinem Küchentisch. Schon vor anderthalb Stunden hat er sich zwei Brötchen aus der Bäckerei geholt und den üblichen Schwatz mit der Verkäuferin gehalten. Er kennt sie seit vielen Jahren und hat ihre ganze Familie in seiner Praxis behandelt. Seitdem seine Frau gestorben und er im Ruhestand ist, bildet das kurze Gespräch mit Jorinde Basler eine seiner Morgenroutinen. Danach geht Stürmer hinüber zum Zeitungskiosk und redet mit Helmut Riem, auch er ist ein ehemaliger Patient. Nach diesen beiden Gesprächen ist die Zeitungslektüre, die regelmäßig Stürmers Frühstück begleitet, fast überflüssig geworden. Alles, was auf der Insel wichtig ist, hat der alte Arzt ohnehin schon erfahren.

Auch heute war das so. Nur dass sowohl die Bäckerei als

auch der Kiosk umlagert waren von schwatzsüchtigen Inselbewohnern. Niemand wollte sich nach Zeitungs- oder Brötchenkauf trennen, alle diskutierten eifrig den aufsehenerregenden Leichenfund im Watt. Die Fotos in den Gazetten wurden ausführlich kommentiert. Vor allem natürlich die ungewöhnliche Bekleidung der jungen Toten. Man wusste zwar nicht genau, worum es sich bei dem weißen Gewand handelte, aber es gab ja nicht allzu viele Möglichkeiten. Ein Brautkleid, ein Leichenhemd, eine Gespensterverkleidung. Nichts davon war normal, alles in höchstem Maße erklärungsbedürftig. Die Spekulationen trieben wilde Blüten. Am häufigsten war die These zu hören, die junge Frau sei einem Ritualmord zum Opfer gefallen. Schließlich habe man doch seit Tagen immer wieder diese toten Vögel am Strand gefunden. Abgeschlachtet und ausgeweidet. Da hätte die Polizei längst von selbst drauf kommen können, dass der Irre, der für diese Gräueltaten verantwortlich ist, sich irgendwann an einem Menschen vergreift.

Jochen Stürmer hörte all diese Thesen und Meinungen wie durch eine wattige Wand. Er stand inmitten der Leute und starrte auf die Fotos. Eine junge Frau war im Watt gestorben, irgendwo vor Munkmarsch, vielleicht sogar in Sichtweite von Klaas Menkens Haus. Die Tote hatte ein Brautkleid getragen, das stand für Stürmer fest. Natürlich sagte er davon nichts. Er hütete sich auch, von seinem letzten Gespräch mit Klaas Menken zu erzählen. Von den Dingen, die Klaas nachts im Watt beobachtet zu haben glaubte, und erst recht von der alten Geschichte, die der Jugendfreund ihm gebeichtet hatte. Niemand schien die Vorfälle miteinander in Verbindung zu bringen, und auch er selbst wäre vielleicht nicht sofort darauf gekommen.

Doch vor ihm auf dem alten Küchentisch, der schon so viel gesehen hat, liegt seit seinem letzten Besuch bei Klaas Menken dieser Umschlag. Er ist dick und trägt eine zittrige Aufschrift. *Eigenhändiges Testament.* Und Jochen Stürmer weiß genau, wenn er diesen Umschlag weitergibt, dann wird nichts mehr so sein wie zuvor.

Samstag, 7. Oktober, 09.32 Uhr, Lerchenpfad, Westerland

»Ich sage nichts mehr, das habe ich Ihnen doch gestern schon erklärt.«
Jenny Liebherr ist den Tränen nah. Sie kauert auf der Couch in ihrem Zimmer und krallt die Finger in eins der dunklen Kissen vom Sofa, das sie mit beiden Händen in ihren Schoß presst. Alle anderen Zeugen ihrer satanistischen Phase sind aus dem Raum verschwunden. Die schwarzen Kerzen ebenso wie das windschiefe Teufelsbild und die Möwenfedern. Nur ein umgedrehtes Kreuz steht noch vergessen zwischen Jennys Jugendbüchern und wirkt auf fast schon komische Weise passend in der Gegenwart von *Eragon* und *Harry Potter*.

Silja Blanck geht vor Jenny in die Knie und versucht vergeblich, Blickkontakt zu dem jungen Mädchen herzustellen.

»Du musst wirklich keine Angst haben. Sowie du deine Aussage machst, verhaften wir Jonas. Das verspreche ich dir.« Die Kommissarin zieht ihr Handy aus der Tasche und hält es vor Jennys Gesicht. »Während wir hier miteinander reden, sind meine beiden Kollegen bei Jonas. Ein Anruf von mir, und du bist in Sicherheit. Allerdings kann ich diese Festnahme nur veranlassen, wenn du offiziell deine Aussage machst.«

»Er wird mich verfolgen, er wird sich auf jeden Fall rächen«, schluchzt Jenny und fügt verzweifelt hinzu: »Oder die anderen Bräute werden es tun.«

»Ich glaube kaum, dass es dazu kommen wird. Die anderen Mädchen wirkten auf uns ziemlich eingeschüchtert«, lügt Silja. Nur zu gut kann sie sich an die selbstbewussten, fast spöttischen Mienen der fünf erinnern. Aber wenn sie erst einmal Jennys Aussage hat, wird denen das Lachen schneller vergehen, als sie das Wort *Satan* rückwärts aussprechen können. Hofft Silja. Und versucht es noch einmal.

»Bitte Jenny, du musst uns helfen. Sonst wirst du dich nie wieder sicher fühlen.«

Jenny nickt. Jedenfalls kommt es Silja so vor. Vielleicht ist es auch nur ein Zittern, das gerade ihren Kopf erfasst. Die Tränen kann sie jetzt auch nicht mehr zurückhalten. Schniefend und immer wieder unterbrochen von Schluchzern flüstert Jenny: »Also gut.« Und nach einer letzten zögerlichen Pause fügt sie hinzu: »Da waren noch zwei Reiter ...«

Silja spürt, wie eine erwartungsvolle Spannung von ihr Besitz ergreift. Doch sie bemüht sich, beherrscht und besonnen zu bleiben. Auffordernd nickt sie Jenny zu. Die redet jetzt so leise, dass Silja sich weit vorbeugen muss.

»Ein weißes und ein dunkles Pferd. Eins groß, eins eher klein. Aber das war gar nicht das Besondere. Das Besondere war, dass auf den Pferden Gespenster saßen.«

»Flatternde weiße Gewänder?«

Jenny nickt und mustert die Kommissarin nachdenklich. Aber sie spart sich die Frage, woher die andere das weiß.

»Waren es Frauen?«, erkundigt sich Silja.

Jenny überlegt kurz und nickt dann. »Sie hatten beide extrem helle, sehr lange Haare. Die flogen hinter ihnen her wie goldene Schleier. Das sah vollkommen verrückt aus, wenn das Licht vom Leuchtturm über sie hinweglief.«

Dann verstummt Jenny, und Silja sieht genau, dass ihr die nächsten Worte schwerfallen werden. Wenige Sekunden später kommen sie. Stockend und fast nicht zu verstehen.

»Und eine von den beiden ist jetzt tot. Das hat mir Mama vorhin erzählt. Es stand in der Zeitung.«

»In der Zeitung stand nur, dass wir eine tote Frau im weißen Kleid im Watt gefunden haben«, unterbricht sie die Kommissarin.

»Und dass sie lange blonde Haare hatte. Das kann ja kein Zufall sein.« Jenny schlägt die Hände vors Gesicht und senkt den Kopf. Ihre Stimme kommt dumpf zwischen den Fingern hindurch. »Und alles ist meine Schuld.«

»Was sagst du da?«

Jenny blinzelt zwischen den Fingern hindurch und sucht Siljas Blick. Zum ersten Mal, seit die Kommissarin mit ihr spricht.

»Sie haben es doch genau gehört. Ich bin schuld daran, dass die beiden in dieser Nacht ans Watt gekommen sind. Ich habe sie eingeladen. Also nicht beide, nur die eine. Tess. Ich habe ihr von unserem Ritual erzählt.«

»Du kanntest Tess Andres?«

Selbst wenn sie gewollt hätte, hätte Silja ihre Überraschung kaum verbergen können. Auch Jenny sieht, dass die Kommissarin mit diesem Geständnis nicht gerechnet hat. Sie greift sich mit beiden Händen ins Haar und bündelt es hinter dem Kopf. Die Geste wirkt energischer als alles, was das Mädchen bisher getan hat. Und auch ihre Stimme klingt jetzt fester. Silja kennt diese Reaktion. Das Zögern ist zu Ende. Die Zeugin hat sich entschieden zu reden.

»Ich hab sie einmal am Strand beobachtet. Ganz zufällig. Sie hat eine Möwe angelockt, hat sie sich gegriffen und ihr den Hals umgedreht. Ich dachte, ich seh nicht richtig. Völlig cool hat sie das Tier umgebracht. Da hab ich an Jonas denken müssen. An sein ewiges Gesülze, dass wir zu zaghaft sind und dass Satan nicht überzeugt von uns ist. Dass wir mehr Einsatz zeigen sollen.«

»Und dann hast du sie angesprochen?«

»Sie war schon fast vom Strand weg. Ich bin ihr hinterhergelaufen. Und hab ein paar von den blutigen Federn mitgenommen.« Wieder trifft ein Blick die Kommissarin. »Eine davon haben Sie ja beim letzten Besuch hier gesehen. Die meisten habe ich bei Jonas abgeliefert.«

»Lass uns noch für einen Moment bei dem Gespräch mit Tess Andres bleiben. Was hast du ihr gesagt?«, erkundigt sich Silja atemlos.

»Ich hab sie gefragt, ob sie so etwas öfter macht. Also das mit den Vögeln meine ich. Sie hat nur zurückgeschnauzt, das ginge mich gar nichts an. Aber dann habe ich ihr von der Kraft erzählt, die im Blut steckt, und von der Energie, die beim Sterben frei wird. Ich habe sie gefragt, ob sie davon etwas spürt, wenn sie tötet. Da hat sie gelacht.« Jenny unterbricht sich. Es wirkt, als horche sie in sich hinein, um dieses Lachen noch einmal zu hören. »Es war unheimlich, wirklich. Ich hatte den Eindruck, dass sie ganz genau weiß, wovon ich rede. Und als ich ihr vorgeschlagen habe, doch einmal bei uns mitzumachen, hat sie nur gesagt: *Warum nicht.* So, als ginge es um eine Einladung zum Kuchenessen.«

»Und dann hast du ihr den Treffpunkt für eure nächste Messe verraten?«

»Ich wollte Jonas überraschen. Ich dachte, dass er mich

noch mehr mag, wenn ich jemanden mitbringe, der ...« Jenny verhaspelt sich beim Reden und verstummt. Wieder treten ihr die Tränen in die Augen. Doch nach einem tiefen Luftzug stößt sie hervor: »Ich wollte doch nur, dass er mich liebt. Ich hab nicht geahnt, dass er mich nur benutzen wollte. Dass er diese schweinischen Sachen mit mir machen wollte. Am Strand, wenn alle zugucken. Und ich selbst bin ihm ganz egal.«

»Du warst also in der Nacht von Mittwoch auf Donnerstag bei der schwarzen Messe am Weißen Kliff dabei. Und Tess Andres war es auch«, stellt Silja fest.

Doch zu ihrer Überraschung schüttelt Jenny den Kopf.

»Am Anfang nicht. Da waren nur die anderen Mädchen und ich.«

»Wer genau?«

»Lucia und die Zwillinge Clara und Cosima. Außerdem Sylvie und Sandra.«

»Okay. Und was habt ihr gemacht?«

»Das Übliche eben. Kerzen angezündet, Beschwörungen gemurmelt, das ganze Trara. Wir wollten in Trance geraten. Wieder mal. Es hat aber nicht geklappt.«

»Wieder mal?«

Jenny nickt, und ihre Stimme beginnt zu zittern. »Und dann sollten wir plötzlich Jonas' Hintern küssen ... und dann wollte er ... ich sollte ... also, er wollte ... er wollte mich besteigen«, stößt sie hervor. »Und genau in dem Moment tauchten die Mädchen auf den Pferden auf. Sie kamen vom Wasser und sahen voll gruselig aus. So mit wehenden weißen Kleidern. Ich hab mich furchtbar erschrocken. Erst hinterher wurde mir klar, dass das Tess gewesen sein muss. Sie und irgendjemand zweites. Aber in der Nacht, in der Dunkelheit habe ich sie gar nicht erkannt. Und ich habe auch längst nicht mehr mit ihr gerechnet. Und schon gar nicht auf einem Pferd.«

»Und was hast du geglaubt, wer das ist?«

»Ich dachte einfach ... ich weiß auch nicht. Ich glaube, ich dachte, das ist jetzt peinlich, aber ich dachte wirklich, das sind irgendwelche Untoten, die wir da angelockt haben. Und dann bin ich weggelaufen.«

»Aus Angst?«

»Wahrscheinlich schon. Es ging alles so schnell. Ich weiß nicht mehr genau. Wahrscheinlich hatte ich eher Angst vor Jonas als vor den weißen Frauen.«

»Was ist mit den beiden Reiterinnen passiert? Hast du noch was gesehen?«

Jenny Liebherr schüttelt den Kopf und beginnt wieder zu weinen.

»Nein, hab ich nicht. Ich war doch so froh, dass Jonas mich nicht verfolgt hat. Ich hab mich gar nicht umgesehen.«

»Wusste Jonas davon, dass du Tess zu der schwarzen Messe eingeladen hattest?«

»Nein, wusste er nicht. Es sollte ja eine Überraschung sein«, schluchzt Jenny. Dann fängt sie an, auf das dunkle Kissen zu trommeln, das immer noch auf ihrem Schoß liegt, und ruft plötzlich fassungslos: »Und jetzt bin ich schuld an ihrem Tod.«

Ihre Stimme kippt mit den letzten Worten, dann ist sie still. Das Gesicht unbewegt, die Augen geschlossen. Sogar die Hände haben ihr Trommeln eingestellt. Jenny Liebherr ist ganz in sich zurückgezogen, und Silja weiß, dass sie heute nichts mehr erfahren wird. Leise steht die Kommissarin auf und verlässt den Raum. Noch auf der Treppe ruft sie Bastian an, um ihm die Neuigkeiten mitzuteilen.

Samstag, 7. Oktober, 10.41 Uhr, Kriminalkommissariat Westerland

Angespannt blickt Bastian Kreuzer den Gang entlang, an dem das Büro der Kommissare ebenso liegt wie die Vernehmungszimmer. Jetzt kommt alles auf das richtige Timing an. Obwohl Samstag ist, haben sie alle verfügbaren Beamten aktiviert, um die Aktion durchführen zu können. Die fünf Mädchen, die angeblich bei der schwarzen Messe dabei waren, sitzen bereits hier oben in verschiedenen Räumen. Natürlich haben die Eltern entsetzt reagiert, als die Beamten vor der Tür standen. Aber im Endeffekt konnten sie wenig gegen die geplante Gegenüberstellung unternehmen und mussten ihre Töchter ziehen lassen.

Weder Bastian noch Sven oder Silja haben verraten, dass es zu dieser Gegenüberstellung gar nicht kommen wird. Es geht vielmehr um eine simple Begegnung. Wenn Jonas Kurland im Kommissariat eintrifft, soll er auf seinem Weg zum Vernehmungszimmer alle fünf Mädchen sehen. Einzeln und am besten mit genau diesem ratlos fragenden Ausdruck, der ihnen ins Gesicht geschrieben steht, seit sie abgeholt wurden. Wie zufällig muss es wirken oder besser noch wie eine Koordinationspanne. Und wenn die Kommissare diesem Jonas Kurland dann die Informationen, die Silja von Jenny erhalten hat, geschickt präsentieren und so tun, als hätten die Mädchen ihr Schweigen gebrochen, dann wird er hoffentlich auspacken und ihnen endlich erzählen, was genau mit Tess Andres geschehen ist. Und falls er immer noch mauern sollte, müssen sie eben die Mädchen einzeln in die Mangel nehmen.

Nervös blickt Bastian auf sein Handy. Die SMS ist von Sven und besteht nur aus wenigen Worten. *Haben ihn. Warten unten im Wagen auf dein Signal.*

Geht los, simst Bastian zurück und gibt den Beamten, die an den entsprechenden Türen stehen, das verabredete Handzeichen.

Kurz darauf hört er Schritte auf der Treppe. In Begleitung von Sven Winterberg und einem bullig wirkenden uniformierten Kollegen erscheint Jonas Kurland. Er trägt eine gelangweilte Miene zur Schau, die aber seine Anspannung nicht ganz verbergen kann. Er kaut auf der Unterlippe und sieht sich nervös um. Sein dunkler Kapuzenpulli ist fleckig und verschwitzt.

Kaum hat Kurland die ersten Schritte auf der oberen Etage gemacht, geht wie zufällig eine der Türen seitlich des Gangs auf. Unwillkürlich sieht er hinein. Drinnen beschweren sich die Zwillinge Clara und Cosima gerade mit lauten Stimmen bei der Beamtin über die Wartezeit. Als sie ihren Guru draußen vorbeigehen sehen, verstummen sie sofort. Bevor Kurland ihnen etwas zurufen kann, wird die Tür geschlossen. Stattdessen kommen jetzt von vorn zwei Beamten mit Sylvie und Sandra, den Mädchen aus dem Abiturjahrgang. Wenn es nicht diesen ernsten Anlass gäbe, würde die Begegnung wirken wie aus einer Fernsehkomödie. Ein verdatterter Zeuge und zwei aufgebrachte Mädchen, die seit zwanzig Minuten anscheinend ziellos von einem Raum zum anderen geführt werden. Kurland blinzelt verstört, ist aber offensichtlich so überrumpelt, dass ihm kein geeigneter Kommentar einfällt. Und die beiden Mädchen schweigen ebenfalls. Sylvie, die Größere von beiden, geht mit aufrechter Haltung, aber konsequent gesenktem Kopf an

Jonas Kurland vorbei, während Sandra, die mager und verhuscht wirkt, ihn mit aufgerissenen Augen hilfesuchend anstarrt.

Der Schüler schluckt, sein Adamsapfel hüpft, dann bleibt er abrupt stehen und will doch noch etwas sagen. Aber Sven stößt ihn unsanft in den Rücken.

»Weitergehen«, blafft er. »Wir haben's hier gerade etwas voller. Das wird Sie ja wohl kaum überraschen.«

Jetzt schaltet sich auch Bastian ein. Er winkt den Kollegen zu sich und ruft: »Bring ihn hier rein, ich glaube, da ist niemand.«

Er wartet, bis Sven, Kurland und der uniformierte Kollege ihn erreicht haben, dann zieht er die Tür zu einem weiteren Raum auf, der spärlich mit einem Tisch und drei Stühlen bestückt ist. Doch der Raum ist keineswegs leer. An dem Tisch sitzt Lucia, das jüngste der fünf Satanisten-Groupies. Sie hat die Ellenbogen auf die Tischplatte gestützt und den Kopf in die Hände gelegt. Ihre langen Haare verbergen das Gesicht, aber ihre Schultern zucken, und zwischen den Händen dringt leises Schluchzen hervor. An der Wand lehnt Polizeimeisterin Liane Kröger, eine ebenso korpulente wie energische Kollegin, deren Wut über den unerwarteten Samstagseinsatz deutlich sichtbar in ihrem Gesicht steht.

»Was zum Teufel machen Sie denn hier?«, schnauzt Bastian jetzt verabredungsgemäß.

»Ich pass auf die Zeugin auf, das sehen Sie doch«, antwortet Liane Kröger ungerührt und ohne ihre Haltung zu verändern.

»Lucia«, entfährt es Jonas Kurland jetzt. »Lucia, verdammt nochmal, flenn doch nicht.«

Erschrocken blickt das junge Mädchen auf. Ihr Gesicht

ist verquollen und rot, auf den Wangen haben sich hektische Flecken gebildet.

»Jonas! Gut, dass du da bist. Was soll ich bloß tun?«, stößt sie hervor.

»Gar nichts. Halt einfach die Klappe«, befiehlt Jonas Kurland mit wütender Stimme. Aber Bastian Kreuzer unterbricht ihn sofort.

»Raus mit der«, befiehlt er Liane und weist mit knapper Geste auf das verängstigte Mädchen. Dann wendet er sich Sven zu. »Sieh mal nach, ob du noch einen anderen Raum findest.«

»Und wohin soll ich sie in der Zwischenzeit bringen …«, stammelt die Polizeimeisterin. Ihre Irritation hört sich fast echt an.

»Ist mir völlig egal. Und wenn du sie erst mal in eine der Zellen verfrachtest. Mir wurscht. Hauptsache, du machst den Raum hier frei.«

Liane Kröger nickt, stößt sich energisch von der Wand ab und greift das Mädchen unsanft an der Schulter.

»Aufstehen. Mitkommen«, zischt sie.

»Hey, wie behandeln Sie denn die Kleine«, beschwert sich Kurland.

»Klappe«, fährt ihn Bastian an. »Setzen Sie sich da hin und warten Sie, bis wir uns mit Ihnen befassen.«

Dann befiehlt er den uniformierten Kollegen mit einem Wink neben den Tisch und folgt Liane Kröger und ihrer Schutzbefohlenen aus dem Raum. Die Tür wirft er mit Gewalt ins Schloss.

Samstag, 7. Oktober, 10.43 Uhr, Dorfkirche, Wenningstedt

Ungeduldig trommelt Fred Hübner auf die Kirchenbank. Er hat noch nie gut warten können. Und jetzt sitzt er hier schon seit über einer Stunde. Allein mit seinen Gedanken und Erinnerungen. Dem Horror, der Reue und allen Schuldgefühlen dieser Welt ausgeliefert. Immer wieder dreht er sich zur Eingangstür um, wartet darauf, dass jemand kommt und ihn erlöst. Irgendjemand, den er ansprechen und befragen kann. Fred Hübner rechnet nicht mit einem größeren Andrang, schließlich gibt es hier nur noch am Sonntag einen Gottesdienst, wie er dem Anschlag im Kirchenvorraum entnehmen konnte. Aber bis morgen kann er unmöglich warten. Und es wird doch wohl die eine oder andere Omi auch am Samstagvormittag zum Beten herkommen. Sagt man nicht immer, dass nur noch die Alten die Kirchen bevölkern? Und jetzt kommen die auch nicht mehr.

Fred selbst ist zwar evangelisch getauft, doch weder konfirmiert noch gläubig. Er war, seit er denken kann, nicht in einer Kirche. Allerdings weiß er nur zu genau, wann er zum letzten Mal vor einer Kirche gestanden hat. Nicht vor irgendeiner Kirche, korrigiert er sich innerlich, sondern ganz präzise vor dieser Kirche.

Fred Hübner erinnert sich viel zu genau an diesen Tag. Und an jede seiner Regungen. Trauer. Wut. Ratlosigkeit. Sogar die Fahrigkeit, die die starken Tabletten verursacht hatten, kann er immer noch spüren. Wie könnte er auch den schrecklichen Tag von Susannes Beerdigung je vergessen? Den Tag, an dem der tote Körper der Liebe seines Lebens dort hinten auf dem Friedhof bestattet worden ist. Der Körper mit dem zerschossenen Kopf, dessen Blut an den Wänden seines Schlafzimmers klebte. Der Körper, mit dem er sich wenige Tage vorher noch im Sextaumel gewälzt hatte.

Fred stöhnt. Das alles ist jetzt über zwei Jahre her, so viel ist seitdem geschehen, und doch ist die Erinnerung an diese furchtbaren Dinge immer noch so frisch, als wäre es gestern gewesen.

Und das untätige Warten hier, wenige Meter von Susannes Grab entfernt, macht es den grässlichen Gedanken leicht, ihn hinterrücks zu überfallen. Da hilft es auch nichts, dass das Innere der Kirche erstaunlich hell und freundlich auf ihn wirkt. Der Tod und das Jenseits sind trotzdem überall spürbar. Fred muss nur zu dem Sterbenden am Kreuz aufblicken. Die gequälte Miene, der geschundene Körper, alles kündet von einem Ende mit Schrecken. Einem Ende, wie es auch Susanne ereilt hat, als gerade so vieles gut zwischen ihnen zu werden schien. Was nutzte Fred da das Versprechen auf ein besseres Leben nach dem Tod? Was hat es Susanne genutzt? Er weiß es nicht, und er wird es nie erfahren, davon ist Fred Hübner fest überzeugt.

Seufzend beschließt er, dieses elende Warten zu beenden. Wenn niemand zum Beten hierherkommt, dann wird er auch niemanden befragen können. Er wird folglich genau das tun müssen, wovor er sich am meisten fürchtet. Er wird den Friedhof betreten müssen. Er wird jemanden abpassen müssen, der oder die sich daranmacht, eines der Gräber mit einer Winterabdeckung zu versehen oder auch die letzten Astern zu gießen. Er wird sich dem Grab Susannes nähern müssen, er wird sich gegen die Vorstellung ihrer blanken Knochen unter der Erde zur Wehr setzen müssen.

Gegen das Bild von faulendem Fleisch und Würmern in allen Körperöffnungen.

Fred beißt die Zähne so fest zusammen, dass es knirscht. Er stemmt sich schwerfällig aus der Kirchenbank, als sei er ein Greis und stünde längst mit einem Bein im Grab. Dann wirft er einen letzten Blick auf das Versteck hinter den Stapeln mit den Gesangbüchern am Eingang des Kirchenschiffs, wo er Tess Andres' Tagebuch verstaut hat. Hier ist es sicher und doch immer in greifbarer Nähe. Der erste Teil seines Plans ist also aufgegangen.

Jetzt muss er nur noch einen Alten auftreiben, der sich erinnert. Oder eine Alte, was wahrscheinlicher ist. Frauen leben länger und haben das bessere Gedächtnis. Jedenfalls für Klatschgeschichten. Und dass der spektakulär inszenierte Selbstmord einer jungen Insulanerin in den fünfziger Jahren hier auf der Insel eine Klatschgeschichte war, davon ist ja wohl auszugehen.

Fred verlässt das Kirchenschiff und atmet ein paarmal tief durch. Schon von weitem kann er sehen, wie sich zwei alte Frauen dem Friedhof nähern. Die eine läuft gebückt und mit schlurfenden Schritten. Sie hat schlohweiße Haare und trägt einen Stoffbeutel und eine grüne Gießkanne in der Hand. Die andere wirkt etwas jünger und geht vergleichsweise gerade, schleppt allerdings auch eine ganze Palette mit knolligen Blumen, deren Namen Fred nicht kennt. Sie trägt sportliche, fast moderne Kleidung und einen rotgefärbten Kurzhaarschnitt. Fred spurtet zu den beiden hinüber und hält ihnen das weiße Friesentor auf, das zum Gräberfeld führt.

Erstaunt bedankt sich die Rothaarige.

»So ein höflicher Mann ist heutzutage aber selten.«

»Das mach ich doch gern. Darf ich Ihnen vielleicht die Blumen abnehmen? Ich muss selbst da hinten links hinüber, aber das hat keine Eile. Wo wollen Sie denn hin?«

»Mein Mann liegt auch auf der linken Seite. Annas Mann ruht gleich hier vorn.«

Die Frau mit der Gießkanne nickt. Als sie aufblickt, stehen Tränen in ihren Augen. Sie murmelt: »Jannis ist erst seit dem Sommer hier. Einfach umgefallen. Mitten beim Unkrautjäten.«

»Dann hat er seinen Garten wohl sehr geliebt?«, erkundigt sich Fred mitfühlend.

Wieder nickt sie und wischt sich die Augen. Fred blickt sie eindringlich an.

»Natürlich ist das schmerzhaft für Sie. Aber für ihn war es sicher ein schöner Tod«, versucht er zu trösten und denkt an Susannes furchtbares Sterben.

»Das sage ich Anna ja auch immer«, fällt die andere ein und lässt sich willig die Palette mit den Pflanzen abnehmen.

»Meine Freundin war noch keine vierzig, als sie starb«, sagt Fred leise und deutet mit einer vagen Bewegung hinüber zu der Ecke, in der Susanne begraben liegt.

Zu seiner Überraschung mustert ihn die Rothaarige plötzlich mit aufmerksamem Blick.

»Sagen Sie mal, sind Sie nicht ...« Mit gerunzelter Stirn sucht sie nach seinem Namen. Und als der ihr nicht einfällt, murmelt sie: »Na dieser Journalist von früher. Der mit dem unappetitlichen Artikel. Das sind Sie doch, oder?«

Fred schluckt tapfer die Beleidigung herunter und nickt bescheiden.

»Fred Hübner.« Er klemmt sich die Palette unter den linken Arm und streckt der Frau die freie Hand entgegen. Und nach ihr der zweiten. Anna heißt mit Nachnamen Lebert und die andere stellt sich als Barbara August vor.

»Genau. Fred Hübner. Sag ich doch.« Die Stimme der Rothaarigen klingt triumphierend, als sei ihr der Name von allein eingefallen. »Und? Sind Sie wieder mit so einer schmutzigen Geschichte beschäftigt?«

Fred schüttelt den Kopf und lässt den Blick über den Friedhof schweifen, als sei er tief in Gedanken.

»Nein, eigentlich nicht. Obwohl mir die Sache mit der jungen Frau, die man im Watt gefunden hat, schon nahegeht. Sie hat nämlich in meiner Wohnung gewohnt, müssen Sie wissen.«

»Die in dem Hochzeitskleid?«, fragt neugierig die weißhaarige Frau. Ihre Augen blicken plötzlich sehr wach, und sie scheint die Erinnerung an ihren kürzlich verstorbenen Mann verdrängt zu haben.

»Genau die. Aber woher wissen Sie, dass es ein Hochzeitskleid war? In der Presse stand doch nur etwas von einem weißen Gewand. Oder täusche ich mich?«

»Tatsächlich?« Irritiert blickt Anna Lebert ihre Begleiterin an. »Stimmt das, Barbara? Stand da nicht Hochzeitskleid?«

Unwirsch zuckt die Rothaarige mit den Schultern. »Weiß ich nicht. Aber was soll die Arme schon mit einem Hochzeitskleid im Watt gewollt haben? Wir sind übrigens angekommen.« Sie bleibt mit einem Ruck neben einem schlichten Holzkreuz stehen, auf dem in verblassenden Buchstaben der Name *Lothar August* eingraviert ist. Mit einer knappen Geste weist sie auf das Kreuz. »Mein Mann.« Es wirkt, als wolle sie eine Person aus Fleisch und Blut vorstellen. Dabei ist ihr Ehemann schon seit mehr als fünfzehn Jahren tot, wie Fred mit einem Blick aufs Sterbedatum feststellt.

Er stellt die Palette mit den Blumen neben dem Grab ab und bemüht sich, zügig auf das eigentliche Thema der Unterhaltung zurückzukommen.

»Ist schon komisch, dass jetzt wieder eine junge Frau im Watt ertrinkt.«

»Warum? War da noch eine?«, fragt Barbara August. Dann geht sie in die Hocke und beginnt, die Blumen auf dem Grab anzuordnen. Sie hat Schwierigkeiten, überhaupt noch einen freien Platz zu finden, so dicht ist das schmale Geviert bereits bepflanzt.

»Ja, weißt du denn das nicht mehr?«, wird sie von Anna Lebert unterbrochen. Die alte Frau richtet sich jetzt etwas auf und wirkt mit einem Mal viel weniger gebrechlich. Ihre Augen huschen flink hin und her, während sie sich erinnert. »Deswegen habe ich eben auch gleich an ein Brautkleid gedacht. Jetzt fällt's mir wieder ein.« Sie macht eine Pause und schüttelt verwundert den Kopf. »Dass ich da nicht gleich drauf gekommen bin. Aber das muss auch schon ewig her sein. Die tote Braut im Watt. Ich glaube, wir hatten gerade unsere Kinder bekommen, als das passiert ist. Aber wir haben wochenlang über nichts anderes geredet. Das kannst du unmöglich vergessen haben.«

Eindringlich mustert sie ihre Begleiterin.

»Warte mal«, sagt diese jetzt. »Doch, ich erinnere mich. Und hör mal, war das nicht die kleine Schwester vom Klaas Menken, die man damals gefunden hat? Wie hieß sie noch mal? Maria, glaube ich. Oder Martha? Nein, das war irgend so ein moderner Name. Jetzt hab ich's: Martina. Und die war ja noch nicht mal verlobt. Wir haben uns alle gefragt, wo sie wohl das Brautkleid herhatte.«

»Genau«, nickt eifrig die andere. Dann kichert sie leise. »Wir haben uns ganz schön die Mäuler zerrissen. Die ist doch nicht zufällig ertrunken. Das war ein Selbstmord. Sie wird schon gewusst haben, warum. Sie ist dann ja auch nicht aufer Insel begraben worden.«

»Wir dachten damals, sie wäre schwanger«, erinnert sich jetzt Barbara August. Sie runzelt die Stirn, als sie sich hochstemmt und stöhnend ihr Kreuz reibt. »Aber der Klaas, der hat ja geschwiegen wie ein Grab. Vielleicht hat er auch nichts gewusst«, fügt sie schließlich an.

»Klaas Menken? So heißt der Bruder der Toten im Brautkleid?«, erkundigt sich Fred Hübner interessiert.

»Hieß«, wird er von Barbara August berichtigt. »Er ist ja nun auch hinüber. Furchtbare Geschichte, die Sache mit dem Fenster.«

»Welches Fenster denn jetzt wieder? Was ist da passiert?«, fragt Fred.

»Hat gerade erst in der Zeitung gestanden«, klärt ihn Anna Lebert auf. »Er ist aus dem Fenster gefallen. Aber nich von selbst. Da hat jemand kräftig nachgeholfen.«

»Und ausgerechnet der alte Doktor aus Rantum hat ihn gefunden«, fällt Barbara August ein. »Wie heißt denn der noch gleich wieder? Himmel, mein Gedächtnis wird auch immer schlechter. Hilf mir doch mal, Anna. Die waren damals unzertrennlich, die beiden.«

»Jochen«, verkündet die andere triumphierend. Ihre Augen leuchten, und das Gesicht hat richtig Farbe bekommen. Das Gespräch scheint der reinste Jungbrunnen für die beiden alten Frauen zu sein. »Jochen ... Jochen ... aber wie jetzt weiter?«, überlegt sie. »Warte mal, gleich hab ich auch den Nachnamen.« Sie kneift die Augen zusammen und zieht das Gesicht zu einer komischen Grimasse. Niemand sagt ein

Wort, bis sie schließlich ausruft: »Stürmer. Das ist es. Jochen Stürmer heißt er.«

»Vielleicht liegt ein Fluch über den Menkens«, mutmaßt Barbara August lüstern. »Was meinst du, Anna? Ist der Alte nicht schon vor Ewigkeiten von seiner Frau verlassen worden? Und die Tochter taugt ja sowieso nichts.«

»Die hat doch diesen Bademeister geheiratet«, stimmt die andere begeistert ein. Keine merkt, dass Fred Hübner sich klammheimlich davonmacht. Die Namen *Jochen Stürmer* und *Klaas Menken* murmelt er leise vor sich hin.

Samstag, 7. Oktober, 10.52 Uhr, Kriminalkommissariat Westerland

Jonas Kurland sitzt kerzengerade auf dem Vernehmungsstuhl. Am liebsten würde Bastian ihn in den Magen boxen, damit er endlich einknickt und ihnen die Wahrheit erzählt. Aber irgendwie findet er den Dreh nicht, um den verstockten Schüler zum Sprechen zu bringen. Noch nicht. Doch dann macht sich plötzlich eine SMS akustisch bemerkbar, und Bastian pfeift kräftig durch die Zähne.

»Na also«, murmelt er nach einem kurzen Blick aufs Display triumphierend, obwohl die SMS gar nichts mit dem Fall zu tun hat. Unverhohlen grinst er Jonas Kurland an.

»Das war's jetzt für dich, Kumpel. Entweder du packst freiwillig aus, oder wir nehmen dich in Beugehaft. Alles, was wir dafür brauchen, wissen wir inzwischen.«

»Gar nichts wisst ihr«, antwortet der junge Mann verstockt.

Bastian lehnt sich zurück, hebt die Arme und faltet die

Hände hinter dem Kopf. Es bleibt ihm wenig anderes übrig, als zu bluffen.

»Jenny wollte euch die weiße Braut zuführen«, erklärt der Kommissar langsam. »Du hast nichts davon geahnt, sie hat nur eine Überraschung angekündigt. Aber dann ist alles außer Kontrolle geraten. Jenny ist durchgedreht und weggelaufen. Und mit den beiden Reiterinnen hattest du nicht gerechnet.«

»Wieso zwei? Bei uns war nur eine«, entfährt es Jonas.

Bastian schweigt und sieht ihn herausfordernd an. *Dumm gelaufen*, sagt sein Blick, *jetzt bist du mir in die Falle getappt*. Doch er reißt sich zusammen und hält die Stimme ruhig.

»Eine hast du also zumindest gesehen?«

Jonas Kurland seufzt. Es hört sich nicht unbedingt resigniert an, eher ungeduldig.

»Und wenn schon«, nuschelt er. »Da kam diese Tussi im Brautkleid. Keine Ahnung, was die Aufmachung sollte. Sie ist wie eine Irre geritten, wahnsinnig schnell, und dabei hat sie gezappelt, dass es schon fast nicht mehr zum Aushalten war. Das habe ich nur aus den Augenwinkeln beobachtet, ich war ja mit den Bräuten Satans beschäftigt. Aber dann rannte Jenny plötzlich weg, und fast gleichzeitig sah ich, wie diese komische Reiterin vom Pferd fiel und liegen blieb. Kann sogar sein, dass da noch eine zweite war, aber die muss ziemlich schnell abgehauen sein.«

Er schweigt und wirkt plötzlich ratlos. Und sehr jung.

»Ja, weiter«, fordert ihn der Kommissar auf. »Was hast du dann gemacht? Oder besser: Was habt ihr dann gemacht?«

»Na, was wohl?«, antwortet Jonas Kurland pampig. »Wir sind hingelaufen. Alle zusammen. Und als wir da waren, lag diese Frau in einem Brautkleid am Boden und zuckte.« Er stockt und wischt sich den Schweiß von der Stirn, obwohl es in dem Vernehmungsraum alles andere als warm ist. »Und dann hat eins von den Mädchen geflüstert: ›Das ist sie.‹ ›Wer?‹, hab ich gefragt. Gleichzeitig wusste ich aber schon genau, was sie meint.«

»Ich wüsste es auch gern. Vielleicht klärst du mich auf«, verlangt Bastian trocken.

»Na, die Verzückung. Die Tante da am Boden war eindeutig nicht mehr bei sich. Sie hatte genau den Zustand erreicht, nach dem wir uns immer gesehnt haben. Die Augen waren verdreht, und sie war auf eine merkwürdige Art entrückt. Endlich war mal jemand in Ekstase geraten. In wirkliche Ekstase. Wir haben ja immer nur gerufen und geheult und gejammert, wir haben uns angestrengt, und nichts ist geschehen. Die Mädchen waren schon kurz davor, vom Glauben abzufallen. Sie guckten mich immer öfter so komisch an, da wusste ich dann, das geht nicht mehr lange ...«

Atemlos unterbricht sich Jonas Kurland. Sein Gesicht ist so verschwitzt, dass Bastian sich fast darin spiegeln könnte. Wortlos reicht der Kommissar dem jungen Mann ein Papiertaschentuch. Während Jonas sich das Gesicht abwischt, fragt Bastian leise:

»Und warum warst du überhaupt so scharf darauf, mit dem Teufel in Kontakt zu kommen? Ich meine, du bist jung, du siehst gut aus, du hättest doch ein ganz normales Leben haben können.«

Verächtlich schnaubt Jonas durch die Nase.

»Normales Leben, dass ich nicht lache. Das ist doch alles Bockmist hier. Erst quälst du dich durch diese blöde Schule, und hinterher machst du irgendwo eine Ausbildung, die dich einen Scheißdreck interessiert und bei der dir wieder nur irgendein Arsch sagt, was du zu tun und zu lassen hast. Und dann darfst du vierzig Jahre lang immer das Gleiche machen und musst noch froh sein, wenn sie dich nicht vorher auf die Straße setzen. Also ich frag Sie jetzt mal ganz im Ernst: Was soll daran erstrebenswert sein?«

»Man kann sich auch was suchen, was einen wirklich interessiert«, antwortet Bastian trocken.

»Ach ja? Haben Sie vielleicht schon als Schüler davon geträumt, in so einer vermieften Bude wie dieser hier zu hocken und picklige Pennäler zu ihrer Freizeitbeschäftigung zu befragen?«

»Erstens bist du nicht picklig, und zweitens willst du mir doch jetzt nicht ernsthaft weismachen, dass Teufelsanbetung eine *Freizeitbeschäftigung* ist.«

»Warum nicht?«, kontert Jonas Kurland cool. »Ich hab jedenfalls bisher noch keine bessere Methode gefunden, um die heißesten Bräute abzuschleppen. Die finden das echt crazy, wenn einer behauptet, er sei ein Kumpel Satans. Da stehen die voll drauf, wirklich.«

»Na toll.« Bastian Kreuzer schüttelt sich, als müsse er die unerfreuliche Vorstellung abwerfen. »Lass uns mal zurück zu der Braut am Boden kommen. Sie krampft und zittert, sie kämpft um ihr Leben, und dann kommt ihr und seht sie plötzlich still und starr vor euch liegen. Und du willst mir hier allen Ernstes weismachen, dass ihr geglaubt habt, sie sei in Ekstase.«

»Ich will Ihnen gar nichts weismachen«, antwortet Jonas Kurland beleidigt. »Sie können ja die Mädchen fragen, wenn Sie mir nicht glauben. Wozu haben sie die sonst alle hergeholt?«

Bastian ignoriert die Frage.

»Denkst du immer noch, dass ihr mit dieser billigen Nummer durchkommt, einfach alles zu leugnen? Immerhin ist eine junge Frau gestorben, die ihr vielleicht hättet retten können.«

»Mir doch egal.«

Das Flackern in Kurlands Blick zeigt deutlich, dass er lügt. Bastian spürt genau, dass vor ihm längst kein selbstherrlicher Jugendlicher mehr sitzt, sondern ein zutiefst verunsicherter Junge, der am liebsten nach seiner Mami rufen würde.

»Was sagen eigentlich deine Eltern zu diesem ganzen Teufelszeug und den nächtlichen Aktionen?«, erkundigt sich der Kommissar wie beiläufig.

Jonas Kurland verdreht die Augen, um zu signalisieren, für wie blöd er die Frage hält. Trotzdem braucht er eine ganze Weile, bis er antwortet.

»Mein Dad ist tot. Schon lange. War ein Betriebsunfall. Die Kollegen hatten das Baugerüst nicht ordentlich gesichert, und dann ist er eben runtergefallen. Keine große Sache. Hat auch weiter kein Hahn nach gekräht. So was passiert halt in unserer Scheißwelt. Hinterher gibt's einen Blumenstrauß vom Firmenchef am Grab und eine lächerliche Rentenzahlung für die arme Witwe. Dass die sich anschließend zu Tode säuft, ist den Bossen doch egal.«

»Deine Mutter lebt aber noch. Wir haben dich vorher ja bei ihr abgeholt«, wirft Bastian ein.

»Na, und wenn schon. Sie hat's eben noch nicht ganz geschafft. Sie war noch nie gut darin, die Dinge auch wirklich durchzuziehen, die sie sich vorgenommen hat.«

Bastian schluckt. Natürlich hat er immer wieder mal von der Null-Bock-Generation gehört. Aber dass die Youngsters derart zynisch sein können, hätte er nicht erwartet. Der Tonfall, in dem er seine nächste Frage stellt, fällt erheblich schärfer aus als geplant.

»Zurück zu Tess Andres. Was ist passiert, nachdem ihr sie lange genug angestarrt habt?«

»Sie sind sauer wegen dem Ohr, das ist mir schon klar«, platzt es aus Jonas Kurland heraus. »Aber ich schwöre Ihnen, als wir das abgeschnitten haben, war sie längst tot.«

»Na toll. Du erzählst mir hier in aller Ruhe, dass ihr tatenlos zugesehen habt, wie eine junge Frau stirbt, um ihr hinterher ein Ohr abzuschneiden. Das kann doch nicht wahr sein! Und diesen zynischen Blick von dir da eben, den will ich echt nicht gesehen haben. Ist das klar?«

Jonas nickt. Dann sagt er kleinlaut: »Ich musste den Mädchen doch was bieten. Die waren kurz davor, in totale Panik zu geraten, Mann. Und da hab ich mich eben auf die Kräfte besonnen, die jede Kreatur beim Sterben entfaltet. Das ist voll krass, wirklich, was da abgeht. Da wird eine ungeheure Energie freigesetzt. Und wenn so eine Schwingung erst mal im Raum ist, dann kannst du dich da echt nicht gegen wehren.«

»Schwingung, aha. Und wer von euch Helden hat Tess Andres das Ohr abgeschnitten?«

»Ich war's. Die Mädchen haben sich nicht getraut. Sind eben doch alles Memmen, wenn's drauf ankommt.«

»Vielleicht haben sie sich aber auch nur einen letzten Rest von Anstand bewahrt«, schlägt Bastian Kreuzer lakonisch vor. »Was habt ihr eigentlich mit dem Ohr angestellt, nachdem ihr's abgeschnitten habt?«

»Na ja. Wir haben es beschworen. Wir haben die Hände draufgelegt, damit die Kraft auf uns übergeht. Hat aber irgendwie alles nicht funktioniert. Es kam auch kaum Blut raus. Die Mädchen haben trotzdem Schiss bekommen. Haben immer wieder zu der Toten rübergeschielt, bis ich's schließlich nicht mehr ausgehalten habe.«

»Du hast sie im Watt entsorgt?«

Jonas Kurland nickt und murmelt: »Das war gar nicht so einfach. Aber wir hatten nun mal ihr Ohr abgeschnitten und das sollte möglichst nicht auffallen. Und zum Glück setzte die Ebbe gerade ein. Ich habe sie also zu einem Priel geschleppt und hineingeworfen. Der Sog hat sie gleich weggeschwemmt. Ich dachte mir, dass die Fische dann ein bisschen an ihr herumknabbern und das mit dem Ohr nicht rauskommt.«

»Und warum habt ihr das Ohr nicht gründlicher verschwinden lassen, wenn du dir mit der Toten schon solche Mühe gegeben hast? Wir haben das Ohr nämlich ganz in der Nähe von eurer Feuerstelle in der Heide gefunden.«

»Das war eine blöde Panne. Die Mädchen haben sich gegruselt, während ich im Watt war und haben das Ohr nicht mehr sehen wollen. Hinterher haben sie mir gesagt, es hat sich bewegt. Was natürlich Blödsinn ist.«

»Natürlich«, echot Bastian mit tonloser Stimme.

»Na ja, ist ja auch egal. Jedenfalls haben sie das Teil vor lauter Schreck einfach fallen lassen. Ich habe natürlich getobt, aber im Dunkeln haben wir es dann einfach nicht mehr gefunden.«

»Die Tote im Wasser entsorgt und ihr Ohr in die Landschaft geschmissen. Und das ohne alle Skrupel?« Bastian Kreuzers Stimme klingt jetzt aufrichtig schockiert.

»Ohne alle Skrupel«, antwortet Jonas Kurland und richtet sich in seinem Stuhl auf. Mit erstaunlich großer Überzeugung in der Stimme erklärt er: »Sie war schließlich tot und ihre Seele längst bei Satan.«

Samstag, 7. Oktober, 11.44 Uhr, Möwenweg, Rantum

Als es an der Tür klingelt, fährt Jochen Stürmer zusammen. Er erwartet keinen Besuch, und er will auch niemanden empfangen. Aber das Klingeln hört nicht auf. Immer wieder wird draußen auf den Knopf gedrückt. Immer wieder hallt der Dreitongong durch Stürmers Wohnung und richtet in seinem Kopf ein Inferno an.

Was wäre, wenn die Polizei unten stünde? Vielleicht suchen sie längst nach Klaas Menkens Testament und sind jetzt völlig zu Recht auf ihn gekommen.

Mit vorsichtigen Schritten schleicht Jochen Stürmer durch die Wohnung in der ersten Etage eines Mehrfamilienhauses bis zu dem kleinen Balkon, der zur Straße hinausgeht. Wer vor dem Eingang steht, kann er nicht sehen, denn das vorgezogene Dach verbirgt jeden Ankommenden. Aber dass auf der Straße kein Polizeiwagen parkt und auch sonst kein Gefährt, das dort nicht hingehört, beruhigt ihn. Langsam geht er in die Diele und nimmt sich vor, zu öffnen, falls noch ein weiteres Mal geklingelt werden sollte. Prompt geht der Gong. Jochen Stürmer atmet tief durch und drückt dann ohne weiter nachzudenken auf den Türöffner. Vorsichtig horcht er ins Treppenhaus.

Die Schritte auf der Treppe klingen müde, ein Umstand, der Stürmer frische Kraft gibt. Doch als er die Tür öffnet und sieht, wer da plötzlich vor ihm steht, verschwindet die Kraft ebenso schnell, wie sie gekommen ist, und lässt eine unangenehme Lähmung zurück. Für Sekunden ist Jochen Stürmer unfähig, die Frau zu begrüßen. Sie wirkt unsicher, fast schüchtern, strahlt aber gleichzeitig eine beängstigende Entschiedenheit aus. Mit durchgedrückten Schultern und hochgerecktem Kinn stellt sie sich vor.

»Moin, moin. Ich bin Andrea Töpfer, die Tochter von Klaas Menken. Die Polizei hat mir gesagt, dass Sie es waren, der meinen toten Vater gefunden hat.«

Jochen Stürmer nickt stumm und bittet sie mit einer Geste in seine Wohnung. Die Erleichterung verschlägt ihm kurzzeitig die Sprache.

»Mein Beileid, erst einmal«, setzt er an, geht voran ins Wohnzimmer und deutet auf die Sofaecke. »Sie wollen sicher etwas über die letzten Stunden Ihres Vaters erfahren.«

»Das auch«, murmelt Andrea Töpfer und lässt sich auf einen Sessel fallen. Jochen Stürmer mustert die schäbige Hose und die abgelaufenen Schuhe, die sie trägt, und muss an eine Bemerkung Klaas Menkens denken, die ihm von jenem letzten Nachmittag in Erinnerung geblieben ist. *Inzwischen ist es mir vollkommen egal, was aus Andrea wird. Sie hat ihr Leben in den Sand gesetzt, und dafür ist nur sie selbst verantwortlich.* Unwillkürlich wandern Jochen Stürmers Augen hinüber zu dem Fernsehschrank in der Ecke, wo Klaas Menkens Testament in der Spalte zwischen Apparat und Regalboden versteckt ist.

Wenn Andrea Töpfer wüsste ...

Aber Andrea Töpfer scheint an anderen Dingen Interesse zu haben.

»Die Polizei hat gesagt, dass Sie meinen Vater schon lange kennen«, beginnt sie zögernd.

»Wir sind zusammen zur Schule gegangen.«

»Auch aufs Gymnasium?«

Jochen Stürmer nickt. Was soll das werden? Eine Lebensbeichte? Es gefällt ihm nicht, wie Klaas Menkens Tochter ihn plötzlich mustert. Neugierig. Distanzlos. Immer wieder lässt sie die Augen über sein Gesicht, seine Statur gleiten. Schließlich kramt sie ein Schwarz-Weiß-Foto aus ihrer Tasche. Das Bild ist alt und an den Kanten beschädigt, aber trotzdem weiß Stürmer sofort, in welcher Situation es aufgenommen worden ist. Er hört das helle Lachen Martinas ebenso deutlich wie Klaas' tiefe Stimme, die immer wieder mahnte: *Jetzt reißt euch endlich mal zusammen, Kinners, und haltet für den armen Fotografen still. Der Holger ist doch so stolz auf seine neue Kamera, da wolln wir ihm auch ein gutes Foto liefern.*

Und da stehen sie jetzt alle drei, lachend vereint. So viel Zeit ist inzwischen vergangen, so viel ist geschehen, Gutes und Schlechtes. So viele Menschen sind gestorben und haben ihre Erinnerungen, ihre Träume, Wünsche und Gedanken mit sich genommen. So viel Unausgesprochenes, Ungebeichtetes, Unvergebenes, Ungelebtes. Martina ist schon so lange tot, und jetzt gibt es auch Klaas nicht mehr. Nur noch er selbst treibt sich hier auf diesem komischen Planeten herum, geht die alten Wege, sieht Meer und Watt, Ebbe und Flut, Sonne und Regen, Sommer und Winter. Spürt Kälte und Wärme, Freude und Schmerz. Aber wie lange noch? Und lohnt sich das Warten auf diesen Tod, der doch unweigerlich kommen wird, überhaupt? Sollte man den Weg nicht abkürzen, sich Krankheit und Siechtum ersparen – und manches andere vielleicht auch?

Ein plötzliches Geräusch reißt Jochen Stürmer aus seinen Erinnerungen. Es ist eine Mischung aus Räuspern und Husten, ganz offensichtlich ausgestoßen, um ihn zurück in die Gegenwart zu holen. Himmel, wie lange ist er eigentlich abgelenkt gewesen?

»Entschuldigen Sie bitte«, murmelt er zu Klaas' Tochter hinüber, die so wenig von dem Charme geerbt hat, den ihr Vater als junger Mann ausgestrahlt hat. »Aber das war jetzt gerade ein bisschen viel für mich, denn ich habe dieses Foto noch nie gesehen, und es erinnert mich an glückliche Zeiten.«

»Wer ist denn die junge Frau zwischen Ihnen und meinem Vater?«, fragt Andrea Töpfer und in ihrer Stimme liegt mehr als die Neugier einer Tochter auf das Vorleben ihres Vaters.

Oder täuscht der Eindruck? Jochen Stürmer bemüht sich angestrengt, in der Miene von Andrea Töpfer zu lesen. Aber außer einer tiefen Verbitterung, die sich aus jahrelanger Benachteiligung speist, kann er nichts erkennen.

»Das wissen Sie nicht?«, fragt er tonlos.

Stumm schüttelt Klaas Menkens Tochter den Kopf.

Samstag, 7. Oktober, 12.07 Uhr, Kriminalkommissariat Westerland

Oberkommissar Sven Winterberg steht am geöffneten Fenster. Sein Blick wandert über die ruhige Straße vor dem Kommissariat bis hinüber zum Bahnhof und dann weiter zu den mächtigen Bauten des Kurhaus-Komplexes, die das Bild Westerlands seit den sechziger Jahren des letzten Jahrhunderts prägen. Klobige Riesen, die die Silhouette der Stadt dominieren und in deren Mauern im letzten Jahr ein grässliches Verbrechen geschehen ist.

Wie anders ist doch der Blick nach Norden, wo nur Ein- und Zweifamilienhäuser und allenfalls niedrige Siedlungsbauten den Horizont verstellen. Der Kommissar seufzt und denkt an Anja und Mette, denen wahrscheinlich wieder einmal ein Wochenende ohne seine Unterstützung bevorsteht. Bastian hat gerade ziemlich unmissverständlich erklärt, dass er beabsichtigt, die Ermittlungen zu intensivieren. Es war unschwer zu erraten, dass ihm das für zwölf Uhr anberaumte Telefonat mit der Flensburger Staatsanwältin, das gerade einmal drei Minuten gedauert hat, noch gewaltig in den Knochen steckte.

Während Sven unkonzentriert beobachtet, wie der Herbstwind einem Passanten die Kappe vom Kopf reißt und sie trudelnd über die Straße treibt, hört er Bastians energische Stimme hinter sich fluchen.

»Und wenn ich bis zum Montagmorgen ohne jede Pause durcharbeiten muss – und ihr beide auch –, wir werden diesen vermurksten Fall jetzt lösen. Ich lasse mich doch nicht von der blöden Bispingen am Nasenring durchs Präsidium führen. *Wenn wir geahnt hätten, dass Sie noch nicht einmal fähig sind, einen simplen Mord an einem wehrlosen Rentner zeitnah aufzuklären ...*«, er ahmt in gehässigem Tonfall ihre Stimme nach, »*... dann hätten wir ja auch gleich einen Streifenpolizisten zum Dienststellenleiter ernennen können*. Ja, Sie mich auch, Frau Staatsanwältin. Und vielen herzlichen Dank für das enorme Vertrauen, das Sie immer wieder in mich setzen.«

Donnernd kracht Bastian Kreuzers Faust auf eine Schreibtischplatte und lässt Sven Winterberg zusammenfahren. Langsam wendet er sich zu seinen beiden Kollegen um.

»Ich glaube, da draußen braut sich ein Sturm zusammen. Der Himmel wird immer dunkler, und der Wind hat schon ordentlich zugelegt.«

»Na dann passt sich wenigstens das Wetter meiner Laune an«, kontert Bastian. Missmutig wirft er sich auf seinen Stuhl, stützt beide Ellenbogen auf den Schreibtisch, verschränkt die Hände und legt das Kinn darauf. Seine Augen blicken aufmerksam von Sven zu Silja und wieder zurück.

»Ich hab Hunger«, meldet sich Silja und schließt auch gleich einen Vorschlag an. »Wie wäre es, wenn wir zu *Toni* gehen und unser Brainstorming dort machen. Während wir aufs Essen warten.«

Sven liegt bereits eine zustimmende Bemerkung auf der Zunge, doch das entschiedene »Nein« Bastians hindert ihn daran, sie auszusprechen. Irritiert schaut er seinen Freund und Vorgesetzten an und fragt:

»Sag mal, bist du krank? Du bist doch sonst immer für geregelte Mahlzeiten zu haben.«

»Mir ist der Appetit vergangen«, murrt der Hauptkommissar. »Diese Bispingen ist mir echt auf den Magen geschlagen. Und außerdem ...«, er weist mit einer knappen Gebärde zum Fenster hinaus, »... bewahrheitet sich gerade deine Prognose.«

Svens Blick folgt seiner Geste. Pladdernd fallen die ersten Tropfen vom Himmel, ein Windstoß lässt die offenen Fensterflügel knallen, und ein Blitz geht über der Nordsee hinter dem Kurhauskomplex nieder. Sven springt auf und schließt das Fenster.

»Okay, dann bleiben wir eben hier, schieben Hunger und zermartern uns die Hirne.«

»Und der Makler?«, will Silja wissen. »Eigentlich wollten wir den heute Vormittag auch noch befragen.«

Bastian stöhnt. »Das ist ja hier die reinste Destruktionspolitik. Wahrscheinlich liegt die Bispingen gar nicht so falsch. Man könnte wirklich denken, wir sind irgend so eine beliebige Gurkentruppe, die rein zufällig mit einem Mordfall konfrontiert ist.«

»Ich glaub ja auch nicht, dass René Gerkrath etwas mit dem Mord zu tun hat, aber mir geht die Wohnung einfach nicht aus dem Kopf«, bekennt Silja kleinlaut.

»Und *Toni* wäre immerhin gleich um die Ecke vom Maklerbüro gewesen. Verstehe«, grinst Bastian. »Ich hab mich schon gewundert, warum ausgerechnet du plötzlich Hunger kriegst.«

Silja schweigt und schlägt die Augen nieder. Bastian mustert sie aufmerksam, dann seufzt er kurz, lehnt sich zurück und legt den Kopf mit geschlossenen Augen in den Nacken.

Sven blickt einige Male von Silja zu Bastian und wieder zurück. Ihm wird klar, dass sich gerade etwas sehr Wichtiges zwischen den beiden entscheidet. In den kommenden Sekunden wägen beide die Zukunft ihrer Beziehung ab. Die Ernsthaftigkeit, mit der sie dabei sind. Das Risiko, das sie eingehen wollen. Und die Vorstellung, die sie von einem gemeinsamen Leben haben.

Als Bastian wenig später das Wort ergreift, bestätigt sich Svens Ahnung. Der Hauptkommissar redet entschieden und mit einer Stimme, die fast amtlich klingt.

»Okay Silja. Wenn dir das so wichtig ist, dann ist es das für mich auch. Wir versuchen's! Fahr zu dem Typen und sag ihm, dass wir die Wohnung nehmen. Mach es am besten gleich, damit nichts mehr dazwischenkommt. Sven und ich halten hier die Stellung. Wir werden unsere kleinen grauen Zellen solange ausquetschen, bis wir entweder irgendein vernünftiges System in die ganze mysteriöse Chose gebracht haben oder bis unsere Hirne kollabieren. Wenn du zurück bist, wirst du ja sehen, wie's ausgegangen ist. Und wer weiß, vielleicht geht dir ja *by the way* auch noch der Mörder in die Falle.«

Silja nickt. Ihre Kopfbewegung ist kaum wahrzunehmen, und sie hebt auch nicht den Blick. Erst als Sven genauer hinsieht, bemerkt er, dass sie lächelt. Also singt er leise: *»Der Mörder ist immer der Makler, und der schlägt erbarmungslos zu.«* Als keine Reaktion kommt, redet Sven einfach in die Stille hinein. »Und wenn du den Makler überführt hast, Silja, dann könnt ihr wahrscheinlich sogar die Provision sparen. Das wär doch was.«

Silja nickt erleichtert und wirft Sven einen dankbaren Blick zu. Dann steht sie auf, geht die paar Schritte zu Bastians Schreibtisch hinüber, küsst den Kommissar auf den Mund und murmelt ihm ein paar Worte ins Ohr, die Sven nicht verstehen kann. Anschließend eilt sie aus dem Raum.

Samstag, 7. Oktober, 12.10 Uhr, Fischerweg, Westerland

Der Regen beginnt ohne Vorwarnung. Eben war es noch windig, aber trocken, und nur die düsteren Wolken ließen Schlimmes ahnen. Doch von einer Sekunde auf die nächste fällt das Wasser in dichten Schauern vom Himmel, und es braucht keine zwei Minuten, bis Fred Hübner vollkommen durchnässt ist. Das Shirt klebt am Körper, die Hose an den Schenkeln und Freds helle Lederhandschuhe färben sich dunkel vom Wasser. Sogar in den eng sitzenden Schuhen wird es feucht. Immerhin haben die starken Windböen mit Einsetzen des Regens abgenommen, so dass er jetzt auf seinem Rennrad schneller vorankommt. An ein Unterstellen ist nicht zu denken, denn nachdem er gerade den Campingplatz, der sich am südlichen Ortsausgang von

Westerland befindet, hinter sich gelassen hat, umgeben nur noch Gräser, Dünen und Heidelandschaft den schmalen Weg. Auf der parallel dazu laufenden Rantumer Straße werfen die vorbeirauschenden Autos ihre spritzenden Schleier wie Gazemäntel über die Randbepflanzung.

Fred weiß aus langjähriger Erfahrung, wenn man erst einmal komplett durchnässt ist, dann kann das Radfahren im Regen sogar ein ganz besonderes Vergnügen sein. Es ist, als schirmten einen die Wassermassen von jedem anderen Umweltreiz ab, als befinde man sich völlig allein in diesem Kokon aus Wasser und Geschwindigkeit. Das Geräusch des fallenden Regens umgibt einen so intensiv, dass man bald nichts anderes mehr wahrnimmt. Kein Tier, keinen Menschen, kein Auto und auch keine anderen Geräusche. Das strömende Wasser übernimmt die Herrschaft über Mensch und Natur. Nur die gelegentlichen Blitze des einsetzenden Gewitters dringen zu Fred durch, und die dazugehörenden Donnerschläge unterbrechen seine Überlegungen.

Der Journalist ist unterwegs zu Jochen Stürmer in Rantum. Und kein Regen dieser Welt wird ihn davon abhalten, sein Ziel möglichst schnell zu erreichen. Es hat nicht lange gedauert, bis er im Internet alles über den Tod Klaas Menkens erfahren hat. Und über Jochen Stürmers Rolle dabei. Und jetzt ist er sich ziemlich sicher, dass er diesem Arzt eine wirklich unglaubliche Geschichte über Klaas Menken und Tess Andres erzählen kann. Und wenn er Glück hat, kann der Alte sogar noch ein paar saftige Details beisteuern. Und dann ist die ideale Enthüllungsstory geboren, die in diesen dunkler werdenden Monaten die Aufmerksamkeit der Leser fesseln wird. Kein Sylter Blatt wird sich diese Geschichte entgehen lassen wollen, und wenn Fred die Chefredakteure geschickt gegeneinander ausspielt, dann dürfte ein stattliches Honorar für ihn herausspringen.

Denn der Clou des Ganzen ist doch: Klaas Menken und Tess Andres, die beiden Toten der letzten Woche, haben sich vielleicht nicht einmal gekannt. Aber sie waren blutsverwandt, davon ist Fred Hübner inzwischen fest überzeugt. Wenn er die Informationen aus dem alten Tagebuch, das er in seiner Wohnung gefunden hat, mit den Details zusammenbringt, die ihm die beiden Frauen auf dem Friedhof verraten haben, dann gibt es nur diese eine Schlussfolgerung.

Klaas Menken war der Großonkel von Tess Andres. Ihre Mutter muss die Tochter der so unglücklich aus dem Leben geschiedenen Schwester des alten Menken gewesen sein. Wie sonst wäre es zu erklären, dass Tess in den Besitz des Tagebuchs gekommen ist und dass sie es persönlich so betroffen gemacht hat, dass sie der Schwester Klaas Menkens quasi nachgestorben ist. Gleicher Ort, gleiches Datum, gleiche Kleidung. Martina Menken muss die Großmutter von Tess Andres gewesen sein, und Tess hat es gewusst.

Nur ein einziges Rätsel muss noch geklärt werden. Wer war der Vater von Martina Menkens unehelichem Kind? Eine Frage, die nach so vielen Jahren kaum noch zu beantworten sein wird. Jedenfalls nicht auf den Weg durch die Behörden, denn damals war es üblich, gerade bei zur Adoption freigegebenen Kindern die Vaterschaft zu verschweigen. Höchstens ein Zeitzeuge könnte helfen, Licht ins Dunkle zu bringen. Und dieser Zeitzeuge ist vielleicht gerade Jochen Stürmer, der Jugendfreund von Klaas und Martina Menken.

Samstag, 7. Oktober, 12.11 Uhr, Möwenweg, Rantum

Als Jochen Stürmer die Klapptüren eines halbhohen Schranks öffnet, hinter denen sich ein alter Röhrenfernseher verbirgt, versteht Andrea Töpfer gar nichts mehr. Warum antwortet dieser kauzige Freund ihres Vaters plötzlich nicht mehr auf ihre Fragen und starrt sie stattdessen nur noch so mitleidig an?

Und jetzt diese Aktion. Plötzlich geht er vor dem Apparat in die Knie und versucht, mit der Hand in den Spalt zwischen Apparat und Bodenplatte zu gelangen. Vergeblich. Ruckartig steht Stürmer auf und geht hinüber ins Nebenzimmer, wo er unvermittelt ein langes Messer mit verziertem Griff von seinem Schreibtisch nimmt. Er dreht sich um, und in seinen Augen liegt ein Ausdruck, der Andrea zutiefst verstört. Kälte, gemischt mit Ratlosigkeit und noch etwas anderem. Schadenfreude? Oder eher ein masochistisches Vergnügen? Andrea hat Schwierigkeiten, den Blick von diesen Augen zu lösen. Dieser Stürmer wird sie doch nicht angreifen? Sie spürt, wie ihr die Luft wegbleibt. Das Herz rast, der Puls steigt. Angst kriecht in ihr hoch, und sie verspannt sich.

Doch der Arzt scheint nichts davon zu bemerken. Er kehrt zu dem Fernsehschrank zurück, wo er mit dem Messer, das wahrscheinlich ein Brieföffner ist, wie Andrea jetzt erleichtert feststellt, in dem Schlitz herumstochert. Papier raschelt, und schließlich fällt ein dicker Brief zu Boden.

Andrea erkennt ihn sofort. Sie hätte es auch getan, wenn nicht die Handschrift ihres Vaters so deutlich zu sehen gewesen wäre. *Eigenhändiges Testament.*

Hier war das Schriftstück also versteckt. Wahrscheinlich hat der Vater sich an den alten Schulfreund erinnert und ihm als vertrauenswürdiger Person seinen Letzten Willen übergeben. Wenige Stunden vor seinem Tod. Ein ausgesprochen schlechtes Timing. Jedenfalls für sie. Andrea schluckt.

Inzwischen hat Jochen Stürmer den Brief aufgehoben. Unschlüssig steht der Arzt mitten im Raum und blickt Andrea zweifelnd an. Sie kann sich diesen Blick beim besten Willen nicht erklären. Fürchtet er, sie könnte das Testament hier vor seinen Augen vernichten, falls ihr der Inhalt nicht gefallen würde? Das würde sie nie wagen. Nicht jetzt, nachdem er das Schriftstück doch wahrscheinlich schon gelesen hat. Vielleicht weiß sogar die Polizei schon davon.

Andrea seufzt, dann streckt sie die Hand aus. Ihre Stimme klingt aggressiv. »Jetzt geben Sie schon her. Sie haben es ja sowieso schon aufgerissen. Ich weiß zufällig genau, dass der Brief eigentlich verschlossen war.«

Jochen Stürmer nickt stumm und reicht ihr den Umschlag. Dann fragt er leise: »Soll ich Sie allein lassen?«

»Ja. Warum nicht.«

Während der Arzt den Raum verlässt, fingert Andrea nervös den Inhalt aus dem Kuvert. Etliche eng beschriebene Seiten fallen ihr entgegen und außerdem eine, auf der nur wenig steht. Diese Seite liest sie zuerst.

Das wenige hat es in sich. Denn tatsächlich hat ihr alter Herr es gewagt, seiner einzigen Tochter nur den Pflichtteil zu vererben. Den Rest soll eine Nichte erben.

Andrea weiß genau, dass es keine Nichte gibt. Schließlich hat der Vater keine Geschwister gehabt. Und die Mutter auch nicht. Das war ungewöhnlich genug für die damalige Zeit. Welche Nichte also?

Irritiert beginnt Andrea die beigefügten Seiten zu lesen. Anfänglich hat sie Schwierigkeiten mit der Handschrift des Vaters, und sobald sie sich eingelesen hat, bekommt sie Schwierigkeiten mit dem Inhalt. Eine solche Räuberpistole hat sie ja noch nie gehört. Was für ein ausgemachter Blödsinn. Eine Schwester, die Selbstmord begangen hat und von der danach nie geredet wurde. Das ginge ja noch an. Ein Kind, das heimlich geboren und gleich nach der Geburt zur Adoption freigegeben worden ist. Das wäre schon ärgerlicher, aber immerhin noch möglich. Aber jetzt soll diese Schwester zurückgekommen sein und mit ihrem Kind, einer kleinen Tochter, abends vor Klaas Menkens Fenster durchs Watt geritten sein. In ebendem Brautkleid, in dem sie sich doch schon vor Jahrzehnten das Leben genommen hat. Andrea schüttelt unwillkürlich den Kopf. Dass der Vater in den letzten Jahren so unbemerkt unter die Spökenkieker gegangen ist, hätte ihr vielleicht doch auffallen müssen.

Aber was soll's, alles hat auch sein Gutes. Sie hat sich vergeblich gesorgt. Denn niemand wird dieses Testament mehr ernst nehmen, wenn er den beigefügten Brief liest. Einen besseren Beweis dafür, dass Klaas Menken auf seine alten Tage nicht mehr ganz richtig im Kopf war, kann es gar nicht geben.

Gleich nach der Lektüre will Andrea Brief und Testament wieder zusammenfalten und den Jugendfreund ihres Vaters zurück ins Zimmer rufen. Doch irgendetwas hindert sie. Andrea liest das Schreiben des Vaters noch einmal. Langsamer diesmal und aufmerksamer. Sie macht lange Pausen, um das Gelesene mit ihren Erinnerungen abzugleichen. Mit den Reaktionen des Vaters auf allzu gründliche Fragen und auch mit seinen Weigerungen, über bestimmte Dinge zu reden. Ist vielleicht doch etwas Wahrheit an dieser unglaublichen Geschichte? Dann wäre das junge Mädchen auf dem Foto vielleicht die so unglücklich aus dem Leben geschiedene Schwester des Vaters. Und diese ominöse Nichte deren Tochter. Wo ist das Foto eigentlich? Suchend schweift Andreas Blick über den niedrigen Couchtisch, erfasst dann das Sideboard, den Fernsehschrank, das Sofa und den zweiten Sessel. Nichts. Verdammt, vorhin lag es doch noch da.

Hat Jochen Stürmer es mitgenommen? Und wo ist er überhaupt abgeblieben? Andrea Töpfer steht auf, um ihn zu suchen. Erst jetzt fällt ihr auf, dass es seit Minuten vollkommen still in der Wohnung ist.

Samstag, 7. Oktober, 12.14 Uhr, Kriminalkommissariat Westerland

»Also, Sven, lass mich noch mal kurz zusammenfassen, bevor wir aufbrechen.« Bastian schließt die Augen, um sich besser konzentrieren zu können. Er hat beide Hände dicht nebeneinander auf seine Schreibtischplatte gelegt und trommelt mit den Fingern einen Marsch. »Wie Tess Andres gestorben ist, wissen wir jetzt. Jonas Kurland und seine Mädchen werden sich wohl wegen unterlassener Hilfeleistung verantworten müssen. Mindestens. Außerdem wissen wir dank der Aussage von Jenny Liebherr, dass es Tess Andres war, die die Möwen abgemurkst hat. Diese Sache wäre also auch geklärt. Was wir noch nicht wissen, ist, warum Tess bei ihrem letzten Ausritt unbedingt dieses Brautkleid tragen musste …«

»… und warum sie Mette dabeihaben wollte«, fällt Sven ein.

»Genau. Das muss ihr aus irgendeinem Grund wichtig gewesen sein, denn ich nehme mal an, dass sie deine Tochter zumindest ein bisschen überreden musste.«

Sven seufzt. »Das hoffe ich doch.« Und als er den zweifelnden Blick Bastians sieht, fügt er hinzu: »Das war rein rhetorisch gemeint. Sie hat sie überredet, das weiß ich von Mette. Und wenn es ihr nicht wichtig gewesen wäre, dann hätte sie sich ja wohl das Besorgen dieses Mini-Brautkleids sparen können, oder nicht?«

»Sehe ich auch so.« Bastian runzelt die Stirn und fährt sich mit beiden Händen über den Schädel mit den stoppelkurzen Haaren. »Nur warum? Warum, zum Teufel, sollte Mette sie begleiten?«

»Teufel«, wiederholt Sven. »Vielleicht ist das unser Stichwort. Schließlich wollte Tess Andres an diesem Abend zu den Satanisten stoßen. Möglicherweise hatte sie Mette irgendeine finstere Rolle in dem Spektakel zugedacht.« Er schüttelt sich bei den Gedanken daran, was noch alles hätte geschehen können.

»Glaub ich nicht. Sie wusste doch gar nicht, was sie erwartet. Da nimmt man doch nicht aufs Geratewohl ein Kind mit. Und dann noch in dieser Verkleidung. Lass uns lieber noch mal überlegen, was die beiden getrieben haben, bevor sie auf die Satanisten stießen.«

»Sie sind nach Munkmarsch geritten«, murmelt Sven. »Mette hat das Fährhaus erkannt. Die helle Fassade und die üppige Außenbeleuchtung sind ja auch kaum zu übersehen, wenn man am Watt entlangreitet.«

»Und in Munkmarsch am Watt wohnt Klaas Menken. In

dieser Nacht lebt er noch und weiß vermutlich nicht, dass es seine letzte sein wird.«

Bastian presst beide Hände oberhalb der Ohren an seinen Schädel, als wolle er ihn zerquetschen, was Sven ein Grinsen abnötigt.

»Glaubst du, dass du so besser denken kannst?«

»Was heißt hier glauben? Das ist reine Erfahrungssache. Empirisch bewiesen sozusagen. Unter Druck liegen die Gehirnbahnen näher beieinander und die Synapsen arbeiten besser«, gibt Bastian augenzwinkernd zurück.

»Ja klar. Und was denkst du?«

»Dass das alles kein Zufall ist. Auch wenn der Tod von Tess Andres ein Unfall war, hat doch vielleicht ihre merkwürdige Aktion etwas mit dem Mord an Klaas Menken zu tun. Wir müssen nur rausfinden, wo der Zusammenhang liegt. Deine Mette weiß nicht vielleicht noch mehr, als sie bisher gesagt hat?«

Sven schüttelt energisch den Kopf. »Ich hab sie ausführlich befragt. Tess hat ihr wohl erklärt, sie beide würden so tun, als seien sie Gespenster. Daher die weißen Gewänder. Eines noch: Sie sollten nicht reden, darum hat Tess sie auch gebeten.«

»Okay.« Bastian schürzt die Lippen. »Das ist doch schon mal was. Hast du vorhin noch gar nicht erwähnt. Also nehmen wir mal an, dass die beiden Mädchen nicht nur am Fährhaus, sondern auch unter Klaas Menkens Fenster vorbeigeritten sind. Sie sahen aus wie weißgekleidete Gespenster, was einem schon einen ganz schönen Schrecken einjagen kann. Wenn wir es dank Dr. Bernstein nicht besser wüssten, könnten wir jetzt schlussfolgern, dass Klaas Menken so geschockt war, dass er aus dem Fenster gesprungen ist.«

»Er ist aber erst am nächsten Abend gestorben. Eine spontane Tat könnte es also nicht gewesen sein«, sagt Sven skeptisch.

»Das ist es ja gerade. Er hat über alles nachgedacht, ist zu dem Schluss gekommen, dass er sich diese apokalyptischen Reiterinnen eingebildet haben muss und hat folgerichtig gedacht, er wird verrückt. Wir wissen ja beide nicht, wie das ist, wenn man älter wird. Vielleicht traut man irgendwann den eigenen Sinnen nicht mehr über den Weg. Und wenn dann so etwas passiert, dann …«

»Aber so war es nicht«, unterbricht Sven den Kollegen. »Klaas Menken ist einwandfrei gestoßen worden. Bernstein hat deutliche Druckspuren an den Oberarmen gefunden.«

»Du sagst es, Kumpel. So war es nicht. Entweder, die beiden Dinge haben nichts miteinander zu tun. Dann ist unsere Hauptverdächtige nach wie vor die Tochter. Oder es gibt einen Zusammenhang, den wir nicht kennen. Wen könnten wir dann befragen?«

Sven zuckt die Achseln. »Auch die Tochter, würde ich sagen.«

»Ganz genau. Oder diesen Arzt. Denn er hat nicht nur den toten Klaas Menken gefunden, sondern am Nachmittag davor noch mit ihm geredet. Und das war am Tag nach dem nächtlichen Ritt. Vielleicht hat Menken ja etwas von seinen Beobachtungen erzählt.«

»*Falls* er überhaupt etwas beobachtet hat«, mahnt Sven. »Noch ist das ja nicht mehr als eine Hypothese.«

»Trotzdem reden wir noch mal mit ihm«, beschließt Bastian und springt auf. »Oft ist es ja so, dass den Leuten erst dann das Richtige einfällt, wenn wir vorher die richtigen Fragen gestellt haben.«

»Okay. Wie du meinst.« Sven greift nach den Autoschlüsseln. »Erst zur Tochter, weil sie um die Ecke wohnt?«

»Jepp.« Federnd verlässt Bastian das Büro. »Kommst du? Wenn wir mit ihr gesprochen haben, können wir uns einen Happen am Imbiss beim Bahnhof holen. Den können wir dann auf der Fahrt nach Rantum essen.«

»Du meinst, *du* kannst was essen. Ich muss schließlich Auto fahren.«

»Auch wieder wahr. Tut mir echt leid für dich, mein Freund«, feixt Bastian und boxt den Kollegen in die Seite.

Samstag, 7. Oktober, 12.15 Uhr, Möwenweg, Rantum

»Hey, hören Sie mich nicht? Was ist denn los? Warum rühren Sie sich nicht?«

Ungeduldig rüttelt Andrea Töpfer an der Badezimmertür der ihr fremden Wohnung. Das gibt's doch gar nicht. Dieser Jochen Stürmer ist plötzlich wie vom Erdboden verschluckt. Entweder, er hat sich heimlich aus der Wohnung geschlichen, oder er hat sich im Bad eingesperrt. Eigentlich könnte ihr das völlig egal sein, aber dass das Bad abgeschlossen ist und drinnen niemand antwortet, irritiert sie. Dieser Stürmer kann sich doch nicht in Luft aufgelöst haben. Und nach der Lektüre des Testaments muss sie ihn unbedingt zu dem Foto befragen. Es wird ja wohl einen Grund dafür geben, dass er es mitgenommen hat. Andrea hat den Wohnraum gründlich abgesucht, sie war in der fremden Küche und im Schlafzimmer, aber das Bild ist nirgends zu sehen. Es ist weg, einfach verschwunden, ebenso wie dieser so harmlos wirkende Jugendfreund ihres Vaters, der ihr immer unheimlicher wird.

Wieder rüttelt Andrea an der Tür. Nichts rührt sich. Oder doch? Hat da nicht jemand gestöhnt? Bilder aus abendlichen Fernsehkrimis schießen ihr durch den Kopf. Jochen Stürmer hält sich eine Gefangene. Eine Haussklavin, davon hört man jetzt immer öfter. Sie ist im Bad an die Heizung gekettet und versucht verzweifelt, sich den Knebel aus dem Mund zu reißen, während ihr Peiniger bereits auf der Flucht ist.

Blödsinn, weist sich Andrea Töpfer zurecht. Sie muss sich verhört haben. Und tatsächlich ist es jetzt ganz still hinter der Badezimmertür. Nur ihr eigenes Herz klopft. Dann bekommt sie einen Schluckauf. Und plötzlich geht der Türgong. Andrea Töpfer fährt zusammen, als habe sie einen elektrischen Schlag erhalten. Auch das noch. Aber sie muss ja nicht öffnen. Sie kann sich totstellen, irgendwann wird das Klingeln schon aufhören. Atemlos wartet sie einige Sekunden. Nein, Pech gehabt, da klingelt es wieder. Ding, ding, dong. Laut und eindringlich. Und dann gleich noch einmal. Ding, ding, dong. Dann kommt eine längere Pause, und sie will schon aufatmen, aber zu früh. Draußen im Treppenhaus nähern sich Schritte und gleich darauf wird ungeduldig an die Tür geklopft.

Vorsichtig späht Andrea durch den Spion. Ein hagerer Mann steht vor der Tür, der völlig durchnässt ist. Aus seinen Haaren tropft es auf den Boden, seine Sportkleidung klebt am Körper. Er soll wieder gehen, wünscht sich Andrea. Raus in den Regen. Ist ihr doch egal, dass er keinen Schirm dabei hat.

Aber der Fremde geht nicht. Er stößt einen langen Seufzer aus und macht es sich auf dem Treppenabsatz bequem. Das sieht eindeutig nach Geduld aus. Mist. Wie soll sie denn jetzt unbemerkt aus der Wohnung verschwinden? Andrea sucht verzweifelt nach einer Lösung. Aber es fällt ihr nichts ein.

In was für eine unmögliche Situation hat sie sich nur gebracht?

Der Fremde vor der Tür und der Schulfreund des Vaters im Bad. Oder abgehauen. Mit ihrem Bild. Zum Glück ohne das Testament.

Genau, das Testament. Wie konnte sie es nur so lange vergessen. Vielleicht ist es ja ganz gut, dass sie hier allein ist. Vielleicht sollte sie das Vermächtnis des Vaters einfach vernichten, bevor noch irgendjemand anderes es sieht. Nicht dass doch noch ein Körnchen Wahrheit an den wilden Behauptungen des Vaters ist.

Andrea Töpfer löst sich von dem Spion, schleicht zurück ins Wohnzimmer und beginnt, den Brief und den Letzten Willen ihres Vaters in winzig kleine Stücke zu reißen.

Samstag, 7. Oktober, 12.28 Uhr, Bahnhof, Westerland

»Irgendwie klang die Sorge von diesem Töpfer aber ziemlich echt, findest du nicht? Ich meine, wie der seine Frau beschrieben hat, ihr Verhalten in den letzten Tagen, das hörte sich schon ungewöhnlich an. Wenn sie sonst so still und desinteressiert war und jetzt übernervös. Und dann dieses plötzliche Verschwinden.«

»Es dauert eben, wenn man eine Beerdigung organisieren will.«

»Torben Töpfer hat gesagt, dass sie schon vor neun gegangen ist. Jetzt ist es halb eins, und keiner der Bestattungsunternehmer auf der Insel hat seine Frau auch nur gesehen.«

»Warum hat er die eigentlich durchtelefoniert?«

Sven lacht kurz auf. »Er hat sich Sorgen gemacht, dass sie sein Mittagessen nicht rechtzeitig fertig haben könnte.«

»Im Ernst?«

»Du hast seine Miene doch gesehen. Wenn die Alte nicht pünktlich zum Kochen nach Hause kommt, dann muss ihr wirklich was passiert sein. Davon ist der überzeugt.«

Kauend laufen die beiden Kommissare zurück zu ihrem Dienstwagen. Der Starkregen ist mittlerweile in ein nieselndes Tröpfeln übergegangen. Aber der Himmel ist immer noch von beeindruckender Schwärze und kündet weitere Wolkengüsse an. Sylt im Herbst ist nichts für Memmen, denkt Sven, während er beobachtet, wie Bastian anstelle eines Kommentars in sein Fischbrötchen beißt.

»Du glaubst nicht, dass wir nach ihr suchen sollten?«, setzt Sven nach.

»Was kann ihr denn schon groß passiert sein?« Bastian Kreuzer fischt sich einen Zwiebelring aus dem Mundwinkel und betrachtet ihn interessiert. »Wusstest du, dass die jetzt sogar schon rote Zwiebeln auf die Matjesbrötchen tun?«

»Dafür, dass du vorhin noch entschlossen warst, diesen Fall so schnell wie möglich aufzuklären, bist du jetzt aber bemerkenswert gelassen«, wundert sich Sven, während er die Verriegelung des Wagens aufspringen lässt.

»Du weißt doch: Kauen und denken schließen sich bei mir aus. Also mach du einen Vorschlag. Oder besser: Lass es bleiben. Wir fahren wie geplant nach Rantum zu Jochen Stürmer und fahnden nicht nach dieser Andrea Töpfer. Das ist doch Bockmist.« Ächzend wirft sich Bastian auf den Beifahrersitz des Dienstwagens. »Außerdem wissen wir gar nicht, wo wir sie suchen sollten.«

»Vielleicht ist sie noch einmal zu dem Haus ihres Vaters gefahren und trifft dort gerade auf dessen Mörder.«

»Vielleicht ist sie auch selbst die Mörderin und sitzt jetzt dort und bereut ihre Tat«, äfft Bastian Kreuzer den Kollegen nach. »Nee, nee, Kumpel, wir machen's so, wie besprochen. Wir knöpfen uns den Arzt noch einmal vor und hoffen, dass er sich an irgendetwas erinnert, was ihm Menken erzählt hat und was uns das merkwürdige Verhalten von Tess Andres erklären könnte und im besten Fall hilft, eine Verbindung zwischen den beiden Todesfällen zu entdecken.«

Sven nickt, sieht aber nicht besonders überzeugt aus. Während sie aus Westerland heraus- und dann die Straße nach Rantum entlangfahren, schweigen beide Kommissare. Der Regen ist wieder stärker geworden, und ein plötzlich einsetzender Wind peitscht die Wasserschauer wie kompakte Bahnen übers Land. Immer wieder erfassen die Böen auch den Wagen, so dass Sven Mühe hat, dagegenzuhalten. Das Fahrerfenster ist einen Spalt weit geöffnet, weil Sven den Zwiebelgestank loswerden will. Dafür streifen jetzt regelmäßig Regenfetzen sein Gesicht. Egal. Er ist schließlich nicht aus Zucker. Obwohl es nass, kalt und ungemütlich ist, mag Sven Winterberg diese Jahreszeit. Sylt findet dann wieder zu sich selbst zurück, die Insel wird wie früher zu Zeiten seiner Kindheit. Die Insulaner sind unter sich, sie machen es sich zu Hause gemütlich, und wenn sie ihre Nester verlassen, dann freuen sie sich schon auf das Zurückkommen ins Warme und Heimische. Und das Winterberg-Nest macht in diesem Jahr seinem Namen ganz besondere Ehre, denn hier wächst ihr kleiner Nachkömmling heran. Und wenn es langsam wieder Frühling wird auf Sylt, wird er zur Welt kommen. Voller Vorfreude auf das Baby muss Sven lächeln. Prompt reagiert Bastian mit einem blöden Spruch.

»Na, freust du dich darauf, den Arzt mal richtig in die Mangel zu nehmen?«

»Nee, ich freu mich auf mein Kind.«

»Private Gedanken während der Dienstzeit also. Wenn das unsere geschätzte Staatsanwältin wüsste, wäre sie aber böse.«

»Blödmann.«

»Selber.«

Kurz darauf stoppt Sven den Wagen direkt nach der Ortseinfahrt von Rantum vor einem zweistöckigen Sechziger-Jahre-Bau, dessen Balkone wie Querstreifen die Fassade gliedern.

»Schön sieht anders aus«, murmelt der Kommissar, während er einparkt.

»Kann nicht jeder wie du in einer Kampener Reetdachvilla logieren«, spottet Bastian und schaut in den Regen. »Jede Wette, dass wir selbst nach den paar Schritten bis zum Hauseingang schon pitschnass sind.«

»Sollen wir einen Moment warten?«, schlägt Sven vor.

»Der Moment könnte sich hinziehen. Guck mal zum Himmel. Das sieht nicht so aus, als ob's demnächst aufhört. Nee, mein Freund, da müssen wir jetzt durch.«

Mit diesen Worten stemmt Bastian die Tür gegen den Wind auf, springt aus dem Wagen und hechtet unter das schützende Vordach des Hauseingangs. Als Sven neben ihm ankommt, hat Bastian schon zum zweiten Mal die Klingel gedrückt.

»Wieso ist der Typ bei diesem Sauwetter nicht zu Hause?«, schimpft der Hauptkommissar jetzt.

»Vielleicht ist er es, der die Bestattungsformalitäten für Klaas Menken regelt. Oder glaubst du immer noch, dass die Tochter sich darum kümmert?«

»Was weiß ich. Ist mir auch wurscht. Ich will da jetzt rein und weiterkommen.« Energisch drückt Bastian Kreuzer mit der flachen Hand alle anderen Klingelknöpfe gleichzeitig. »Zur Not befragen wir eben die Nachbarn von Jochen Stürmer. Vielleicht hat ja sogar einer einen Schlüssel zu seiner Wohnung, und wir können uns da mal ganz unverbindlich umsehen.«

Als endlich der Summer geht, drückt Kreuzer die Tür auf und stürmt voran die Treppe hinauf. Als er um die letzte Ecke biegt, bleibt er so plötzlich stehen, dass Sven Winterberg in ihn hineinrennt. Neugierig schaut er über Bastians Schulter.

»Was wollen Sie denn hier?«, entfährt es Sven Winterberg entsetzt.

»Vermutlich das Gleiche wie Sie«, antwortet ein völlig durchnässter Fred Hübner dem Kommissar. »Ich will mit Jochen Stürmer reden. Aber er macht nicht auf.«

»Und jetzt warten Sie, bis er zurückkommt?«, blafft Bastian und bedenkt den Journalisten mit einem wütenden Blick.

»Falsch. Ich warte, bis er rauskommt. Hinter der Tür schleicht nämlich jemand herum. Und dieser Jemand hat ganz sicher etwas zu verbergen«, ist die lakonische Antwort Fred Hübners.

»Na dann, nichts wie rein«, knurrt Kreuzer. Er mustert einige Sekunden lang die wenig wehrhaft wirkende Sperrholztür mit dem einfachen Schloss, rollt kurz die Oberarme in den Schultergelenken und stellt sich dann in Positur.

Samstag, 7. Oktober, 12.41 Uhr, Möwenweg, Rantum

Die Stimme hinter der Badezimmertür wird immer leiser. Manchmal klopft es noch, aber mittlerweile klingt dieses Klopfen eher wie ein zaghaftes Pochen. Nichts, was einen ernsthaft beunruhigen müsste. Jochen Stürmer war überhaupt schon lange nicht mehr so wenig beunruhigt wie jetzt. Die Spritze, die neben ihm auf dem gefliesten Boden liegt, hat dafür gesorgt, dass sich eine große Ruhe seiner bemächtigt. Fast schon amüsiert beobachtet der alte Arzt sein eigenes Abtauchen in den Fluten des Nichts. Das Einzige, was ihm Sorgen macht, ist seine nachlassende Kraft. Noch hält er das kostbare Foto von Klaas, Martina und sich in den Händen, aber immer wieder will es ihm durchrutschen, weil der Muskeltonus zu erschlaffen beginnt. Dabei möchte er nur noch eines: mit dem Blick auf dieses Foto sterben. Martina, der er so viel angetan hat, soll ihn in seinen letzten Minuten nicht verlassen. Sie soll bei ihm bleiben und gemeinsam mit ihm noch einmal die Hitze dieses Sommertags spüren, der so lange schon vergangen ist. Jochen Stürmer will wieder ihr Lachen hören, das er in der damaligen Nacht zum letzten Mal gehört hat. Er will ihren schönen jungen Körper vor sich sehen, der so jämmerlich im Watt ertrunken ist, nachdem er wenig vorher ein Kind geboren hat. Sein Kind.

Alles steht plötzlich wieder vor Stürmers innerem Auge, als sei es gestern gewesen. Dank dieses Fotos, das den vielleicht wichtigsten Tag seiner Vergangenheit festgehalten hat.

Diesen brütend heißen Tag, den die drei jungen Leute mit

einigen anderen gemeinsam im Garten von Klaas' und Martinas Elternhaus verbracht haben. Der Todestag der alten Frau Menken hatte sich damals gerade gejährt, und es war das erste Mal, dass Jochen Martina wieder in heller Kleidung sah. Und lachend. Er hatte vergessen, wie hübsch sie war und wie betörend ihre Grübchen auf ihn wirken konnten. Ihre Enttäuschung, als er im vergangenen Jahr die lose Verbindung zwischen sich und ihr für beendet erklärt hatte, hatte er aber nicht vergessen. Und darum wunderte es ihn auch wenig, dass sie sich so schnell und bereitwillig auf seine neuerlichen Flirtversuche einließ. Allerdings achtete er genau darauf, sie nur anzusehen, wenn Klaas gerade mal nicht hinguckte. Denn an Jochens plötzlicher Aufkündigung seiner Liebesbande zu Klaas' kleiner Schwester war im letzten Jahr fast auch die Freundschaft der beiden Männer zerbrochen. Sollte er Martina jetzt wieder enttäuschen, würde der alte Schulfreund ihm das bestimmt nicht noch einmal verzeihen. Und leider war die Enttäuschung bereits vorprogrammiert. Sein Stipendium, das ihn nach Übersee führen würde, weit weg von allen Verantwortlichkeiten, wartete schon.

Doch an diesem Nachmittag dachte Jochen Stürmer nicht an die Zukunft. Er hatte nur die Sommernacht im Sinn, die den ungewöhnlich heißen Tag abschließen würde, und die versteckte Strandkuhle, die sich ganz in der Nähe seines Elternhauses in Rantum befand und in der er schon mit einigen Eroberungen gewesen war. Allerdings waren die Mädchen meist allzu spröde, ihre fröhliche Zugänglichkeit löste sich in nichts auf, sowie sie mit ihm allein waren, und keine von ihnen wollte ihm das gewähren, was er sich seit Jahren so sehnlich wünschte.

Aber die Blicke von Martina Menken an dem bewussten

Nachmittag waren anders gewesen, sie kosteten ihn, sie lockten ihn, und sie versprachen ziemlich unverhohlen genau die Dinge, von denen Jochen Stürmer schon so lange träumte. Er war mittlerweile dreiundzwanzig, würde im nächsten Jahr sein Medizinstudium beenden, und es wurde langsam wirklich Zeit, dass er bestimmte Erfahrungen machte. Da kam es ihm gerade recht, dass die kleine Schwester des Schulfreunds erst siebzehn war und von so betörender Naivität. Wenn er im Vergleich dazu an seine Kommilitoninnen dachte, die bei jedem Flirtblick gleich auf den Ringfinger schielten! Nein, er würde sich diese Chance nicht entgehen lassen, und er konnte nur hoffen, dass Klaas nicht doch noch im Laufe des Nachmittags von Jochens frisch bewilligtem Amerika-Stipendium erzählen würde. Natürlich würde es Tränen geben, wenn Martina davon erführe, aber sie war jung, und sie war hübsch, sie würde sich trösten.

Den Gedanken an eine mögliche Schwangerschaft hatte Jochen in den Stunden in den Dünen verdrängt. Coitus interruptus war damals eine gängige Verhütungsmethode, die in der Regel auch ganz gut funktionierte. Und schließlich hatte Martina sich nach seiner Abreise nie bei ihm gemeldet, obwohl sie doch leicht über seine Eltern die Adresse der Universität hätte erfahren können, an der er sein Stipendium wahrnahm. Wer konnte denn auf die Idee kommen, dass sie dieses Kind, sein Kind, heimlich zur Welt bringen und dann zur Adoption freigeben würde. Das war doch absurd. Und obwohl Klaas Menken ihm glaubhaft versichert hatte, dass er bis zuletzt keine Ahnung hatte, von wem dieses Kind war, weil Martina jede Auskunft verweigert hatte, konnte Jochen dem alten Freund unmöglich verzeihen. Er kannte die eruptive Art Klaas Menkens nur zu genau und konnte sich lebhaft vorstellen, welche Vorwürfe er seiner Schwester gemacht hatte. Und diese Vorwürfe hätten sich sicher ins Unerträgliche gesteigert, wenn Martina es gewagt hätte, den Fehltritt mit jemandem zu beichten, der sie schon einmal enttäuscht hatte. Mit der gleichen unerbittlichen Härte, mit der Klaas Menken seit Jahren schon seine Tochter wegen ihrer Partnerwahl strafte, hätte er damals auch seine Schwester verfolgt. Es war also vermutlich nicht nur die Scham der fünfziger Jahre, sondern auch eine handfeste Angst vor der Reaktion des Bruders, die Martina Menken dazu gebracht hatten, ihr fatales Schweigen zu bewahren. Oder hatte sie geahnt, wie sehr sie gerade ihn, den heimlichen Liebhaber, damit treffen würde? Immer hatte er sich Kinder gewünscht, aber seine Frau war dazu nicht in der Lage gewesen, ein Umstand, der Jochens Ehe stets belastet hatte. Jetzt sah er, dass es sich wohl um eine hinterhältige Strafe, wenn schon nicht Martinas, so doch zumindest des Schicksals gehandelt haben musste.

Natürlich hatte Jochen Stürmer nach seiner Rückkehr aus den Staaten von dem Freitod Martinas erfahren. Und auch von dem Brautkleid, das sie dabei getragen hatte. Immer war ihm dieser Umstand wie ein gut versteckter Vorwurf Martinas an ihn, den untreuen Liebhaber, erschienen. Eine Botschaft, die über den Tod hinaus wirken und nur von ihm selbst entziffert werden sollte. Aber wie hätte er ahnen sollen, dass sie ein Kind geboren hatte? Natürlich hatte er sich heftige Vorwürfe gemacht, aber er hatte gelernt, mit der Schuld zu leben. Mit dieser einen Schuld, denn von der anderen, unweit größeren, der Schuld an einem verkorksten Kinderleben, der Schuld am unsäglichen Leid einer jungen Mutter, wusste er ja nichts. Jahrzehntelang blieb ihm das verborgen, bis schließlich Anfang der Woche unter Klaas Menkens

Dachfenster diese nächtlichen Gestalten auftauchten, und alle Erinnerungen in dem Jugendfreund hochkochen ließen. Denn auch er war schuldig geworden, indem er die Schwester zur Adoptionsfreigabe ihres Kindes gedrängt hatte. Und als Klaas ausgerechnet ihm, dem geheimen Vater des Kindes, diese Schuld beichtete, da wusste er nicht, was er damit anrichtete. Woher auch, denn Jochen hatte geschwiegen und Klaas' Beichte keine eigene entgegengesetzt. Zu feige war er gewesen, und zu groß war wohl auch seine Scham. Doch dann hatte Klaas ihm das Testament gegeben, er hatte von seinem Willen gesprochen, dieser unbekannten Nichte so viel wie möglich aus seinem Besitz zu hinterlassen. Klaas war überzeugt davon gewesen, dass sie noch lebte, schließlich wurden alle in seiner Familie steinalt. Und er hatte darauf gesetzt, dass auch sie erfahren wollen würde, wer ihr leiblicher Vater war. Jochen hatte alles unkommentiert gelassen und war gegangen. Das Testament hatte er mitgenommen. Erst zu Hause war er ein wenig zur Ruhe gekommen und hatte begonnen nachzudenken.

Er musste die Geschichte aufklären, so schmerzhaft es auch sein würde. Es gab keinen anderen Weg.

Am gleichen Abend noch ist Jochen Stürmer zurückgekommen. Er wollte beichten. Er wollte, dass Klaas Menken ihm seine Sünde vergibt. Nur dachte Klaas Menken nicht daran, zu vergeben. Stattdessen wurde er fuchsteufelswild und ging auf Jochen los. Er entwickelte unglaubliche Kräfte, die an früher erinnerten, wo er immer der Stärkere von beiden gewesen war. Sie rangen miteinander, maßen ihre Kräfte, und ein klein wenig war es sogar wie früher. Die körperliche Auseinandersetzung nahm Jochen ganz in Anspruch und ließ ihn für kurze Zeit den Grund ihres Streits vergessen. Doch dann hing Klaas plötzlich am offenen Fenster, Jochen hatte ihn mit aller Kraft dagegengedrückt. Es war vorbei. Er würde als Sieger aus diesem Kampf hervorgehen, und Klaas wusste es. Als Jochen gerade seinen Griff lockern wollte, geschah etwas Unglaubliches.

Klaas blickte über die Schulter, er stieß einen Schrei aus und ließ sich anschließend einfach fallen, er kippte nach hinten und verlor sofort die Balance. Fast lautlos ging das vor sich. Klaas Menken schlug aufs Pflaster der Terrasse, es gab nur einen einzigen dumpfen Laut, der ohne Echo im Abendwind verhallte. Und das weiße Pferd, das reiterlos durchs Watt trabte, war der einzige Zeuge des Sturzes.

Außer Jochen natürlich.

War es dieses Pferd, das der Alte bei seinem Blick über die Schulter gesehen hatte? War es das Fehlen der weißgekleideten Reiterin auf dem Rücken des Schimmels, das Menkens Reaktion ausgelöst hatte? Hielt er seine eben erst zurückgekehrte Schwester nun für endgültig verloren?

Jochen Stürmer wusste es nicht. Er wusste nur eines. Niemand würde ihm glauben, dass sein alter Freund Klaas Menken freiwillig aus dem Leben geschieden war, wenn er nicht die ganze Geschichte erzählte. Das war die Rache des Alten. Subtil, aber wirkungsvoll. Denn Jochen Stürmer war feige. Immer noch. Er wollte sich sein jämmerliches bisschen Restleben nicht erschweren, indem er eine Schuld auf sich nahm, von der bisher niemand erfahren hatte. Deswegen war er gegangen und erst am nächsten Morgen wiedergekehrt, um den Tod des Freundes vermeintlich überrascht zu entdecken und der Polizei zu melden.

Doch er hatte die Kraft der Erinnyen unterschätzt. Die klagenden Geister der Rache verfolgen ihn seitdem und lassen ihm fast keine Luft mehr zum Atmen. Und jetzt auch keine Kraft mehr zum Halten. Alles entgleitet ihm, sogar das alte Foto rutscht aus seiner Hand und fällt zu Boden.

Samstag, 7. Oktober, 12.43 Uhr, Möwenweg, Rantum

Die Tür gibt unerwartet schnell nach. Noch nicht einmal das Blatt splittert, nur am Rahmen ist dort, wo der Schnapper des Schlosses rausgedrückt worden ist, eine Blessur zu sehen. Bastian Kreuzer betritt die Wohnung als Erster. Noch in der Diele bleibt er stehen und reibt sich die rechte Schulter, während er sich umsieht. Eine antike Kommode und ein kostbar wirkender Spiegel künden von einem gewissen Wohlstand. An der Messinggarderobe hängen neben einer recht neuen Lederjoppe ein älterer Trenchcoat und eine Barbourjacke. Schon will der Blick des Hauptkommissars weiterschweifen, als er innehält und die Lederjacke genauer betrachtet.

»Da brat mir doch einer einen Storch«, murmelt er und winkt Sven Winterberg zu sich. Er weist auf die Jacke und fragt. »Siehst du auch, was ich hier sehe, Kumpel?«

Sven nickt. »Der Knopf, der da fehlt, liegt bei uns im Kommissariat.«

»Exakt. Das heißt, der Typ, der hier wohnt, hat eine Auseinandersetzung mit unserem Toten gehabt.«

»Und uns hat er den besorgten Freund vorgespielt.«

Bastian Kreuzer sieht plötzlich ziemlich grimmig aus. Er blickt sich kurz um und schnauzt dann: »Wo ist eigentlich dieser verdammte Hübner?«

»Da drinnen. Ist gleich an dir vorbeigelaufen, bevor wir das Objekt sichern konnten.« Sven weist stumm auf die Tür zum Wohnzimmer, die einen Spalt weit offen steht. Dahinter hört man flüsternde Stimmen.

»Na dann nichts wie hinterher.« Bastian stößt die Tür auf und bleibt sofort wie angewurzelt stehen.

»Mit Ihnen hätte ich jetzt aber nicht gerechnet«, rutscht es dem Kommissar heraus, als er Andrea Töpfer entdeckt. Sie kauert auf einem der Sessel und sieht zu Fred Hübner hinunter, der vor ihr auf dem Teppichboden kniet. Es wirkt, als wolle ein völlig durchnässter älterer Mann in Sportkleidung einer verängstigten und ungepflegten Frau in mittleren Jahren einen Heiratsantrag machen.

Die Szene nötigt Sven Winterberg ein Grinsen ab, das er allerdings sofort unterdrückt, um seine energische Frage an die beiden zu richten: »Wo ist Jochen Stürmer?«

In einer simultanen Bewegung weisen die Tochter des Toten und der Journalist zurück in die Diele, wo noch drei Türen in weitere Räume führen.

»Im Bad. Hat sich eingeschlossen«, erklärt Hübner mit einer Stimme, die vermutlich signalisieren soll, dass er bereits alles unter Kontrolle hat.

»Und was haben Sie hier so Dringendes mit Frau Töpfer zu bereden?«, schnauzt Bastian. Es ist ihm anzusehen, dass es ihm gar nicht behagt, die Kontrolle über die Situation zu verlieren.

»Ich habe vermutlich interessante Neuigkeiten für Frau Töpfer. Aber sie will sie nicht hören«, murrt Fred Hübner.

»Das ist auch besser so. Noch ist Frau Töpfer unsere Zeugin und Sie lassen sie schön in Ruhe. Stehen Sie mal auf und kommen Sie mit.«

Mit einer Handbewegung winkt Bastian Kreuzer den Journalisten ebenso wie den Kollegen zurück in die Diele. Dann rüttelt er an der Tür zum Bad.

»Hier ist die Kriminalpolizei. Öffnen Sie die Tür.«

Samstag, 7. Oktober, 12.45 Uhr, Möwenweg, Rantum

Jochen Stürmer spürt, wie sein Kopf zur Seite kippt. Es ist eine Bewegung, die nicht enden will, tiefer und tiefer sinkt der Kopf, sein Oberkörper knickt ein, und schließlich knallt er mit einem harten Schlag auf die Fliesen. Jochen wartet auf den Schmerz, aber da ist nichts. Nur diese Farben, die sich wie Schlieren durch sein Blickfeld ziehen, die den Fliesenboden in einen Malkasten verwandeln und aus der Spritze, die kurioserweise jetzt direkt neben seinem rechten Auge liegt, eine lustig bunte Karnevalslaterne machen. Jochen will stöhnen, aber sein Mund ist wie gelähmt, die Zunge zu einer pampigen Masse mutiert, deren Reflexe er nicht mehr kontrollieren kann.

Dafür hört er immer noch erstaunlich gut. Leicht verzerrt dringen Stimmen an seine Ohren. Neue Stimmen. Mehrere Männer und eine Frau. Jochen kann sich noch darüber wundern, dass er sie so genau auseinanderhalten kann, wo doch der Rest seiner Sinne, das Sehen, das Fühlen sich längst verabschiedet haben und bereits hinübergeglitten sind ins endlose Später, ins Nichts. Aber die Stimmen, sie bleiben und martern sein Ohr.

»Hier ist die Kriminalpolizei. Öffnen Sie die Tür.« Eine Männerstimme, befehlsgewohnt und ungeduldig.

»Hallo, Herr Stürmer! Sind Sie da drinnen?« Ein weiterer Mann. Seine Frage klingt sanft, fast bittend.

»Jetzt machen Sie doch endlich auf.« Die Frau von vorhin. Andrea Töpfer, Klaas Menkens ahnungslose Tochter. Doch was geht die ihn noch an?

Denn jetzt ist bald alles vorbei. Martina verloren, das Foto liegt irgendwo unter ihm, aber er trägt es im Herzen, und vielleicht ist Martina ihm ja nur vorausgegangen in eine andere, bessere Welt, zu der auch er jetzt unterwegs ist. Jochens Körper befindet sich im freien Fall. So ist das also, wenn man stirbt, denkt er, dann setzt das Schweben ein, und auch das Licht, von dem immer alle geredet haben, erscheint schon in der Ferne ... da ertönt ein lautes Rufen aller Männer gemeinsam.

»Eins, zwei drei ... und los.«

Worte wie Hammerschläge, dann ein Krachen, Splittern, Fallen. Jetzt packen ihn kräftige Hände, gegen die er sich nicht wehren kann, sie ziehen ihn nach oben, er will das verhindern, kann sich aber nicht bewegen.

Doch sie schütteln ihn so lange, bis er widerwillig blinzelnd zu verstehen gibt, dass noch ein kläglicher, dummer, gänzlich unbrauchbarer und unerwünschter Rest von Leben in ihm ist. *Martina*, denkt er noch. *Wo bist du? Warte auf mich. Ich komme ganz bestimmt, auch wenn es jetzt vielleicht noch ein bisschen dauern könnte.*

Samstag, 7. Oktober, 13.03 Uhr, Maklerbüro Gerkrath, Westerland

Als Silja Blanck ihre Unterschrift unter den Mietvertrag setzt, zittert ihre Hand. Sie kann sich nicht erinnern, wann sie zum letzten Mal so angespannt gewesen ist. Wird diese Entscheidung die richtige sein oder werden Bastian und sie sich binnen kurzer Zeit für ihr überstürztes Zusammenziehen gegenseitig verfluchen? Und werden sie sich überhaupt in dieser Wohnung wohl fühlen? Als René Gerkrath und sie vorhin noch einmal dort waren, hat Silja viel deutlicher als bei der ersten Besichtigung die Nachteile wahrgenommen. Die laute Straße, die doch eher mittelmäßige Ausstattung, die dazu noch abgewohnter war, als sie es in Erinnerung hatte. Vielleicht hätte sie auf einem dritten Termin mit Bastian gemeinsam bestehen sollen. Aber der Makler, der ohne Unterlass redete und sie kaum einmal zur Ruhe kommen ließ, hatte nur schmallippig auf zwei weitere Interessenten verwiesen, denen er das Objekt, wie er sich ausdrückte, am Nachmittag präsentieren würde. Da waren Silja die Sicherungen durchgebrannt. Sie hatte einmal tief Luft geholt und mit möglichst fester Stimme erklärt: »Diese Termine können Sie absagen. Wir nehmen die Wohnung.«

Und nun saß sie hier. Die Tinte auf der Courtagevereinbarung und dem Mietvertrag war noch nicht einmal trocken und sie schon von Zweifeln geplagt.

»Es wären da noch einige Formalitäten zu erledigen«, erklärt René Gerkrath gerade mit honigsüßer Stimme, als sie ihn wenig höflich unterbricht.

»Stört es Sie, wenn ich vorher noch kurz mit meinem

Freund telefoniere? Er soll doch so schnell wie möglich davon erfahren.«

Mit einer anmutigen Geste weist sie auf den Mietvertrag und spürt gleichzeitig, wie sich jetzt doch eine kleine Freude in ihr ausbreitet. Silja Blanck muss einige Male klingeln lassen, bevor Bastian Kreuzer sich meldet. Seine Stimme klingt im ersten Moment ruhig, aber Silja bemerkt die verhaltene Anspannung doch.

Sie zögert kurz, dann sagt sie leise: »Ich hab die Wohnung jetzt gemietet ...«

Eine Pause entsteht, die sich zu dehnen scheint. Aber vielleicht ist das auch nur ihre subjektive Wahrnehmung.

»Bastian? Bist du noch dran?«

»Ja klar. Ich war nur kurz abgelenkt. Der Sanitäter sagt gerade, dass er es schaffen wird.«

»Wer wird was schaffen?«

»Jochen Stürmer. Der Arzt aus Rantum. Hat versucht, sich umzubringen. Diese Mediziner können so was ja. Aber wir waren gerade noch rechtzeitig hier.«

»Aber warum ein Selbstmord? Ist ihm der Tod von Klaas Menken so nahegegangen?«

»Das nicht gerade. Er hat ihn schließlich eigenhändig aus dem Fenster geworfen.«

»Woher willst du das wissen?«

»In seiner Diele hing die Jacke mit dem fehlenden Knopf. Sollte wohl ein posthumes Geständnis werden, schließlich wusste er, dass wir den abgerissenen Knopf in Menkens Faust gefunden hatten. Er hätte also genug Zeit gehabt, die Jacke verschwinden zu lassen.«

»Und das Motiv? Ich meine, warum sollte er seinen ältesten Freund umbringen?«

»Er hat Menkens jüngere Schwester geschwängert und damit in den Selbstmord getrieben.«

»Welche Schwester? Ich verstehe gar nichts mehr.«

»Ging uns anfangs auch so. Aber unser guter Freund Fred Hübner hat sich wieder mal eingemischt. In seiner Wohnung lag das alte Tagebuch der Schwester. Und jetzt halt dich fest: Tess Andres, dieses durchgeknallte Model, war ihre Enkelin. Ihre Mutter war das in Sünde gezeugte Kind, das in den fünfziger Jahren zur Adoption freigegeben worden ist. Und bevor sie sich umgebracht hat, hat Menkens Schwester noch alles aufgeschrieben und dafür gesorgt, dass die Adoptivfamilie das Tagebuch erhält. Und die haben es wohl tatsächlich irgendwann an Tess Andres' Mutter weitergegeben. Und Tess Andres muss es gefunden haben, wahrscheinlich erst nach deren Tod. Und dann ist sie nach Sylt gekommen, um dem Schweinehund von Großonkel, der das alles angerichtet hat, mal ordentlich einzuheizen.«

»Sie hat sich wie dessen tote Schwester kostümiert und ist unter seinem Fenster vorbeigeritten?«, flüstert Silja fassungslos ins Telefon.

»Nicht nur das. Sie hat auch noch Svens Tochter Mette bequatscht, sie zu begleiten, damit der Alte denkt, seine Schwester sei mit ihrem Kind zurückgekehrt.«

»Er muss ja völlig geschockt gewesen sein.«

»Davon kannst du ausgehen.«

»Und dann musste er sich aussprechen …«

»… und hat sich als Beichtvater fatalerweise den Kindsvater ausgesucht, der vorher gar nichts von der Schwangerschaft von Menkens Schwester gewusst hat.«

»Jochen Stürmer?«

»Bingo.«

Silja überlegt kurz, dann murmelt sie: »Klar, das hat man damals ja möglichst unter Verschluss gehalten.«

»Und auf dieser Insel, wo jeder jeden kannte, natürlich erst recht«, beschließt Bastian seine Erklärung. Anschließend holt er so tief Luft, dass Silja es genau am anderen Ende der Leitung hören kann, und fragt leise: »Hast du schon den Mietvertrag unterschrieben?«

»Gerade eben.«

»Und? Freust du dich?«

»Ja«, antwortet Silja beklommen.

»Du meinst, es wird gutgehen mit uns beiden?«

»Ja.« Diesmal klingt ihre Stimme schon kräftiger.

»Mein Name steht aber als Erster auf den Klingelbrett.«

»Wie kommst du denn jetzt darauf?«, entfährt es Silja, doch dann hört sie das gutturale Lachen Bastians.

»Wenn wir uns über weiter nichts streiten, meinetwegen«, antwortet sie fröhlich und hat plötzlich nur noch ein einziges großes Bedürfnis: ihren Freund so schnell wie möglich fest in die Arme zu schließen.

Sven Winterberg, Silja Blanck und Bastian Kreuzer ermitteln weiter

Vorab Ihre exklusive Leseprobe aus
»Sünder büßen«, dem sechsten
Sylt-Krimi von Eva Ehley.
Ab Frühjahr 2016 überall da, wo es Bücher gibt.

Donnerstag, 21. Februar, 17.30 Uhr, Am Tipkenhoog, Keitum

Er kauert im Gebüsch. Allein. Die Sonne versinkt. Es ist kalt. Erst mit dem Feuer wird es warm werden. Wenn auch nicht sehr, jedenfalls nicht hier, weit ab von dem riesigen Scheiterhaufen, den die Keitumer alljährlich zum Winterende aufrichten. Überall auf der Insel brennen in der Nacht vom 21. auf den 22. Februar die Biikestapel. Sie wärmen die Umstehenden und vertreiben böse Geister. Und den Winter gleich mit. Der alte Brauch wird sehr in Ehren gehalten, zum Biikebrennen kommen alle. Immer. Viele kennt er, andere hat er noch nie gesehen. Sie tragen lodernde Fackeln in der Hand und sind dick eingemummelt. Die Feuerwehr ist auch schon da. Er blickt auf seine Uhr. Bald geht es los. Der Platz ist voll, die Aufregung steigt. Doch er geht absichtlich nicht näher heran. Er will die Übersicht behalten und nicht gesehen werden. Nicht, bevor er sie entdeckt hat. Larissa, die Frau seines Lebens. Wenn alles nach Plan läuft, dann ist sie heute Nacht endlich ganz in seinen Händen. Er schließt die Augen und malt sich zum tausendsten Mal aus, was er alles mit ihr anstellen wird. Lustschauer überrieseln ihn. Von Kälte keine Spur mehr.

Doch noch fehlt Larissa. Wo sie nur bleibt? Hektisch sucht er die Menschenmenge ab. Dann endlich entdeckt er sie. Larissa steht ganz dicht an der Biike. Ihre schlanke Gestalt mit den langen blonden Haaren hebt sich deutlich von dem Haufen aus alten Tannenbäumen, Strandgut und unbrauchbaren Holzpaletten ab. Sie ist schon achtunddreißig und sieht immer noch aus wie ein Mädchen. Larissa trägt eine rote Daunenjacke und weiße Handschuhe, die im Schein der Fackeln rot leuchten. Als habe sie in Blut gefasst. Der Gedanke amüsiert ihn. Doch das Kichern verkneift er sich. Stattdessen mustert er Larissa gründlich. Sie ist allein. Zum Glück.

Seine Blicke tasten ihren Körper ab, kreisen um die verborgenen Höhlungen. Die festen Ohrmuscheln, das pochende Grübchen am Hals. Die Achseln, feucht und ein bisschen verschwitzt. In seinen Gedanken ist sie nackt. Er kann den Bauchnabel sehen und die Scham. Lockend duftende Höhle. Da ruft er sich zur Ordnung. Noch nicht! Nicht jetzt.

Denn gleich wird das Feuer entzündet.

Schon bilden alle einen Kreis um den riesigen Scheiterhaufen, wo eine kurze Rede auf Sölring gehalten wird, das Sylter Friesisch hat er noch nie verstanden. Aber die laut gerufenen Worte *Maaki di Biiki ön* hallen bis zu ihm ins Gebüsch.

Applaus brandet auf und dann werden die Fackeln in den Holzstapel gesteckt. Sekunden später lodern die Flammen. Die Welt wird hell.

Der Lichtschein legt rote Bahnen über Heide und Watt, er klebt den Menschen lange, zuckende Schatten an und lässt eine Säule aus Qualm aufsteigen. Wie hypnotisiert starren alle ins Feuer. Doch er weiß, das wird nicht lange so bleiben. Der Zauber der Flammen ist ein flüchtiges Gut, das auf Dauer nicht ankommt gegen die Lust am Reden und Lachen.

Und richtig, bald gruppieren sich die Leute neu. Nur Larissa bleibt nah an der Biike zurück. Woran sie wohl denkt?

Er richtet sich vorsichtig auf. Nur kein Geräusch machen, man kann nicht achtsam genug sein, auch wenn das Knacken und Prasseln des Feuers das Rascheln im Gebüsch schluckt. Ein letztes Schütteln der Glieder, ein Lockern der Muskeln und Sehnen, dann spannt er sich an. Das Tier ist bereit zum Sprung.

Gebückt kriecht er aus seinem Versteck. Er schleicht sich von hinten an. Langsam. Unauffällig. Näher, immer näher zu ihr hin. Er trägt eine dunkle Jacke und hat die Kapuze tief ins Gesicht gezogen. Niemand achtet auf ihn. Gut so. Dann steht er neben ihr, viel zu dicht natürlich. Sie wendet den Kopf und erschrickt.

Es dauert unendlich lange, bis sie ihn wirklich ansieht. Dann fällt sie ihm um den Hals. Damit hat er nicht gerechnet.

Mit rauer Stimme sagt sie: »Du hier? Warum hast du nichts gesagt?«

»Warum hätte ich dich warnen sollen?«, gibt er lächelnd zurück.

Ihre Augen werden weit, erst vor Erstaunen, dann vor

Angst. Seinen Händen wächst an ihrem Hals eine ungeahnte Kraft zu. Ihre langen Haare verbergen alles. Selbst als sie leblos in seinen Armen zusammensinkt, bemerkt das niemand. Er drückt sie an sich und hebt sie hoch. Ihr Kopf fällt auf seine Schulter, als schmiege sie sich an ihn. Vielleicht verliebt. Schnell zieht er sie aus der Menge hinüber ins Gebüsch. Ihr Körper bleibt noch Stunden warm. Erst im Morgengrauen, das Feuer ist längst erloschen, lässt er von ihr ab.

Es schmerzt ihn sehr, sich endgültig von Larissa zu trennen.

Seiner großen Liebe.

Der Frau seines Lebens.

Freitag, 22. Februar, 08.30 Uhr, Am Tipkenhoog, Keitum

Henry Loos steigt aus seinem alten Ford und zieht die Kapuze tief in die Stirn. Henry ist Schlosser und hat den festen Tritt eines Mannes, der weiß, was er will. Seine kräftige Figur sprengt fast die dicke Arbeitsjacke, unter der er noch einen groben Pullover trägt. Es kommt ihm jetzt viel kälter vor als gestern Abend, wo vielleicht der eine oder andere Glühwein mehr gewärmt hat, als man so glaubt. Henry lässt seinen Blick über die abgebrannte Biike wandern, die jetzt nur noch ein trauriger Haufen verkohlter Balken ist. Dann mustert er den Müll, der auf dem zertretenen Gras liegt. Pappbecher, leere Zigarettenschachteln, Flaschen. Mit einer lässigen Geste grüßt er die Kumpels, die ebenfalls angetreten sind, um hier aufzuräumen. Natürlich lägen sie alle lieber im Bett, um den Rausch auszuschlafen. Aber das hier ist

Ehrensache unter den Keitumer Jungs aus seinem Freundeskreis, auch wenn sie mittlerweile alle auf die Vierzig zugehen.

Wenigstens regnet es heute nicht, auch das hat Henry schon erlebt. Dann ist alles matschig und der Dank fürs Aufräumen oft eine saftige Erkältung. Doch heute herrscht klares Winterwetter. Vor einer Stunde ist die Sonne aufgegangen und seitdem taucht sie die Welt in ihren kalten Glanz.

Henry zieht die Arbeitshandschuhe über und geht direkt zur Biike. Neben den verkohlten Hölzern steht schon der Pritschenwagen mit offener Ladeklappe bereit. Außer Henry kümmern sich noch zwei andere Kumpels um die Feuerstelle. Schnell sind die Holzreste zusammengesammelt und aufgeladen. Die Asche wird der Wind im Lauf des Tages übers Watt wehen. Keiner redet groß während der Arbeit, lieber gehen sie hinterher miteinander noch auf ein Konterbier zu Agnes in die kleine Kneipe am Dorfrand.

Aber noch sind sie hier nicht fertig. Ein paar Stände müssen abgebaut werden, und der Müll muss auch noch weg. Henry greift sich einen von den festen grauen Säcken und beginnt am Straßenzugang mit dem Einsammeln. Er arbeitet sich systematisch bis zu dem dunkel verbrannten Stück Erde vor, auf dem in der letzten Nacht die Flammen gelodert haben. Dann umkreist Henry den Platz in immer größeren Ringen. Manchmal stößt er leise Flüche aus, wenn er sieht, was die Leute alles achtlos auf den Boden werfen. Einiges haben sie aber auch verloren. Das nagelneue Schweizermesser zum Beispiel oder auch die kleine pinkfarbene Geldbörse, in der über fünfzig Euro stecken. Er wird diese Sachen im Friesensaal abgeben, wo sich die meisten ohnehin am Nachmittag zum Grünkohlessen wiedersehen werden.

Henry blickt prüfend über den Platz. Sieht alles schon

Leseprobe

viel besser aus. Nur da hinten, wo am Übergang zum Watt eine kleine Gehölzgruppe steht, leuchtet etwas Rotes zwischen den Zweigen. Wahrscheinlich eine Plastiktüte, die der Nachtwind dorthin geweht hat. Vielleicht ist es aber auch etwas, das die Feuerwehr verloren hat.

Henry geht hinüber und schiebt ein paar Zweige beiseite.

Vor ihm liegt Larissa auf dem taufeuchten Boden.

Henry erkennt sie sofort, schließlich sind sie miteinander zur Schule gegangen. Als sei es gestern gewesen, hört Henry ihr übermütiges Lachen und sieht ihren schwingenden Gang. Doch Larissa lacht nicht mehr, und sie wird nirgendwo mehr hingehen. Denn die Larissa, die hier vor ihm liegt, ist tot.

Ihre früher so glänzenden Haare sind nun matt und schmutzig, ihr Gesicht ist dreckverschmiert. Die Augen sind weit aufgerissen und aus dem Mund quillt eine Zunge, die viel zu groß für das zierliche Gesicht ist. Larissa trägt eine rote Daunenjacke, deren Reißverschluss bis unters Kinn zugezogen ist. Unterhalb der Jacke ist Larissa nackt. Keine Hose, keine Unterwäsche, keine Schuhe, keine Strümpfe. Ihre Beine sind gespreizt, und die Scham ist dicht mit feinen blonden Haaren bewachsen. Henry kann den Blick einfach nicht abwenden. Das üppige goldfarbene Gekräusel schimmert in der Sonne, und plötzlich drängt sich ihm ein verrückter Gedanke auf. Hat Larissa sich vielleicht absichtlich nicht rasiert, um vor ihm und jedem anderen, der sie in den nächsten Stunden so ungeschützt sehen wird, noch einen letzten Rest von Intimität zu bewahren?

Henry Loos zwingt seinen Blick zurück in Larissas gequältes Gesicht, das im Leben so schön war. Mit einer schnellen Drehung des Kopfes prüft er, ob ihn einer der Kumpels beobachtet. Aber die sind alle mit dem Rangieren des

Pritschenwagens beschäftigt. Hastig bückt sich Henry, zieht dabei den rechten Arbeitshandschuh aus und legt anschließend für einen Moment seinen Zeigefinger an Larissas Scheide. Die Haare kitzeln ihn, aber die Haut darunter fühlt sich eiskalt und seifig an. Henry atmet tief durch, zieht den Finger zurück und stülpt sich den Handschuh wieder über. Er kriecht aus dem Gebüsch hervor, holt das Handy aus der Tasche und ruft die Polizei.

Freitag, 22. Februar, 09.07 Uhr, Norderstraße, Westerland

»Ich finde, man sollte den Petritag zum bundesweiten Feiertag erklären. Am Abend davor ein mächtiges Feuer, dann ausschlafen und nachmittags mit guten Freunden Essen gehen. Das könnten im düsteren Februar doch bestimmt auch alle die gebrauchen, die dummerweise nicht an der Nordsee wohnen«, murmelt Kriminalkommissarin Silja Blanck und sieht hinüber zu der anderen Betthälfte, in der ihr Freund und Vorgesetzter Kriminalhauptkommissar Bastian Kreuzer liegt. Als keine Antwort kommt, rüttelt sie sanft an dessen Schulter. »Sag mal, schläfst du noch?«

»Jetzt nicht mehr«, brummt Kreuzer und dreht sich unwillig auf die andere Seite.

»Hallo, ich rede mit dir. Wir wohnen doch erst seit gut drei Monaten zusammen, und du benimmst dich, als ob wir bereits seit drei Jahrzehnten verheiratet wären«, beschwert sie sich und kneift ihn in die Seite.

Bastian Kreuzer zuckt kurz und beginnt anschließend vernehmlich zu schnarchen.

Leseprobe

Silja lacht. »Ertappt! Du schnarchst nicht. Nie. So viel weiß ich inzwischen.«

»Wenn du mich noch einmal an meinem freien Tag so früh weckst, fang ich aber damit an«, droht er und wendet sich ihr zu. »Guten Morgen, Traumfrau.«

Er drückt ihr einen verrutschten Kuss auf die Schläfe und blinzelt ins Licht. »Unglaublich, aber wahr. Es ist mal wieder Tag geworden.«

»Hast du daran gezweifelt?«

»Naja, bei diesen Winternächten weiß man nie, ob sie je wieder aufhören. Und gestern Abend, als ich vor der brennenden Biike gestanden habe, habe ich kurz überlegt, ob die Geister, die wir gerade vertreiben, das nicht auch alles ganz anders verstehen könnten.«

»Wie denn?«

»Als Aufforderung, es noch möglichst lange dunkel sein zu lassen, weil wir so viel Spaß mit dem Feuer haben.«

»Echt jetzt?«

»Quatsch. Oder denkst du, ich glaube an Geister?«

»Eigentlich nicht«, gibt sie zurück und lässt die Hand wie absichtslos über seine Hüfte wandern.

Bastian Kreuzer seufzt wohlig. »So werde ich schon viel lieber geweckt.«

In diesem Moment läutet das Telefon in der Wohnküche.

»Ach verdammt, ausgerechnet jetzt«, schimpft Bastian und wälzt sich aus dem Bett.

»Wenn's die Kollegen von der Wache sind, sag einfach, dass wir immer noch betrunken sind«, ruft ihm Silja hinterher. »Sie sollen sich an Sven wenden. Der trinkt ja aus Solidarität mit der schwangeren Anja seit Monaten nichts mehr.«

Als keine Antwort kommt, horcht sie angespannt. Das

Schlafzimmer der Wohnung an der alten Dorfstraße zwischen Westerland und Wenningstedt liegt von der Straße abgewandt nach Osten. Wenn Silja und Bastian ausschlafen können, beobachten sie manchmal vom Bett aus den Sonnenaufgang. Wenn alle Fenster geschlossen sind, so wie jetzt, ist es ziemlich still in der Wohnung. Bei offenen Fenstern kann es schon lauter werden, aber das haben Silja und Bastian in Kauf genommen, als sie im letzten Herbst auf Wohnungssuche waren. Auf der Insel sind bezahlbare Unterkünfte für Einheimische Mangelware. Das wenige, das angeboten wird, ist überteuert und trotzdem erschreckend schnell weg.

Aus der Küche ist noch immer nichts zu hören.

»Bastian, telefonierst du noch?«, ruft Silja laut. Vergeblich wartet sie auf eine Antwort. Das Einzige, was sie zu hören bekommt, ist Bastians tiefe Stimme, die jetzt ganz wach klingt und beruhigend auf jemanden einzureden scheint. Silja schlüpft aus dem Bett und geht hinüber in die Wohnküche. Der Raum ist L-förmig angelegt, am langen Ende stehen zwei Sofas, ein niedriger Tisch und in der Ecke der Fernseher. Am kurzen Ende gibt es eine Küchenzeile und vor dem Fenster den gemütlichen Esstisch. Hier lehnt Bastian und redet leise ins Telefon.

»Jetzt beruhige dich erst mal. Ich komme sofort und sehe mir die Leiche an. Und achte darauf, dass dieser Henry Loos nicht durchdreht, hörst du? Am besten, du setzt ihn in den Streifenwagen, dann rede ich gleich mit ihm.«

Bastian hebt den Blick zu Silja und verdreht entschuldigend die Augen. Auf ihre stumme Frage *Was ist?* wiegt er bedenklich den Kopf und formt mit den Lippen die Worte: *Eine Tote. Beim Büke. In Keitum.*

Leseprobe

Silja stöhnt und geht ins Bad, um sich schnell zu duschen. Ihr ist klar, dass sie den Petritag jetzt knicken können.

Freitag, 22. Februar, 09.12 Uhr, Braderuper Straße, Kampen

Kriminaloberkommissar Sven Winterberg steht in T-Shirt und Boxershorts in der Küche des gemütlichen Friesenhauses, das er mit Frau und Tochter bewohnt. Während er den Kaffee in die Maschine füllt, denkt er dankbar an seine Schwiegereltern, die ihrer Tochter noch vor ihrem Tod das schöne Kampener Haus überschrieben haben. Hier wird auch für das Baby, das Anja und er im April erwarten, genug Platz sein. Das Kleine wird im Garten spielen und auf den friedlichen Straßen herumtollen können. Es wird zwischen Heide, Watt und Meer auf der schönsten aller Inseln aufwachsen, ohne dass sich seine Eltern Sorgen um die Kosten machen müssen. Sven kennt etliche Familien, denen es nicht so gut geht und die auf ein zweites Kind verzichten, weil sie sich die größere Wohnung nicht leisten können.

Gerührt beobachtet Sven, wie sorgfältig Mette, ihre zehnjährige Tochter, den Frühstückstisch deckt. Seit dem letzten Sommer geht sie auf das Westerländer Gymnasium und ist mittlerweile ganz schön groß geworden. Hoffentlich wird sie nicht allzu eifersüchtig auf das Kleine sein, überlegt er gerade, als er einen unterdrückten Schrei aus dem Badezimmer im oberen Stockwerk hört.

Sven lässt den Kaffeelöffel fallen, das Pulver verteilt sich über die ganze Arbeitsplatte, aber das ist ihm egal. Auf der Treppe nimmt er zwei Stufen auf einmal.

»Anja? Was ist los?«

Sven reißt die Badezimmertür auf und findet seine Frau gekrümmt am Waschbecken vor. Sie presst beide Hände auf den schwangeren Bauch und japst nach Luft.

»Hast du Wehen?«

Anja hechelt ein paarmal, bevor sie antwortet: »Ich glaube schon.«

»Aber der Entbindungstermin ist doch erst im April ...«

»Am neunten, das weiß ich selbst«, antwortet Anja, während sie sich auf den Toilettendeckel fallen lässt. »Jetzt wird es langsam weniger. Gott sei Dank«, stöhnt sie. »Aber wenn das keine Wehe war, dann weiß ich auch nicht.«

»Was machen wir jetzt?«

»Wir fahren in die Nordseeklinik, was sonst? Irgendetwas stimmt hier nicht«, murmelt Anja. In ihren Augen stehen Tränen.

Sven nimmt seine Frau fest in die Arme. »Die kriegen das schon wieder hin. Wahrscheinlich brauchst du nur ein bisschen Ruhe.«

»Vielleicht hätte ich besser nicht mit zweiundvierzig noch mal schwanger werden sollen«, schluchzt sie.

»Ach Blödsinn!«, schimpft Sven. »Bisher lief doch alles gut. Das Kind hat sich normal entwickelt, und du bist richtig aufgeblüht.« Er geht vor ihr in die Knie und sieht ihr fest in die Augen. »So schön wie jetzt warst du noch nie. Mach dir erst mal keine Sorgen. Wir fahren gleich in die Klinik. Es kann sein, dass sie dich zur Beobachtung da behalten. Aber vielleicht hast du Glück, und es gibt heute Mittag da auch den traditionellen Grünkohl, was meinst du?«

Anja lächelt unter Tränen.

»Du bist so lieb. Aber Mette wird ganz schön enttäuscht

sein, wenn wir nachher nicht alle zusammen zu meinen Eltern zum Petri-Essen gehen. – Au, ich glaube, es geht schon wieder los.«

Ihr Gesicht verzieht sich, sie beißt die Zähne zusammen und schließt die Augen.

»Du bleibst am besten hier sitzen. Ich hole dir was zum Anziehen und sag schnell Mette Bescheid, okay?«

Anja nickt. Ihr Gesicht ist schmerzverzerrt.

Sven hechtet nach unten. Mette erwartet ihn schon am Fuß der Treppe. In der Hand hält sie das Telefon, und bevor er etwas sagen kann, erklärt sie: »Bastian Kreuzer ist dran. Er sagt, es ist dringend.«

Sven reißt ihr das Telefon aus der Hand.

»Ich kann jetzt nicht.«

»Spinnst du? Wir haben eine Tote. Liegt direkt neben dem Keitumer Biikeplatz.«

»Bastian, das ist mir scheißegal. Anja hat Frühwehen. Wir müssen ins Krankenhaus.«

»Nee, oder?« Bastian Kreuzers Stimme klingt zweifelnd. Und verärgert.

»Das ist kein Scherz. Ich ruf dich an, wenn ich mehr weiß.«

Sven legt auf. Erst jetzt sieht er, wie Mette ihn anstarrt.

»Muss das Baby jetzt sterben?«

»Nicht doch, Kleines. Mami und ich fahren in die Nordseeklinik. Es wird bestimmt alles gut. Ich bin spätestens zum Mittagessen wieder hier. Versprochen!«

Mette nickt. Jetzt weint auch sie.

**Freitag, 22. Februar, 10.11 Uhr,
Am Tipkenhoog, Keitum**

Als Bastian Kreuzer den Polizeibus betritt, nimmt er als erstes die trockene Luft der Standheizung wahr. Dann riecht er Henry Loos' Schweiß. In Anbetracht der Außentemperaturen kommt ihm das merkwürdig vor, und er mustert den Mann genauer. Henry Loos ist groß, ziemlich massig, hat auffallend blonde Haare und ein harmlos wirkendes Kindergesicht.

Der Hauptkommissar lässt sich auf die Bank gegenüber von Loos fallen und beginnt: »Kreuzer ist mein Name. Kripo Westerland. Sie haben die Leiche gefunden?«

Loos nickt. Sein Gesicht ist blass, am Hals zeigen sich rote Flecken, die auf eine gewisse Nervosität hindeuten. Als er sprechen will, kommen zunächst nur heisere Laute heraus. Er muss sich räuspern, dann geht es besser.

»Ich hab beim Aufräumen geholfen. Wie jedes Jahr. Hab den Müll zusammengesammelt. Unglaublich, was die Leute alles auf den Boden werfen. Zuerst hab ich gedacht, da liegt eine Plastiktüte im Gebüsch. Hab nur diesen knallroten Fleck gesehen. Es war aber ihre Daunenjacke und dann ...«, er schluckt und schlägt die Augen nieder. »Na, Sie haben Larissa ja bestimmt schon gesehen.«

»Larissa«, wiederholt Kreuzer langsam. »Wie weiter?«

»Larissa Paulmann.«

»Sie kannten sie?«

»Wir sind zusammen zur Schule gegangen. Bis zur mittleren Reife.« Henry Loos senkt den Blick. »Ich war ein bisschen verschossen in sie. Aber sie hat sich nicht für mich interessiert. Für keinen von uns.« Er zuckt die Schultern. »Dachte wohl, sie ist was Besseres.«

»War sie denn was Besseres?«

Henry Loos zögert kurz, was den Kommissar wundert. Doch gleich darauf redet er umso entschlossener weiter.

»Was Besseres? Nee, warum auch? Nur weil sie mit ihren Eltern bei den Reichen auf dem Grundstück wohnen durfte?« Er dreht sich um und weist mit der ausgestreckten Hand hinüber zu der Straße, die sich am Watt entlangzieht. »Gleich da hinten haben die ihre Villa. Sind wahrscheinlich kaum hier, wie so viele Hausbesitzer. Deshalb brauchen sie jemanden, der das Grundstück pflegt und im Haus nach dem Rechten sieht.«

»Und das machen die Eltern von Frau Paulmann?«

»Nicht mehr, sie sind tot. Schon seit zwanzig Jahren oder so. War ein schrecklicher Unfall. Mit der Bahn, glaube ich. Aber davor haben sie das gemacht. Seitdem kümmert sich Larissa.«

Bastian nickt, dann kneift er die Augen zusammen und blickt durchs Autofenster die Straße hinunter. »Die genaue Adresse wissen Sie nicht zufällig?«

Henry Loos schüttelt den Kopf. »Nee, aber Sie können das Haus gar nicht verfehlen. Es steht ganz hinten auf dem Grundstück, ist das breiteste von allen und hat vorn eine große halbrunde Veranda. Da drin wohnen aber die feinen Leute. Larissa hat mit ihren Eltern in so einem kleinen Extrahaus gelebt. Da kommen Sie besser von hinten ran. Am Ingiwai geht eine schmale Stichstraße aufs Grundstück.«

»Sie kennen sich da aber gut aus«, murmelt Bastian wie nebenbei. Er lächelt verbindlich und wartet gespannt auf die Antwort.

Henry Loos windet sich ein bisschen.

»Na ja, wir sind da als Jungs manchmal rumgeschlichen. Sie war ein ziemlich heißer Feger, die Larissa.«

»Wieso war? Nach allem, was ich sehen konnte, hat sich das bis jetzt nicht geändert.«

»Also wirklich, Herr Kommissar, das ist bannig lange her. Inzwischen bin ich verheiratet und hab zwei Kinder. Und Larissa hat ja auch geheiratet. Nach der Enttäuschung mit diesem Gewalttäter. Der sitzt immer noch im Knast, glaube ich.«

»Interessant. Was war da los?«

»Er hat jemanden erschlagen. War damals eine große Sache. Wundert mich eigentlich, dass Sie sich nicht dran erinnern können.«

»Wann war das denn ungefähr?«

»Na, so vor zehn oder fünfzehn Jahren, würde ich sagen.«

»Da war ich noch auf dem Festland. Aber ich werde die Kollegen fragen.« Bastian Kreuzer macht eine kleine Pause, bevor er weiterredet.

»Und Larissa Paulmanns Ehemann? Kennen Sie den?«

Henry Loos schüttelt den Kopf. »Der ist nicht von hier und hat sich aus allem komplett rausgehalten. Ist nicht bei der freiwilligen Feuerwehr und in keinem Verein. Wir wissen noch nicht mal, was er arbeitet.«

»Aber er wohnt mit ihr in dem kleinen Haus auf dem großen Grundstück?«

»Ich denke doch. Warum fragen Sie mich das alles? Ich hab sie nur gefunden. Das war schlimm genug. Hab längst nichts mehr mit ihr zu tun gehabt, schon seit Jahren nicht, das werden Sie mir ja wohl glauben!«

Bastian sieht Henry Loos nachdenklich an. Er wirkt ehrlich. Ehrlich erschüttert und ehrlich entrüstet. Trotzdem bleibt der Hauptkommissar misstrauisch. Es hat sich oft gezeigt, dass gerade diejenigen, die eine Leiche entdecken, mehr mit dem Fall zu tun haben, als man vielleicht anfangs denkt. Jeder Täter hat eine ganz eigene Beziehung zum Tatort. Es zieht ihn oft magisch dorthin zurück. Und natürlich ist der Moment des Leichenfundes, sind die ersten Aktivitäten der Kriminalpolizei besonders interessant für ihn. Daher kommt es nicht selten vor, dass er sich in der Nähe herumtreibt. Und sich einmischt. Anbietet zu helfen. Oder eine Aussage zu machen, obwohl er anscheinend gar nichts auszusagen hat, nichts gesehen, nichts beobachtet hat. Solche Figuren wirken oft aufdringlich und neugierig. Und sie sind verdächtig, das weiß jeder Ermittler. Sie glauben, sie tarnen sich, indem sie auffallen. Vielleicht müssen sie sich einfach in den Mittelpunkt stellen. Vielleicht handeln sie aber auch aus ganz anderen Motiven.

Eva Ehley
Männer schweigen
Ein Sylt-Krimi
Band 18929

»Die Atemnot treibt ihr den Schweiß aus den Poren. Sie wird das hier nicht durchhalten. Hektisch saugt sie die Luft durch die Nase ein. Der Gestank des Knebels in ihrem Mund bereitet ihr Brechreiz. Aber sie weiß genau, wenn sie sich übergibt, ist sie verloren. In wenigen Sekunden erstickt. Doch jetzt weicht ihre diffuse Panik einer sehr viel konkreteren Angst. Denn das Telefonat im Nebenraum ist beendet, und die Tür öffnet sich ...«

Zwei Frauen, die sich zum Verwechseln ähnlich sehen. Die eine tot, die andere verschwunden. Zufall? Von langer Hand geplant?
Der dritte Fall für die Sylter Ermittler Sven Winterberg, Silja Blanck und Bastian Kreuzer

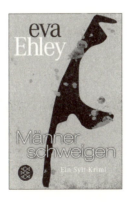

Fischer Taschenbuch Verlag

Eva Ehley
Mörder weinen
Ein Sylt-Krimi
Band 19728

»Er schnellt herum und erblickt eine Gestalt, die sich im Laufschritt nähert. Sie hebt einen Arm, Metall blinkt kurz im Sonnenlicht, dann sausen Arm und Metall herunter, treffen seinen Kopf. Er schwankt, Sekunden später stürzt er zu Boden. Das Letzte, was er sieht, ist der verwelkte Veilchenstrauß auf dem Grab des Jugendfreundes. Und für einen Moment scheint es, als heiße ihn der Freund im Jenseits willkommen.«

Zwei Morde innerhalb von zwölf Stunden, vier Kunstwerke, die Rätsel aufgeben – Sven Winterberg, Silja Blanck und Bastian Kreuzer ermitteln unter Hochdruck in ihrem vierten Fall auf Sylt.

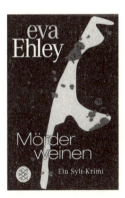

Das gesamte Programm gibt es unter
www.fischerverlage.de

Eva Ehleys Liebeserklärung an Sylt: Eine unterhaltsame Mischung aus Strandlektüre und Reiseführer.

Eva Ehley

Sylt – Sturmflut im Champagnerglas
Ein Heimatbuch

Hardcover, € 11,95
ISBN 978-3-943176-01-8

»Buchtipp des Monats« *(Sylt.de)*

Weniger als 100 Quadratkilometer zwischen Wind, Watt und Wellen – aber unendlich viel zu entdecken!

Glück im Spiel – Pech in der Liebe: Die Berlinerin Jule hat 20.000 Euro im Lotto gewonnen – kurz nachdem sie von ihrem Freund Max verlassen wurde. Um ihren Frust loszuwerden, beschließt Jule, das Geld auf Sylt auf den Kopf zu hauen – oder auf den »Kopp«, wie man dort oben wohl sagt. Hals über Kopf und Kopf unter Wasser lernt sie den smarten Friesen Morten kennen – gerade als Max ihr wieder den Hof macht ...

Sylt-Krimi-Autorin Eva Ehley entführt auf ein Fleckchen Erde, das so viel mehr ist als die Insel der Reichen und Schönen. Zwischen Champagner und Friesentee, Touristen und Fischköppen, reißender Unterströmung und sanft plätschernder Gischt lädt sie dazu ein, sich von Sylt verzaubern zu lassen. Dabei verrät sie Wissenswertes und Geheimtipps – und auch, mit wem Jule schließlich die Sonne am Roten Kliff genießt.

»Ich möchte das Buch gerne allen in die Hand geben, die Sylt schon kennen und immer noch etwas dazu lernen möchten, aber auch Leuten, die erst anfangen mit dem ›Insel-Wahn‹! Vielen Dank, liebe Eva Ehley, dass Sie neben Ihren höchst amüsanten, syltigen Krimis dieses Heimatbuch geschrieben haben – das ist schon ein Dankeschön wert ...« *(Christine Deubler, literaturherbst-krumbach.de)*